LA GUERRA CIVIL DE INDEPENDENCIA

y la formación de la nacionalidad venezolana

LAUREANO VALLENILLA LANZ

Elefante Books

MMXXIII

"Adentrarse en el pensamiento de Laureano Vallenilla Lanz supone no solamente una enriquecedora y amena confrontación con uno de los momentos más decisivos de nuestra historia republicana, sino también un obligatorio debate con las tesis más resaltantes del positivismo, tanto en sus diversas expresiones europeas a las que remite constantemente en sus escritos, como con aquellas que resultan de su necesaria transformación —para ser coherentes con ellas mismas— al ser aplicadas a la realidad americana. La extraordinaria erudición de este venezolano que en cierta manera emblematizó el primer tercio del siglo XX venezolano por su identificación con el régimen de Juan Vicente Gómez, unida a su genuina convicción sobre el compromiso que todo intelectual debe tener respecto a la realidad en la que se encuentre inserto, lo llevó a asumir posiciones que aún hoy suscitan controversia, como lo son por ejemplo sus opiniones sobre la mujer o sobre la necesidad de la guerra. Esta convicción lo llevó a fijar posición sobre prácticamente todos los temas y hechos que en ese momento ocupaban la opinión tanto nacional como internacional, y no pocas veces contribuyó a ellos con nuevas perspectivas de análisis"

Prof. Carmen Bohorquez

Escuela de Filosofía de La Universidad del Zulia (Maracaibo, Venezuela)

CONTENIDO

Presentación

Laureano Vallenilla Lanz (1870-1936) fue un intelectual y político venezolano conocido por su pensamiento hispanista. A menudo es recordado en la historiografía venezolana como un político leal al régimen de Gómez, pero su obra y pensamiento van más allá de su papel político. Nacido en Barcelona, Venezuela, Vallenilla Lanz se convirtió en un defensor apasionado de la historia y la cultura venezolanas. En sus escritos, Vallenilla Lanz abordó una amplia variedad de temas, incluyendo la condición humana, la relación entre el hombre y la naturaleza, Dios, el Estado, la sociedad, la historia, el destino, la libertad, la guerra y la paz, la pareja y el papel de la educación en el proceso de perfeccionamiento humano. Su postura gnoseológica se basaba en la importancia de los valores en la concepción del hombre y de la sociedad. Vallenilla Lanz también defendió que la historia y la cultura de Venezuela están estrechamente vinculadas a la de España y el resto de antiguas provincias españoles de América. Él argumentaba que la independencia de Venezuela no debería considerarse como un corte radical con su pasado colonial, sino como una continuación de una historia compartida. Además, él criticó el nacionalismo excluyente y el racismo, y abogó por la unidad y la armonía entre los diferentes grupos étnicos y culturales del país.

Alejandro López–González (Editor)

Enero de 2.023

La guerra de nuestra independencia fue una guerra civil

La sola enunciación del asunto que voy á tratar en esta conferencia, ha despertado cierta curiosidad temerosa en algunos espíritus tan cultos como patriotas, que comprendiendo la necesidad que tienen los pueblos de abrigar un ideal y de profesar una religión, temen que yo venga aquí á cometer un atentado contra las glorias más puras de la patria, diciendo y comprobando que aquella guerra, á la cual debemos el bien inestimable de llamarnos ciudadanos de una nación y no colonos, puede colocarse en la misma categoría que cualquiera de nuestras frecuentes matazones; de las cuales, sea dicho de paso, tampoco tenemos el derecho de avergonzarnos: pues las revoluciones, como fenómenos sociales, caen bajo el dominio del determinismo sociológico en que apenas toma una parte muy pequeña la flaca voluntad humana; y porque la guerra, fácil sería comprobarlo, ha sido aquí, como en todos tiempos y en todos los países, uno de los factores más poderosos en la evolución progresiva de la humanidad.

Decir que la guerra de la Independencia fue una guerra civil, no amengua en nada la gloria de nuestros libertadores. «Toda guerra entre hombres, dijo Víctor Hugo, es una guerra entre hermanos, la única distinción que puede hacerse es la de guerra justa y guerra injusta»; y la humanidad hace mucho tiempo que considera como las más justas de todas las revoluciones aquellas que llevan por objeto la emancipación de los pueblos y el acrecentamiento de la dignidad humana.

Nuestra guerra de Independencia tuvo una doble orientación: pues á tiempo que se rompían los lazos políticos que nos unían con la madre patria, en el seno del organismo colonial comenzaba á realizarse una evolución libertaria en cuyo trabajo hemos consumido toda una centuria, hasta llegar al estado social en que nos hallamos, reclamando los dos grandes remedios de todos nuestros males: población para dejar de ser un miserable desierto y hacer efectiva la democracia por la uniformidad de la raza, y educación para elevar el nivel moral de nuestro pueblo y dejar de presentar la paradoja de una república sin ciudadanos. Yo no sé, señoras y señores, por qué habrá de ser menos meritoria la obra de los revolucionarios del 10 y del 11 y de los guerreros que realizaron ó consolidaron la Independencia de HispanoAmérica porque sus contendores fuesen en la mayor parte americanos. Yo no sé por qué habrá de empequeñecerse la gloria de Páez en la Mata de la Miel y en el Yagual porque el ejército realista estuviese mandado por el Padre Torrellas y Facundo Mirabal. Ni que los laureles de las Queseras hayan de marchitarse cuando se recuerde que el más terrible contendor de ese día glorioso fue el caraqueño Narciso López, en aquella carga formidable, en que Rondón, llenando de asombro al mismo Páez, contesta á los aplausos de éste con una de las frases más épicas de la historia de América: «Cuando vi á Rondón—dice Páez—recoger tántos laureles en el campo de batalla, no pude menos que exclamar: Bravo, bravísimo, comandante. General, me contestó él, aludiendo á una reprensión que yo le había dado después de la carga que dieron á López (al mismo Narciso) pocos días antes—General:

así se baten los hijos del Alto Llano»[1].

Y por qué va á ser un baldón de Venezuela el hecho de que los degolladores capitaneados por Boves, Yanes, Morales, Antoñanzas, fuesen venezolanos? No! señores! Tan franceses fueron los guillotinados como los guillotinadores de la Revolución, y nadie discute que aquella orgía de sangre «arrojara sobre la tierra torrentes de civilización.»

Yo creo—y me baso en el estudio pormenorizado que he hecho de nuestra historia—que lejos de ser una deshonra para nuestros libertadores el haber combatido casi siempre contra los propios hijos del país, su heroísmo y su perseverancia, cobran por ese mismo hecho, mayores quilates. ¿Cómo podría explicarse la prolongación de aquella guerra, la más encarnizada de HispanoAmérica, si nuestros proceres hubieran tenido que combatir únicamente contra los quince mil soldados que España nos envió durante todo el curso de la guerra?

La independencia de casi todas las Repúblicas de SudAmérica quedó sellada en una gran batalla. En Carabobo se conquistó á Caracas, pero la guerra que ya tenía diez años continuó en el resto del país casi con la misma intensidad. No quedaban ejércitos peninsulares, apenas se señalaba uno que otro oficial expedicionario; pero poblaciones enteras continuaban proclamando al Rey de España hasta 1827, con la revolución de Agustín Bescanza, y 1829 con Arizábalo, en cuyos movimientos estaban comprometidos multitud de venezolanos cuyos apellidos estamos pronunciando todos los

---

[1] Páez.—Autobiografía, pág. 182.

días[2].

La actuación de las tropas peninsulares en Venezuela no tuvo la enorme influencia que se cree y puede decirse que nada favoreció más la causa de la Patria como la llegada del Ejército Expedicionario de Morillo, pues se ve claramente cómo después que pisan tierra los españoles combatientes de Napoleón, comienzan á brotar patriotas de aquel suelo que parecía agostado por el caballo de Boves.

Pero para mayor claridad vamos á decir con números cómo fue que España no hizo sino auxiliar tardía y mezquinamente á la gran mayoría de venezolanos que sostuvieron sus banderas. En Maturín, en la derrota que le dieron á Monteverde el año 1.813, dice Heredia que sucumbió toda la poca tropa española que había en Venezuela. Del año 1.813 en adelante, hasta la llegada de Morillo, apenas arriban á nuestras playas alrededor de 1.500 hombres y es de hacer notar que en ese período es cuando Bolívar realiza su prodigiosa campaña desde Cúcuta con las batallas de Niquitao, Barquisimeto, Bárbula, Las Trincheras y Araure; en que José Félix Ribas combate en La Victoria con la juventud de Caracas contra los llaneros del Guárico; en que CampoElías, tan español como Boves, combate contra éste mandando ambos tropas venezolanas; en que Rafael Urdaneta sostiene el sitio de Valencia contra esos mismos llaneros, que luégo invaden á Caracas, persiguen la emigración hasta el Oriente, llenan de sangre y de cadáveres las trescientas leguas que separan á Caracas de Maturín y de Urica y después de la muerte de Boves reciben en Carúpano, bajo las órdenes de Morales, en número de cuatro mil, el Ejército Expedicionario de Morillo. En todo ese largo período de crudísima guerra yo no

---

[2] O'Leary. Correspondencia del General Páez* II, págs. 102 sigtes.

encuentro el carácter internacional que ha querido darle la leyenda[3].

Hay un hecho digno de tomarse en cuenta y que no he sido yo el primero en observar. Los hombres que mandaron las montoneras delincuentes de aquellos años, aunque isleños y peninsulares muchos de ellos, tenían largos años de residencia en el país, habían ejercido los oficios y profesiones que los ponían más en contacto con la gente del pueblo[4], y en presencia del Ejército Expedicionario eran tan extraños como cualquiera de los llaneros del Guárico y de Apure, de

---

[3] El total de las tropas salidas de España con destino á todas las colonias insurrectas desde 1811 hasta 1819 fue de 42.167 soldados de todas las armas. De 1811 á 1815 sólo vinieron á Venezuela alrededor de 1.800 hombres; 1.000 traídos en 1814 por el Coronel Salomón y el resto enviados en pequeñas partidas por las autoridades de Cuba y Puerto Rico. De los 10.000 que componían la expedición de Morillo, 1.700 siguieron al Perú y 600 á Puerto Rico. (Memoria presentada á las Cortes por el Ministro de la Guerra, Marqués de las Amarillas, el 14 de julio de 1820). Para este mismo año, según los estados recibidos en el Ministerio de la Guerra en Madrid, el Ejército realista en toda la América alcanzaba á 95.578 hombres de los cuales sólo eran expedicionarios 23.400. De modo que el número de soldados americanos montaba á 73.178. En Venezuela el número total era de 12.016, clasificados de este modo:

Expedicionarios	5.811
Veteranos del país	6.080
Milicianos	125
Total	12.016

El número de caballos alcanzaba en Venezuela á 6.426. De estos, sólo 426 habían sido traídos de España. Debe tomarse en cuenta respecto de Venezuela, que desde 1816 la mayor parte de los venezolanos que componían los ejércitos de Boves y de Yañes, se habían pasado á la Patria y servían bajo las órdenes de Páez, Monagas, Zaraza, Cedeño, Rojas, etc. Véanse: Blanco y Azpurúa.—Doc. Vol. VII. Págs. 190 á 192. —Restrepo. Hist. Tomo II, Pág. 430, en nota. Páez. —Autobiografía, Tomo I, Pág. 135. Passim.

[4] El uno era un antiguo pirata, el otro un doméstico servil é ignorante: cual de ratero había pasado á Jefe militar y éste era un figonero soez. —Baralt. Hist. I. pág. 188.

Barcelona y de Barinas.

Morillo hizo con mucho acierto esta misma observación y hablando del coronel Sebastián de la Calzada, dice que: «aunque valiente, sumamente práctico en las provincias y con gran influjo entre sus habitantes á cuyo carácter y costumbres ha sabido atemperarse, ha sido más á propósito para manejar las grandes reuniones de gente del país, que para mandar una división de Europeos»[5]. Calzada era pues, un general tan criollo como cualquiera de los que han figurado en nuestras guerras civiles; y como Calzada existían muchísimos otros que unidos al suelo venezolano y vinculados estrechamente con sus habitantes, luchaban en aquella guerra por intereses y pasiones veladas entonces con el nombre del Rey de España, como se han velado más tarde con otros nombres más abstractos, los mismos intereses y las mismas pasiones.

Hasta 1815, la inmensa mayoría del pueblo de Venezuela fue realista, es decir, enemigo de los patriotas;[6] sólo aquellos que lo han olvidado pueden haberse sorprendido del tema de esta conferencia. El historiador Restrepo, que para seguir la táctica política de declamar contra la crueldad española, se olvida á veces hasta de sus propias palabras, al relatar los sucesos de aquellos años crudísimos, se pregunta sorprendido: «Cuáles habían sido las causas para que desde las márgenes del Uñare

---

[5] Rodríguez Villa.—Biog. de Morillo. Ill, pág. 481.

[6] Al capitular Maracaibo en 1823, se embarcaron para Cuba «más de mil habitantes que por su desafección á la causa de la Independencia no querían sujetarse al Gobierno de la República». —Restrepo. —Hist.— III pág. 333.— Cuando el Libertador pasó por Coro á fines del año 26 le dice á Urdaneta: «el resto del pueblo es tan godo como antes. Ni aun por mi llegada se acercan á verme, como que los pastores son Jefes Españoles (realistas).—Yo creo que si los españoles se acercan á estas costas, levantarán cuatro ó cinco mil indios en esta sola provincia». O'Leary.—Cartas del Libertador, XXX, pág. 300.

hasta el lago de Maracaibo y desde el Orinoco y el Meta hasta las costas del Atlántico, la mayor parte de los pueblos hubieran tomado las armas y se degollaran unos á otros, acaso el mayor número en favor de un rey prisionero que no conocían?»[7]. A fines del año 13 dice más adelante: «ningún patriota podía habitar en los campos ni andar solo por los caminos. Era necesario vivir en las ciudades y lugares populosos ó marchar reunidos en cuerpos armados».

El General Urdaneta nos ha dejado también una pintura pavorosa de aquellos días: «De aquí para adelante (hacia Caracas), decía desde Trujillo, son tantos los ladrones, cuantos habitantes tiene Venezuela. Los pueblos se oponen á su bien y el soldado republicano es mirado con horror; no hay un hombre que no sea enemigo nuestro; voluntariamente se reunen en los campos á hacernos la guerra; nuestras tropas transitan por los países más abundantes y no encuentran qué comer; los pueblos quedan desiertos al acercarse nuestras tropas y sus habitantes se van á los montes, nos alejan los ganados y toda clase de víveres, y el soldado infeliz que se separa de sus camaradas, tal vez en busca de alimentos, es sacrificado».

Y bien, señores: esos pueblos de que habla el general Urdaneta no se componían de españoles; esos eran tan venezolanos como los soldados que acompañaban al heroico defensor de Valencia, y por más que busco no encuentro la razón de que aquella guerra no fuese una guerra entre hermanos, es decir, una guerra intestina[8].

---

[7] Historia de la República de Colombia, II. 213.

[8] En la Capitanía General de Venezuela, según el censo de 1810, existían únicamente 12.000 españoles nacidos en la Península y en Canarias. Revela

El Libertador mismo que tanto empeño tuvo con el decreto de Trujillo y con sus frecuentes indultos en establecer una honda separación entre venezolanos y españoles, y que en los documentos públicos, guiado por el interés político habló algunas veces de guerra internacional, nos ha dejado la más evidente comprobación de lo que estamos diciendo.

Al participar á los pueblos de Venezuela desde San Carlos, la victoria de Araure, les dice: «La buena causa ha triunfado de la maldad: la justicia, la libertad y la paz empiezan á colmaros con sus dones. Tenemos que lamentar, entretanto, un mal harto sensible: el de que nuestros compatriotas se hayan prestado á ser el instrumento odioso de los malvados españoles. Dispuesto á tratarlos con indulgencia á pesar de sus crímenes, se obstinan no obstante en sus delitos, y los unos entregados al robo han establecido en los desiertos su residencia, y los otros huyen por los montes, prefiriendo esta suerte desesperada á volver al seno de sus hermanos, y á acogerse á la protección del Gobierno que trabaja por su bien. Mis sentimientos de humanidad no han podido contemplar sin compasión el estado deplorable á que os habéis reducido vosotros, americanos, demasiado fáciles en alistaros bajo las banderas de los asesinos de vuestros conciudadanos»[9].

---

ignorancia, quien hable de millones de españoles residentes en Venezuela, y de cincuenta mil españoles hábiles para las armas. El censo generalmente aceptado por los historiadores es el siguiente:

Indios de raza pura	120.000
Esclavos negros	62.000
Blancos europeos é isleños	12.000
Criollos blancos Hispano Americanos	200.000
Castas mixtas de todas razas	406.000
Total	800.000

[9] O'Leary—XIII—pág. 408.

Estos eran los conceptos del Grande Hombre, en pleno triunfo cuando realizaba su gloriosa campaña de 1813. Un año más tarde, cuando después de las derrotas que comenzaron en La Puerta ve sucumbir la Patria bajo los cascos de los caballos llaneros, decepcionado y violento, lanza contra aquellos mismos pueblos, enemigos de la Independencia, esta tremenda acusación:

«Si el destino inconstante hizo alternar la victoria entre los enemigos y nosotros, fue sólo en favor de pueblos americanos que una inconcebible demencia hizo tomar las armas para destruir á sus libertadores y restituir el cetro á sus tiranos. Así parece que el cielo, para nuestra humillación y nuestra gloria, ha permitido que nuestros vencedores sean nuestros hermanos y que nuestros hermanos únicamente triunfen de nosotros[10]. No os lamentéis, pues, sino de vuestros compatriotas, que instigados por los furores de la discordia os han sumergido en ese piélago de calamidades, cuyo aspecto solo hace estremecer á la naturaleza, y que sería tan horroroso como imposible pintaros.

«Vuestros hermanos y no los españoles han desgarrado vuestro seno, derramado vuestra sangre, incendiado vuestros hogares y os han condenado á la expatriación. Vuestros clamores deben dirigirse contra esos ciegos esclavos que pretenden legaros á las cadenas que ellos mismos arrastran. Un corto número de sucesos por parte de nuestros contrarios ha desplomado el edificio de nuestra gloria, estando la masa de los pueblos descarriada por el fanatismo religioso y seducida

---

[10] Estos hermanos, estos compatriotas de que hablaba el Libertador, eran los defensores del rey de España comandados por Boves, Yañes, Morales, etc: eran venezolanos, á quienes los patriotas de nuevo cuño quieren convertir en españoles peninsulares para satisfacer necias ilusiones.

por el incentivo de la anarquía»[11].

Con un velo pudoroso ha pretendido ocultarse siempre á los ojos de la posteridad este mecanismo íntimo de nuestra revolución, sin darnos cuenta de la enorme trascendencia que tuvo esta anarquía de los elementos propios del país, tanto en nuestro desarrollo histórico como en la suerte de casi toda la América del Sur. Venezuela fue una escuela de guerra para todo el continente.

Si el levantamiento contra España hubiera sido unánime; si todos los núcleos pobladores de Venezuela hubieran levantado el estandarte revolucionario, conservándose desde luego—como sucedió en Norte América aun en medio de la guerra—la organización social de la Colonia, muy otra habría sido la historia nacional; y el ejemplo de Chile es bastante á comprobar nuestro aserto[12]. España, entonces, no hubiera podido sostener la guerra por largo tiempo y sólo en dos batallas como Chacabuco y Maipó, hubiéramos asegurado la independencia de Venezuela y de la Nueva Granada. Jamás nuestros caballos llaneros hubieran pisado las altas cumbres de los Andes meridionales y nuestro Libertador tendría en la

---

[11] O'Leary, XIII, pág. 467 y sgtes.

[12] «Si la Gran Bretaña hubiera podido contar á lo menos con 40 ó 50.000 hombres adictos á su causa en los diferentes puntos de nuestro país y que estos hubieran poseído la mayor parte del capital activo y ejercido los principales empleos públicos, habría sido infructuosa nuestra resistencia». Brackenridge.—Hist, de la Independencia de los Estados Unidos.— Comparando Laboulaye la revolución Norteamericana con la francesa, dice: «Agréguese que esta revolución no se parecía á la nuestra, pues todas las clases de ciudadanos estaban acordes: el enemigo era un amo extranjero, que quería imponerse á la América: no existían enemigos interiores.—La resistencia estaba por donde quiera, la anarquía en parte alguna».—Estudios sobre la Constitución de los Estados Unidos.—Pag. 125. Chile está aún gobernado por una oligarquía que procede de la clase dominante en la Colonia.

Historia las mismas proporciones que Don José de San Martín.

Pero otro habría sido también nuestro desenvolvimiento social y político. Porque Venezuela ganó en glorias lo que perdió en elementos de reorgonización social, en tranquilidad futura y en progreso moral y material efectivos. Nosotros dimos á la Independencia de América todo lo que tuvimos de grande: la flor de nuestra sociedad sucumbió bajo la cuchilla de la barbarie, y de la clase alta y noble que produjo á Simón Bolívar, no quedaban después de Carabobo sino unos despojos vivientes que vagaban dispersos por las Antillas y otros despojos mortales que cubrían ese largo camino de glorias desde el Avila hasta el Potosí[13].

De manera que cuando el Libertador regresó del Perú era un hombre exótico en Caracas: le faltaba el ambiente en que había vivido, en que se había formado su alma y su cerebro. Nada más elocuente, nada más sugestivo que la célebre carta escrita desde Cuzco á su tío D. Esteban Palacios emigrado á Europa desde los comienzos de la revolución, porque esas debieron ser las propias impresiones del Libertador cuando pisó su ciudad natal después de los desastres de 1814:

«Usted se encontrará en Caracas como un duende que viene de la otra vida y observará que nada es de lo que fue.

«Usted dejó una dilatada y hermosa familia: ella ha sido segada por una hoz sanguinaria; usted dejó una patria naciente que desenvolvía los primeros gérmenes de la creación y los primeros elementos de la sociedad; y usted lo encuentra todo

---

[13] Desde el principio de la guerra han ido extinguiéndose poco á poco los blancos y ya en los pue blos de tierra adentro, apenas se ve alguno de ellos, siendo negros y mulatos la mayor parte de los habitantes, hasta en las mismas costas». Rodríguez VillaBiog. de Morillo. III, pág. 433.

en escombros, todo en memorias.

«Los vivientes han desaparecido: las obras de los hombres, las cosas de Dios y hasta los campos han sentido el estrago formidable de la naturaleza[14].

«Usted se preguntará, asimismo ¿dónde están mis padres, dónde mis hermanos, dónde mis sobrinos?

«Los más felices fueron sepultados dentro del asilo de sus mansiones domésticas[15], y los más desgraciados han cubierto los campos de Venezuela con sus huesos, después de haberlos regado con su sangre. Por el solo delito de haber amado la justicia! Los campos regados por el sudor de trescientos años han sido agostados por una fatal combinación de los meteoros y de los crímenes ¿Dónde está Caracas? preguntará usted.

«Caracas no existe!»

Y en verdad, aquella Caracas que tuvo en su seno una de las sociedades más brillantes de HispanoAmérica; aquel grupo de mujeres encantadoras que tánto subyugaron al Conde de Segur; aquellas mansiones que parecían el asilo de la felicidad, todo había sido arrasado, todo había sido destruido, nó por los españoles sino por el torrente incontenible de la democracia. La libertad proclamada tan generosamente, tan cándidamente por los nobles patricios que iniciaron la revolución, había tomado las formas de aquella rastrera y horrorosa serpiente de que nos habla Lord Macaulay en su hermosa perífrasis.

Ya lo hemos dicha en otra parte, cuando el alma popular se

---

[14] El Libertador, como cualquier sociólogo moderno, consideraba las revoluciones como fenómenos naturales.
[15] Muertos por el terremoto del año 12.

siente sacudida por una conmoción repentina y violenta, lanza á lo lejos su grito ó su sollozo, como el tañido de una campana que repercute en el espacio; pero como la liga del metal que vibra, el sentimiento popular es impuro. El vaso donde se condensan los sentimientos de las multitudes tiene en el fondo un sedimento que toda sacudida puede hacer subir á la superficie y cubrir de una espuma de vergüenza el licor brillante y generoso. Eso es lo que sucede en todos los grandes trastornos de la naturaleza: en los ciclones, en los terremotos, en las revoluciones. Todos los pueblos han sufrido esa dolorosa experiencia: los hombres que permanecen en la sombra en tanto que el orden impera, se rebelan desde que el freno social desaparece con sus instintos de asesinato, de destrucción y de rapiña.

En nuestra guerra de Independencia, la faz más interesante, la más digna de estudio es aquella en que la anarquía de todas las clases sociales dió empuje al movimiento democrático y revolucionario, que ha llenado la historia de todo este siglo de vida independiente[16].

La lucha entre los patriotas y los españoles enviados expresamente de la Península á sostener la guerra, no llena sino unas pocas páginas de nuestra historia. Los ejércitos de Morillo no podían de ningún modo enfrentarse en un territorio y en un clima como el nuestro, á aquellas legiones

---

[16] «Cada día me lastima más la suerte de mi patria, decía el Libertador, y cada día parece más irremediable. En esta infausta revolución, tan infaustas son la derrota como la victoria: siempre hemos de derramar lágrimas sobre nuestra suerte. Los españoles se acabarán bien pronto; pero nosotros ¿cuándo? Semejantes á la corza herida, llevamos en nuestro seno la flecha y ella nos dará la muerte sin remedio, porque nuestra propia sangre es nuestra ponzoña». Bolívar á Peñalver. —Chancay, 10 de noviembre de 1824,—O'Leary. XXX,. pág. 11

aguerridas, á aquellos formidables llaneros que atravesaban á nado ríos caudalosos cuando los europeos había menester de puentes. Estos, pedían los alimentos á que estaban habituados y las comodidades todas de los ejércitos regulares, cuando los venezolanos comían carne sin sal, andaban desnudos y se curaban las heridas con cocuiza[17].

La correspondencia de Morillo con el gobierno español es un largo lamento por el abandono en que le habían dejado; pero es á la vez un himno al valor y la constancia de nuestros Libertadores.

Cuatro años después de haber llegado á Costa Firme aquella expedición que parecía iba a asegurar para siempre la dominación española en América, el ejército de Morillo estaba reducido á menos de la tercera parte.

«Varias veces he informado á V. E.— decía al Ministro de la Guerra—de la inclemencia de este clima y de estos llanos para tropas europeas, cuyo rigor se hace sentir tan duramente en la salud del soldado. Los continuos pasos de ríos y de caños, atravesando días enteros pantanos y lodazales, con el agua á la cintura, unido al escaso y miserable alimento del soldado en los arenales ardientes del Llano, ha ocasionado muchos enfermos de gravedad, y son muchos también los heridos por las «rayas» y mordeduras de los pescados llamados «caribes» y «tembladores», y muchos los devorados por los caimanes. En medio de tántos trabajos y sufrimientos, de la desnudez y miseria de algunos cuerpos y de la pobreza general de todos, puedo asegurar á V. E. que jamás se ha visto un ejército con mayores privaciones, ni con mayor ardor por sostener los

---

[17] Páez. Autob.—Santander, Apuntamientos Hist.

sagrados derechos de su amado soberano»[18].

Morillo, que el año 1.816 creía que sus diez mil europeos habían asegurado la paz de América, pedía en 1819 treinta mil hombres sin asegurar el éxito en Venezuela.

Pero nada más natural, porque en la misma fecha de la comunicación que he leído pinta la situación de los patriotas con los más hermosos colores: «La Guayana—dice—ha sido surtida con profusión de armas, municiones, víveres, vestuarios y buques de guerra. Bolívar, después de haber vestido y armado su ejército, tiene, según los avisos más ciertos, depósitos considerables de cuanto pueda necesitar y le llegan socorros de todas partes». Y da un detalle interesantísimo que no debemos dejar pasar inadvertido: «Hemos visto por primera vez—dice el General Morillo—las tropas rebeldes vestidas á la inglesa completamente, y á los llaneros deApure con morriones y monturas de la caballería británica»[19]. Esto nos da lugar á reivindicar la probidad histórica de nuestro eminente artista Don Martín Tovar y Tovar cuando en su hermoso cuadro de la batalla de Carabobo, presenta al ejercito patriota lujosamente uniformado. Allí aparece el Negro Primero de dormán encarnado, con polainas y sin zapatos. Lo cual constituye una verdadera reconstrucción.

El Negro Primero, como todo hombre primitivo, tenía un grande amor por los uniformes brillantes. Cuando el

---

[18] Don Pascual Enrile enviado á España en solicitud de recursos, declara en junio de 1817 al Mi nistro de Guerra el estado desastroso en que se hallaba el ejército: «Presente todo lo dicho, se deduce que la fuerza principal del General Morillo es de la gente del país, que en el Ejército tiene más de la mitad de bajas». Rodríguez Villa. Ob. cit., III, pág. 296 y sigtes.
[19] Ob. cit., III, pág.

Libertador iba á encontrarse por primera vez con el General Páez, dice éste, que el negro «recomendaba á todos muy vivamente que no fueran á decirle al Libertador que él había servido en el ejército realista». Semejante recomendación bastó para que á su llegada le hablaran á Bolívar del negro con entusiasmo, refiriéndole el empeño que tenía en que no supiese que él había estado al servicio del rey.

Cuando Bolívar le vió por primera vez, se le acercó con mucho afecto, y después de congratularse de él por su valor, le dijo:

—Pero ¿qué le movió á usted á servir en las filas de nuestros enemigos?

Miró el negro á los circunstantes como si quisiera enrostrarles la indiscreción que habían cometido, y dijo después:

—Señor: la codicia.

—¿Cómo así? —preguntó Bolívar.

—Yo, había notado—continuó el negro— que todo el mundo íba á la guerra sin camisa y sin una peseta y volvía después vestido con un uniforme muy bonito y con dinero en el bolsillo. Entonces yo quise ir también á buscar fortuna y más que nada á conseguir tres aperos de plata: uno para el negro Mindola, otro para Juan Rafael y otro para mí.

La primera batalla que tuvimos con los patriotas fue la de Araure; ellos tenían más de mil hombres, como yo se lo decía á mi compadre José Félix; nosotros teníamos mucha más gente y yo gritaba que me diesen cualquier arma con qué pelear, porque yo estaba seguro de que nosotros íbamos á vencer. Cuando creí que se había acabado la pelea, me apeé de mi caballo y fui á quitarle una casaca muy bonita á un blanco que estaba tendido y muerto en el suelo. En ese momento vino el Comandante gritando: «A caballo!»—¿Cómo es eso—dije yo—pues no se acabó esta guerra? —Acabarse, nada de eso; venía tanta gente que parecía una zamurada.

—¿Qué decía usted entonces? —dijo Bolívar.

—Deseaba que fuésemos á tomar paces.

No hubo más remedio que huir y yo eché á correr en mi mula, pero el maldito animal se cansó y tuve que coger el monte á pie. El día siguiente yo y José Félix fuimos á un hato á ver si nos daban qué comer; pero su dueño cuando supo que yo era de las tropas de Ñaña (Yañes) me miró con tan malos ojos que me pareció mejor huir é irme á Apure.

—Dicen—le interrumpió Bolívar—que allí mataba usted las vacas que no le pertenecían.

—Por supuesto, replicó, y si no, ¿qué comía?

En fin, vino el Mayordomo (así llamaban los llaneros á Páez) á Apure y nos enseñó lo que era la Patria y que la diablocracia no era ninguna cosa mala, y desde entonces estoy sirviendo con los patriotas»[20].

Esta anécdota es de una gran significación histórica, porque revela la mentalidad de la mayoría de los hombres que después de haber servido con Boves y Yañes, después de haber sido degolladores de patriotas, sirvieron con Páez; y comprueba el prestigio que iba conquistando la causa de la Patria en el seno de las bajas clases populares, á los esfuerzos enormes de los

---

[20] Páez.—Autobiografía, vol. I.

proceres. Ya la Patria podía ofrecer á los que abandonaban las filas realistas, lo que constituía para ellos una ilusión: un uniforme y un apero; ya podía abrirles el camino de los honores, elevando hasta esclavos, como Pedro Camejo, á las altas jerarquías militares.

De 1819 en adelante el General Morillo siente cómo España va perdiendo el prestigio. «La opinión pública ha cambiado de una manera asombrosa—decía—aun en los pueblos más decididos por la causa del rey». Aquel ejército «compuesto por la mayor parte de los naturales» desertaba por millares. «Aquí se nos presentan por puntas» decía desde Guayana el General Soublette.

Sin embargo el Doctor Juan Germán Roscio, al dar parte al Libertador de las proposiciones de paz hechas por Morillo á mediados de 1820, le dice: «Mientras los españoles tengan criollos con qué hacernos la guerra, yo no espero otro género de proposiciones de paz que las de Morillo; mientras luchen con nosotros á nuestra propia costa, no variarán de sistema».

«Al jurarse la Constitución española les hicieron creer que nosotros nos someteríamos á ella; el resultado contrario les indica que somos fuertes para la repulsa y para seguir la lucha ó que somos ya más poderosos que Morillo. y sus comitentes; y la consecuencia es pasarse á nosotros

«Si prosigue el abandono de su partido por los criollos, la España está obligada á hacer la paz; pero si no, nó; porque la España en esta guerra ha contado siempre por fuerza principal suya la de los criollos guerreros y contribuyentes. Bien sabía esto el oficial español, que interrogado por un extranjero sobre el término de esta contienda, le respondió: «ella terminará cuando nos falten los criollos que nos ayudan».

Y cuando tienen noticia de que los realistas se estaban pasando por millares, es aún más explícito: «A este paso llegaremos menos tarde al término á que aspiramos, porque la España nos ha hecho la guerra con hombres criollos, con dinero criollo, con provisiones criollas, con frailes y clérigos criollos, con caballos criollos y con casi todo lo criollo; y mientras pueda continuarla del mismo modo y á nuestra costa, no hay que esperar de ella paz con reconocimiento de nuestra independencia»[21].

Me haría interminable, abusaría de la paciencia de este cultísimo auditorio, si continuara haciendo todas las citas que comprueban mi tesis. Básteme agregar que yo he tenido el cuidado de recoger, tanto aquí como en España, más de trescientos apellidos de familias venezolanas muy distinguidas, cuyos progenitores sostuvieron por todos los medios la causa del Rey de España, ó para hablar con más propiedad, lucharon en contra de los independientes[22].

---

[21] O'Leary.—Memorias VIII, pág: 495 y siguientes.

[22] Aquellos que no conocen de nuestros anales, por propia confesión, sino lo aprendido en los bancos de la escuela y se erigen sin embargo en críticos (Geroncios de la Historia!) no se dan cuenta del empeño que ponían Bolívar y los intelectuales en dar á aquella guerra intestina el carácter de guerra internacional, con el fin de obtener el reconocimiento de la beligerancia por los Estados Unidos, Inglaterra, Rusia y Francia y obligar á España á reconocer la Independencia. «Aunque se interpongan en favor de ésta (la Independencia) los Estados Unidos, la Inglaterra, la Rusia y la Francia, España les manifestará las listas y estados de su fuerza armada en América, COMPUESTA CASI TODA DE CRIOLLOS: les enseñará el censo de las provincias que le obedecen y que han jurado la Constitución: les mostraría el registro de contribuciones, donativos, suplementos etc., desembolsados por la gente criolla. LA MAYORÍA de los americanos obedientes al enemigo, es el obstáculo para el reconocimiento de nuestra independencia; sobre lo cual insisten mucho los escritores enemigos, y ellos mismos confiesan que sin el.

Y yo creo, señores, que ocultar esa faz de nuestra revolución es no sólo amenguar la talla de nuestros Libertadores sino establecer soluciones de continuidad en nuestra evolución social, dejando sin explicación posible los hechos más trascendentales de la historia nacional.

Laureano Vallenilla Lanz[23]

auxilio de ESTA MAYORÍA habría sido la más desesperada tenacidad hacernos la guerra».

[23] Conferencia pronunciada en el Instituto Nacional De Bellas Artes De Caracas, en la noche del 9 de octubre de 1911.

Influencia del 19 de abril de 1810 en la indepedencia suramericana[24]

I

El 19 de abril de 1810 no ha sido considerado hasta hoy sino como la fecha inicial de la Emancipación HispanoAmericana; pero si nos fijamos un poco en los documentos de aquellos días memorables, encontramos también que de ella arranca nuestra evolución institucional, que condujo necesariamente á los ilustres creadores de la nacionalidad á la adopción del sistema republicano sobre las bases de la democracia y del federalismo. Y sube de punto la trascendencia de aquella célebre fecha, si consideramos que esos grandes principios constituyeron el credo de la revolución en todo el continente, á la vez que fueron como el florecimiento de las antiguas libertades españolas casi ahogadas en la metrópoli bajo el formidable cesarismo de los reyes austríacos.

Desde el acta misma de su instalación, al declarar destruida la autoridad de los agentes españoles y disuelta la Junta Central de Sevilla, la Junta Suprema de Caracas considera que,

---

[24] El 19 de abril de 1810 marcó el inicio de la lucha por la independencia del dominio español en Venezuela. Vicente Emparan, el Capitán General de Venezuela, fue destituido por una asamblea que se dio en el cabildo de Caracas, dando paso a la formación de la Junta Suprema de Caracas, que oficialmente se llamó Junta Suprema Conservadora de los Derechos de Fernando VII, la primera forma de gobierno autónomo; y se firma también el Acta del 19 de abril de 1810, actuando en nombre de Fernando VII, rey depuesto de España, y en desobediencia a José Bonaparte, hermano de Napoleón Bonaparte (N. del E.)

desaparecido el Rey como centro común de la Monarquía, todos los cuerpos políticos que la integraban habían reasumido su primitiva soberanía y se hallaban en el caso de aliarse para constituir, por medio de un cuerpo representativo, una forma de Gobierno capaz de atender á su conservación y defensa. Y considerándose el Cabildo de Caracas sin facultades suficientes para imponer sus decisiones á los demás pueblos de la Capitanía General, solicita su concurso, les expone las causas que motivaron su resolución, y en términos que demuestran la gran capacidad de aquellos dignísimos patricios y su respeto por los principios fundamentales que preconizan, les dirige estas frases memorables:

«Habitantes de las provincias de Venezuela! Nosotros, en cumplimiento del sagrado deber que el pueblo de Caracas nos ha impuesto, lo ponemos en vuestra noticia y os convidamos á la unión y fraternidad con que nos llaman unos mismos deberes é intereses. Si la soberanía se ha establecido provisionalmente en pocos individuos, no es para dilatar sobre vosotros una usurpación insultante, ni una esclavitud vergonzosa; sino porque la urgencia y la precipitación propias de estos instantes, y la novedad y grandeza de los objetos así lo han exigido por la seguridad común. Eso mismo nos obliga á no poder manifestaros de pronto toda la extensión de nuestras generosas ideas; pero pensad que si nosotros reconocemos y reclamamos altamente los sagrados derechos de la naturaleza para disponer de nuestra sujeción civil, faltando el centro común de la autoridad legítima que nos reunía, no respetamos menos en vosotros tan inviolables leyes y os llamamos oportunamente á tomar parte en el ejercicio de la suprema autoridad»

Desconocida por los Cabildos de Coro y Maracaibo la

revolución de Caracas, la Junta Suprema considera que aquellas ciudades han olvidado «los vínculos de nación, religión, fraternidad y comunidad de intereses que les unen con los otros distritos de Venezuela, quebrantando las leyes fundamentales del reino, que prescriben el modo con que ha de ser gobernado en los interregnos y en el presente caso de su orfandad; por ella tienen todos los ciudadanos españoles del nuevo y del antiguo mundo el derecho de nombrar en el Congreso nacional de las cortes los tutores ó curadores que hayan de administrar interinamente la soberanía». Basados en esos precedentes y respetuosos á la independencia política de aquellos cuerpos les dice: «Cabildos de esos departamentos, adherios á los sanos principios que ha pronunciado Caracas! Trasmitid vuestros sufragios con la dignidad y franqueza que conviene á los pueblos virtuosos; ella no tiene más pretensión que la de uniros constituyendo por el voto general un gobierno legítimo representante y conservador de los derechos de nuestro augusto Soberano Señor don Fernando VII, y no obstante la superioridad política en que la ha colocado la naturaleza no conoce otra ambición que la de excederos á todos en esfuerzos y sacrificios por la causa común.»

II

Se ha dicho siempre y se repite aún con marcada ligereza, que los hombres de la primera patria no fueron como estadistas, sino simples imitadores de instituciones extrañas, copistas sin discernimiento de leyes y principios sancionados en pueblos de origen y costumbres distintos de los nuestros, y nada es más erróneo.

Habituados nuestros patricios al ejercicio constante de las funciones municipales, herederos de muchas generaciones que así en la madre patria como en la Colonia habían visto en el Municipio el representante de las libertades públicas, tenían necesariamente que considerar á los Cabildos como los personeros naturales y legítimos de los derechos populares y ver en cada ciudad ó partido capitular un cuerpo político autonómico con facultades soberanas, destituidas ya las autoridades representantes del Monarca, y en capacidad por tanto de concurrir por medio de sus diputados á la formación de un gran cuerpo representativo que asumiera la administración general de las provincias, que antes ejercían el Capitán General, el Intendente de Hacienda y la Real Audiencia.

De allí que mucho antes de que se descubrieran los verdaderos fines de la revolución y de que se pensase en establecer la República, se precisaron ya los principios y las fórmulas del derecho representativo, basándose en el antiquísimo precepto de «ayuntarse para resolver los fechos grandes é arduos»; y se hablara de confederación es decir: «liga, unión, alianza ofensiva y defensiva entre cuerpos políticos é independientes, enclavados en una demarcación topográfica y para un objeto de interés común.»

Era ese el único criterio político de aquellos días manifestado explícitamente en todos los documentos.

«El primer deber de esta Suprema Junta, fue dar parte á todas las de Venezuela de su resolución, de los motivos que la produjeron, de los medios que emplearon para realizarla, y convidarlas á todas á que tomasen la parte que les corresponde en la confederación con que Venezuela quería constituirse depositaría de los derechos de su Rey en la orfandad en que la dejaba el extinguido Gobierno representativo de la Junta Central»

De igual manera se expresará días más tarde, al convocar á los pueblos para la elección de diputados al Congreso Constituyente:

«La Junta Suprema de estas provincias, al revestirse del alto carácter que una parte considerable de vosotros le ha conferido, no pudo disimular que la naturaleza ó términos de su constitución le imponía imperiosamente la necesidad de convocaros para consultar vuestros votos y para que escogieseis inmediatamente las personas que por su probidad, luces y patriotismo os parecieran dignas de vuestra confianza. Veía la Junta que antes de la reunión de los diputados provinciales, sólo incluía la representación del pueblo de la Capital y que aun después de admitidos en su seno los de Cuinaná, Barcelona y Margarita, quedaban sin voz representativa las ciudades del interior, tanto de ésta, como de las otras provincias; veía que la proporción en que se hallaba el número de los delegados de Caracas con los del resto de la Capi tañía General no se arreglaba, como lo exige la naturaleza de tales delegaciones, al número de los comitentes; veía por último que si la estrechez de las circunstancias era una apología suficiente para estos defectos, dejaría de serlo si descuidaba remediarlos inmediatamente que desapareciese, llegada la época de verificarlo sin inconveniente, sin desorden y de una manera que calificase la vigilante solicitud de la Junta por la tranquilidad pública, al mismo tiempo que hiciese presente la moderación y equidad de sus principios.»

No puede darse más claridad en el fondo ni mayor precisión en los conceptos. Caracas no asumía porque no podía asumir legítimamente la autoridad Metropolitana[25]; desaparecidas las autoridades supremas de la colonia, no podía dictar leyes á las demás ciudades, ni la Junta emanada de su Cabildo podía considerarse con facultades suficientes para imponer sus decisiones, que tal procedimiento pugnaba abiertamente con las tradiciones legales invocadas por ella á cada paso. Así lo hizo también al indicar á los demás pueblos la forma en que debían elegir sus representantes: «Todas las clases de hombres libres son llamados al primero de los goces del ciudadano, que es el de concurrir con su voto á la delegación de los derechos personales y reales que existían originariamente en la masa común y que le ha restituido el actual interregno de la monarquía.»

Y encareciendo la necesidad de constituir el cuerpo representativo con hombres de incuestionable probidad, no va á buscar ejemplos á pueblos extraños, no invoca la historia de ningún otro país, sino que se remonta á los anales de España para recordar su decadencia desde el momento en que comenzó á olvidar sus legendarias libertades: «Leed la historia de nuestra nación y en ella encontraréis que las arbitrariedades de los Ministros comenzaron cuando las Cortes nacionales, depositarías de la autoridad legislativa, dejaron de oponer una barrera á los esfuerzos progresivos del despotismo. Veréis que habiendo caído en desuetud la representación del pueblo se aumentaron las cargas con las rentas y la opresión con las conquistas; veréis entonces corrompidas las costumbres públicas; deprimido el alto carácter de nuestros consejos, prostituidos los empleos y entorpecidos los canales de la administración; veréis en fin que bastó la exaltación de un

---

[25] La Legislación de Indias consideraba como ciudades metropolitanas, aquellas en donde residían el Virrejr ó la Capitanía General, el Intendente de Hacienda, la Real Audiencia y el Arzobispado.

favorito inepto y vicioso para derribar el trono y para sepultar á la nación más bizarra y generosa en los horrores de la servidumbre extranjera[26].

III

Y tal fue la doctrina proclamada en todo HispanoAmérica. El 25 de Mayo de 1810 estalla la revolución de Buenos Aires é inmediatamente se verifica no sólo la desintegración del virreinato de donde al fin de la lucha debían surgir cuatro Estados independientes: Bolivia, Paraguay, Banda Oriental y República Argentina, sino que el territorio de esta última se divide en provincias autonómicas, no por las antiguas Intendencias sino por las Ciudades Cabildos[27].

Un eminente argentino ve en este movimiento de disgregación de las ciudades, que más tarde constituyeron la federación Argentina, el resultado de una evolución orgánica que vino operándose lentamente desde los orígenes remotos del país y héchose visible en su momento oportuno. Movimiento sujeto á principios y doctrinas tradicionales, que no sólo formaban el derecho constitucional español, sino que se basaban en la estructura íntima del país argentino[28].

Para comprobarlo trae el testimonio del doctor Moreno, uno de los más ilustres políticos de la revolución de Mayo, expresado en estos términos:

«La disolución de la Junta Central de Sevilla restituyó á los pueblos la plenitud de los poderes que nadie sino ellos mismos

---

[26] Todos estos documentos son tomados del tomo II de la Recopilación de Blanco y Azpurúa.

[27] Sarmiento.—Civilización y Barbarie.

[28] Doctor Ramos Mejía. El Federalismo Argentino.

podían ejercer, desde que el cautiverio del Rey dejó acéfalo el reino y sueltos los vínculos que le constituían centro y cabeza del cuerpo social. En esta dispersión no sólo cada pueblo asumió la autoridad que de consuno habían conferido al monarca, sino que cada hombre debió considerarse en el estado anterior al pacto social de que derivan las obligaciones que ligan al Rey con sus vasallos.»

La doctrina de Moreno dice el doctor Ramos Mejía, era una doctrina española. Invocada por él contra la Junta, de Regencia de España é Indias, fue invocada por los pueblos del virreinato contra la Junta de Buenos Aires y contra las ciudades capitales de sus respectivas provincias[29].

Y en esa doctrina se apoyó la Junta gubernativa de Buenos Aires para declarar, como la de Caracas, la autonomía de las ciudades y la necesidad de que éstas concurrieran por medio de sus representantes á la formación del Gobierno central.

De entonces comenzó la anarquía provincial que durante muchos años fue como un germen fecundo de revueltas intestinas, de tiranías y de desórdenes para aquella República, que ha venido á ser después el más grande sin duda de los pueblos de origen español.

El 20 de julio de 1810 estalla el movimiento revolucionario en Santa Fe de Bogotá y desde el primer instante su Junta Suprema de Gobierno proclama los mismos principios que Caracas y Buenos Aires, y las ciudades todas del virreinato asumen la misma actitud de autonomía é independencia.

La Junta Suprema, no pudiendo considerarse sino como

---

[29] Doctor Ramos Mejía.—Ob. cit.

depositaría interina de la soberanía, en tanto que las provincias del Nuevo Reino de Granada eligen sus representantes, las excita á constituir un Gobierno «sobre las bases de libertad respectiva de ellas, ligadas únicamente por un sistema federativo, cuya representación deberá residir en la Capital para que vele por la seguridad de la Nueva Granada, que protesta no abdicar de los derechos imprescriptibles de la soberanía del pueblo á otra persona que á la de su augusto y desgraciado Monarca Don Femando VII.»

Días más tarde, al convocar á las provincias para concurrir á la formación del cuerpo representativo, les dice: «La capital no intenta prescribir reglas á las provincias ni se ha erigido en superior de ellas: toma sólo la iniciativa que le dan las circunstancias. Su Gobierno es provisional, y se apresura á llamar vuestros representantes para depositarlo en ellos.»

«Por ahora su gobierno será también interinario mientras que este mismo cuerpo de representantes convoca una Asamblea General de todos los Cabildos, ó las cortes de todo el reino, prescribiendo el reglamento conveniente para la elección de diputados. Pero no por eso entiende la Suprema Junta que deben quedar excluidos absolutamente los Cabildos Subalternos de influjo en la elección que ahora se debe hacer en las capitales respectivas, de los ya dichos representantes, bien sea captando antes su beneplácito, bien pidiendo después su aprobación, bien dando ellos mismos sus poderes, bien enviando diputados á las cabezas de provincias.... Pero la Suprema Junta espera que consideradas todas las circunstancias, los ilustres Ayuntamientos de las capitales concillen la importancia de la breve reunión de ésta de Santa Fe, con la participación que deben tener todos los pueblos del reino en la obra grande que vamos á emprender.»

«La noticia de la revolución de Santa Fe y de la deposición del Virrey y demás autoridades generales, dice Restrepo, se esparció rápidamente por las provincias de la Nueva Granada. Cartagena imitó el ejemplo de la Capital estableciendo Junta independiente, que lo fue su Cabildo. Santa Marta hizo lo mismo, y Antioquia las siguió con el Chocó, Ñeiva, Mariquita, Pamplona, B1 Socorro, Casanare y Tunja. Fn esta provincia, en las de Pamplona, Neiva y Mariquita cundieron los partidos; algunos lugares querían depender inmediatamente de Santa Fe, y otros como Jirón pretendían establecer gobierno particular y constituir Repúblicas miserables. Las provincias del Istmo de Panamá y la de Río Hacha se denegaron á proclamar la revolución y sostuvieron las autoridades españolas»; y agrega más adelante: «principiaron también á desarrollarse gérmenes activos de división y anarquía: el federalisino, la rivalidad de unas provincias con otras y la de las ciudades subalternas con sus capitales, hé aquí los principios desorganizadores que desde los primeros días turbaron la revolución de la Nueva Granada, y que más de una vez regaron con sangre sus fértiles campos.»[30]

«Es indudable, decía la Junta Provisional del Paraguay el 20 de Julio de 1811, que abolida ó deshecha la representación del poder supremo recae ésta, ó queda refundida naturalmente en la Nación. Cada pueblo se considera entonces en cierto modo participando del atributo de la soberanía, y aun los Ministros públicos han menester su consentimiento ó libre conformidad para el ejercicio de sus facultades.... La provincia del Paraguay reconoce sus derechos, no pretende perjudicar aun levemente los de ningún otro pueblo y tampoco se niega á todo lo que

---

[30] Restrepo.—Historia de Colombia.—Tomo I.

es regular y justo. Los autos mismos manifestarán que Q voluntad decidida es unirse con esa ciudad (Buenos Aires) y demás confederadas, no sólo para conservar una recíproca amistad, buena armonía, comercio y correspondencia; sino también para formar una sociedad fundada en principios de justicia, de equidad y de igualdad.»[31]

Y en la primera de las declaraciones que hace á la Junta Gubernativa del Río de la Plata, manifiesta «que mientras no se forme el Congreso General, la Provincia se gobernará por sí misma sin que la Excelentísima Junta de esa ciudad (Buenos Aires) pueda disponer, ni ejercer jurisdicción sobre su forma de gobierno, régimen, administración, ni otra alguna causa correspondiente á ella.»

A partir de esta época no hay una sola de las colonias españolas en que no resuene el grito de federación; y por todas partes, desde Méjico hasta El Plata, se entabla la lucha entre un grupo de hombres eminentes que aspiran á la centralización del Gobierno, y la inmensa mayoría de los pueblos que, empujados pór un móvil inconsciente, por un prejuicio hereditario, proclaman la independencia provincial, el particularismo, el localismo, no por un simple espíritu de imitación sino por un movimiento indeliberado hacia las formas tradicionales cuyos orígenes se perdían en los más remotos tiempos de la historia española[32].

---

[31] Blanco y Azpurúa, Tomo II, pág. 186-187.

[32] La tendencia federalista que en los hombres superiores revistió formas de principios políticos: se manifestó en los caudillos y en las clases populares como el sentimiento estrecho y concreto de la Patria Chica, que tanto hubo de dificultar la unificación de los elementos necesarios al triunfo de la Independencia; y que en el curso de la vida nacional dió margen á multitud

IV

La Capitanía General de Venezuela, al estallar el movimiento del 19 de Abril, no se divide por las gobernaciones y subintendencias sino por las ciudades cabildos ó partidos capitulares; y Barcelona se separa de Cumaná; Trujillo y Mérida de Maracaibo; Coro de Caracas, desconociendo la revolución, y Valencia, Barquisimeto, San Felipe, Calabozo, San Fernando, Guanare, San Carlos, aspiran desde el primer momento á la categoría de provincias.

En Coro—dice Heredia—el Ayuntamiento aumentado con cierto número de individuos bajo el nombre de suplentes, se apoderó del Gobierno Superior. Lo mismo sucedió en Maracaibo, aunque con alguna más moderación por el respeto del señor Miyares: de suerte que á su modo había también revolución en el territorio que reconocía la Regencia. Bu Guayan a hicieron siempre lo que les acomodó sin contar con nadie.[33]

Cuando un año más tarde el Congreso Constituyente proclamó la forma federalista, no hizo más que sancionar un orden de cosas preexistente; y en la adopción de la constitución norte americana no hubo en definitiva sino la coincidencia de nuestras tradiciones políticas con las propias tradiciones de aquel país; pues es bien sabido que aquel régimen de gobierno no es más que la sanción republicana del sistema de descentralización que los colonos habían trasladado de Inglaterra y que esta nación ha conservado á través de los siglos y de las vicisitudes históricas, como el canon sagrado de

de fenómenos que no pueden explicarse sin el análisis de los antecedentes apuntados.

[33] Memorias sobre las revoluciones de Venezuela, pág. 5, en nota.

sus libertades civiles y políticas y como la escuela donde sus hombres más eminentes han adquirido la difícil ciencia del gobierno.

Emilio Castelar en el prólogo de la traducción de los «Héroes de Carlyle», demuestra la notable semejanza que existe entre las instituciones comunales inglesas y los antiguos Ayuntamientos de Aragón y de Castilla. Y el ya citado escritor Ramos Mejía, no obstante su afirmación de que el federalismo norte americano nació en la Colonia al revés de lo que sucedió entre nosotros que el federalismo nació en la madre patria misma, se expresa en los siguientes términos tan elocuentes como precisos: «Hn ella (en Rspaña) debemos buscar y en ella encontraremos el germen y origen de las tendencias federales de nuestro espíritu que se manifestó en los primeros años de nuestra independencia, que ha caracterizado el corto período de nuestra historia política y que nos indujo más tarde nó á imitar servilmente sino á adoptar fórmulas que nos hacían falta y que la experiencia ajena había encontrado buenas. Si no hubiéramos encontrado á la mano 4a Constitución norte americana, habríamos tenido que hacerla nosotros mismos, y para nuestra originalidad institucional tal vez ha sido un nial haberla hallado.»

«Quién sabe qué fórmulas hubiéramos encontrado por nosotros mismos y habría sido digno de ver dos pueblos de raza distinta y que partían de distintos puntos coincidir fundamentalmente en sus proyecciones; habría sido digno de ver de qué manera estos dos pueblos tan distintos entre sí resolvían los mismos problemas políticos y sociales.»[34]

Para Venezuela la imitación de la constitución americana fue

---

[34] Ramos Mejía. Ob. cit.

funesta; pues según el aserto de un ilustre escritor patrio, los esfuerzos de los constituyentes por modificar aquellas instituciones según el carácter, costumbres y aun preocupaciones de la que fue Colonia, y Colonia española, y por dejar subsistente cuanto mejor les pareciera del antiguo orden de cosas, complicó de tal suerte el propio sistema federal, que á cualquiera otro puede comparársele, menos al que se propusieron imitar[35].

Si en vez de constituir una federación de Estados, hubieran sido más consecuentes con la tradición fundando una federación de municipalidades ó de ciudadescabildos, como tan juiciosamente lo hicieron más tarde los constituyentes del año 30, habrían sentado un antecedente más en consonancia con los hábitos adquiridos y con la situación social, política y económica del país venezolano.

V

Infundadas fueron en mucha parte las amargas críticas con que el Coronel Simón Bolívar fustigó en 1813 la obra de nuestros primeros constituyentes, en la Memoria que dirigió desde Cartagena de Indias al Congreso de la Nueva Granada, exponiendo los motivos que produjeron la pérdida de la primera Patria.

«Pero lo que debilitó más al Gobierno de Venezuela, dijo, fue la fórmula federal que adoptó, siguiendo las máximas exageradas de los derechos del hombre, que autorizándolo para que se rija por sí mismo, rompe los pactos sociales y

---

[35] Doctor Blías Acosta.—Reseña Histórica de la Municipalidad en Venezuela.—Bn la traducción "Del Pode rMu nicipal" por Henrion de Pansey. Caracas 1850.

constituye á las naciones en anarquía. Tal era el verdadero estado de la confederación. Cada provincia se gobernaba independientemente; y á ejemplo de éstas, cada ciudad pretendía iguales facultades alegando la práctica de aquéllas, y la teoría de que todos los hombres y todos los pueblos gozan de la prerrogativa de instituir á su antojo el gobierno que les acomode.» Si el futuro Libertador hubiera podido penetrar entonces en los orígenes de aquel movimiento de desintegración de las ciudades, que él atribuyó también á la ambición de los congresales ávidos de dominar en sus distritos, habría encontrado, en la propia historia de la provincia de Venezuela, los mejores precedentes justificativos.

No era en efecto la primera vez que al desaparecer la autoridad central los cabildos de las ciudades asumían el Gobierno de sus respectivas jurisdicciones; á lo cual contribuyeron los propios Gobernadores comenzando por el Licenciado Villacinda, que al morir en 1556 ordenó que mientras se nombraba el sucesor gobernasen las provincias los alcaldes, cada uno en el Distrito de su respectivo Cabildo.

Refiriéndose á este caso, dice Baralt que entonces cada ciudad se hizo independiente de la ciudad vecina á semejanza de las antiguas comunidades y que cebados los Alcaldes en mandar, con un año de ensayo que tuvieron en aquella ocasión procuraron convertir en derecho la prerrogativa que les había dado Villacinda; y para ello enviaron á la Corte por Diputado á un tal Sancho Briceño, vecino de Trujillo, persona de cuenta, insinuante y de gran capacidad á quien ordena al mismo tiempo pedir al Rey algunos favores para la Provincia. Briceño obtuvo con rara facilidad cuantas dependencias llevaba y el Rey ordenó por cédula del 8 de Diciembre de 1560 que en los casos de muerte ó ausencia del Gobernador General pasase el mando de la provincia á los alcaldes hasta que se proveyese la vacante. Realzada así la autoridad de los ayuntamientos, agrega Baralt, se abrió nuevo y vastísimo campo á su ambición[36].

Véase cómo en los albores de la organización colonial, se verifica el mismo movimiento autonómico de las ciudades que doscientos cincuenta años más tarde al desaparecer el poder de España por virtud de la revolución del 19 de Abril.

¿Serían acaso en aquellos oscuros y remotos tiempos de la conquista la adopción del sistema federal y las máximas exageradas de los derechos del hombre, las causas que produjeron aquella desintegración de las ciudades y la persistencia con que sostuvieron sus fueros autonómicos? En 1556 como en 1810, el espíritu de las instituciones municipales tenía que producir los mismos efectos así en Venezuela como en la Nueva Granada, en México como en Buenos Aires.

Cuando en 1816, el General don Pablo Morillo sometía de nuevo al poder de España las provincias de la Nueva Granada, le dice al Ministro de la Guerra: «Este Virreinato tenía un Gobierno insurgente central constituido por la fuerza y regado con la sangre de un pueblo cándido y opuesto al sistema de centralización, que por mano del caribe Bolívar establecieron los jacobinos por la fuerza. Consideré á dicho Gobierno por esta causa sin influjo para hacerse obedecer y pensé siempre que el gobierno de cada provincia sería el respetado y el de cada partido de que éstas se componen.»

Ya desde meses antes, el propio General había dicho á su

---

[36] Resumen de «Historia antigua de Venezuela.»

Gobierno: «Es preciso que se tenga presente que los Cabildos de las capitales de provincia mandan á los demás pueblos de ella, como podría hacerlo un Capitán General en su Distrito, á pesar de que haya pueblos de mayor centro que el de la residencia del Cabildo; de modo que en realidad no es un cuerpo de Ayuntamiento para una población, sino un gobierno para todo un término ó provincia. Respeto demasiado las leyes para atreverme á pedir se destruya este sistema sólo por mi dicho, pero puedo asegurar á S. M. que desde que llegué á Caracas estoy temiendo fatales consecuencias de tánta autoridad en una corporación que todos los lunes puede juntarse sin que la presida el Jefe del Gobierno...»[37]

Hé allí la comprobación más evidente de la ligereza con que muchos historiadores han afirmado que los Cabildos de América y en particular los de Venezuela, habían perdido en los últimos años de la Colonia las grandes facultades gubernativas que tuvieron en los tiempos primitivos de su instalación; y allí también otra prueba evidente de que el movimiento federalista iniciado el 19 de Abril, y la adopción que de aquel sistema hizo el Constituyente de 1811 fue la evolución espontánea é incontenible del organismo colonial.

VI

¿Y cuál fue en la propia Bspaña el resultado de la abdicación de Bayona y de la invasión francesa? El mismo movimiento descentralizador, la misma anarquía provincial y comunal, la misma resistencia á someterse á ninguna otra autoridad central una vez destituido el Monarca. Porque al través de las

---

[37] Rodríguez Villa. El Teniente General D. Pablo Morillo.—Biografía Documentada.—tomo III.

vicisitudes y de los accesos intermitentes de despotismo brutal y centralizador, en los estrados hereditarios del alma española se conservaban aquellos instintos de libertad que constituían la esencia íntima de su historia desde los tiempos en que los Municipios de Aragón eran los defensores formidables de los fueros y preeminencias locales y en que las Behetrías de Castilla formaban como pequeñas Repúblicas que podían cambiar de Señor á su voluntad cuantas veces lo quisiesen.

«Los diferentes Estados que constituían el reino de España, dice un historiador, nunca habían estado ligados por una constitución libre y uniforme, cuyos beneficios igualmente participados hubieran creado un interés y una simpatía común entre todos los españoles. Sus recuerdos de libertad estaban asociados con su existencia como Estados separados y al paso que se levantaban simultáneamente, pero sin concierto para rechazar la agresión extranjera, cada provincia se mantenía sola con su Junta Gobernadora, envidiosa de cualquiera otra provincia; y juzgándose capaz de vencer con sus únicos recursos los ejércitos franceses. Las Juntas embelesadas con el nuevo goce del poder, eran particularmente celosas de su autoridad. Todas trataban de ejercer una absurda intervención sobre los generales que habían elegido para mandar sus diferentes ejércitos y como ninguna quería consentir que su general estuviese sujeto á otra autoridad que á la suya, no podía haber general en jefe…»[38]

Pero en la madre patria el movimiento autonómico de las ciudades, la resurrección de las libertades comunales no podía conducir, como no condujo, sino á la monarquía constitucional.

---

[38] Historia de España por una Sociedad literaria, —París.—1840.

El cesarismo demasiado cercano, había creado hábitos mentales por su sugestión y su potencia: el temor religioso, el respeto místico, la idea de estabilidad política y de continuidad hereditaria.

En América, Virreyes y Gobernadores, si tenían la representación, carecían del prestigio de los reyes españoles; el cesarismo lejano, cambiando periódicamente las autoridades, había creado una discontinuidad de fines y de esfuerzos, destruyendo el prestigio clásico de la tradición monárquica. En choque constante con la Iglesia y los Cabildos, destituidos muchas veces por éstos y sometidos al terminar su administración á juicios de responsabilidad, llamados de residencia por las Leyes de Indias, los representantes de la monarquía y la monarquía misma habían perdido entre nosotros sus grandes caracteres; la unidad, la estabilidad, la irresponsabilidad sagrada, la lógica íntima y despótica se habían desvanecido en el régimen colonial.

Brror profundo de los que proclamaron un día la necesidad del régimen mo márquico en HispanoAmérica pretendiendo fundarse en los hábitos, en las costumbres y en las ideas engendradas en el sistema colonial, cuando fue precisamente, por un movimiento natural y espontáneo de su organismo, como surgieron desde el primer momento las tendencias hacia las formas fundamentales del gobierno republicano, federal, representativo, alternativo y responsable.

El Congreso de 1811, por más que en sus principios se titulara «Cuerpo conservador de los derechos de don Fernando VII", no podía menos que responder á aquellos poderosos antecedentes[39].

VII

Se ha creído generalmente que la revolución de 1810 rompió con violencia las tradiciones coloniales, y que utopistas é incautos los padres de la patria, se lanzaron en la senda de las innovaciones legislativas.

Cierto es que en casi todos los documentos de aquellos días, así como en el acta en que se declaró la Independencia el 5 de julio de 1811, se descubren las influencias de las doctrinas disolventes de la Revolución Francesa, alegándose el «uso de los imprescriptibles derechos que tienen los pueblos para destruir todo pacto, convenio ó asociación que no llene los fines para que fueron instituidos los gobiernos»; pero es de observar, que al mismo tiempo los constituyentes conocen «las dificultades que trae consigo, y las obligaciones que nos impone el cargo que vamos á ocupar en el orden político del mundo y la influencia poderosa de las formas y habitudes á que hemos estado á nuestro pesar acostumbrados».

Los padres de la patria no se sustraían á la confusión de ideas y de principios que caracteriza el ambiente político de la época y que tenía en Francia su más encumbrada manifestación. Examinando cuidadosamente todos los documentos de aquellos días, se encuentra una mezcla de ideas tradicionales y de modernos principios.

«Entre los pueblos y el Jefe de su Gobierno, decían á nombre de la Junta, Tovar Ponte y López Méndez el 8 de noviembre

---

[39] Véase el interesante libro del señor García Calderón, *Le Pérou contemporain.*—París—1907.—ni autor insinúa estas mismas ideas, pero no llega á nuestras conclusiones.

de 1810, hay un mutuo contrato al cual si contraviene alguna de las partes contratantes, puede la otra separarse, justamente. No es necesario manifestar la verdad de esta proposición, analizando menudamente los principios de este esta blecimiento social, y sólo bastaría dar un recuerdo sobre la antigua constitución española, sobre la fórmula del sagrado juramento de Aragón y lo que es más, sobre la de aquel con que los centrales recibieron la investidura de representantes y jefes de la nación en 25 de Setiembre de 1808».

Considerando el Gobierno como un pacto social invocaban al mismo tiempo los fueros y privilegios de los antiguos reinos españoles, para deducir de allí, como lo reza el acta de la Independencia, el derecho de «proveer á su conservación, seguridad y felicidad, variando esencialmente todas las formas de la anterior constitución». De modo que las ideas tradicionales de la nación española y los principios disolventes del jacobinismo francés daban el tono á la obra de nuestros patricios: el derecho histórico coincidiendo con el derecho revolucionario iba á servir de transición al dogma de la soberanía popular, próximo á aparecer; la realidad preparaba así el ideal por un doble movimiento de avance hacia los nuevos principios y de retorno hacia las formas olvidadas de la igualdad, de la autonomía y del individualismo.

VIII

Desde los puntos de vista de donde hemos examinado el movimiento revolucionario del 19 de Abril, es imposible que pueda negársele la gran influencia que tuvo en los futuros destinos de Venezuela y de la América Española.

Si algunos otros sucesos ocurridos antes de aquella fecha han sido presentados como movimientos iniciales de la emancipación, es indiscutible que fue Caracas la primera en destituir de hecho y de derecho á los representantes de España en América y en declarar la autonomía de las colonias, rompiendo así los vínculos que las ligaban con la Metrópoli.

Fue ella también la primera en dar una doctrina y en proclamar un derecho revolucionario, delineando las formas precisas del sistema de gobierno que había de implantarse en todos los pueblos His panoAmericanos.

Mas no se detuvo allí el noble ideal, ni el ensueño generoso, ni la gran clarovidencia de aquellos hombres eminentes. Lejos de circunscribir sus miradas á la independencia de las provincias venezolanas, su pensamiento se dilata por toda la extensión del continente; y son ellos también los primeros en vislumbrar la posibilidad y en proclamar la necesidad imperiosa de una confederación hispanoamericana, como único medio de asegurar la conquista de sus derechos autonómicos contra toda extraña intervención.

Ya en la locución dirigida á los Cabildos de las capitales de América les habían dicho: «Caracas debe encontrar imitadores en todos los habitantes de la América en quienes el largo hábito de la esclavitud no haya relajado todos los resortes morales; y su resolución debe ser aplaudida por todos los pueblos que conserven alguna estimación á la virtud y al patriotismo ilustrado.»

Y al dictar á los pueblos de las provincías venezolanas el reglamento para la elección de diputados al Constituyente, complementan el grandioso pensamiento legando á la posteridad, condensados en estas frases elocuentísimas, los fundamentos del equilibrio político de la América libre.

^Encarecen por de pronto «la necesidad de una representación particular para cada uno de los distritos americanos que se han habituado á relaciones interiores é imprescindibles, mientras llega quizás otra época de más consuelo y esperanza, en que confederados todos los pueblos de la América tan estrechamente como lo permita la inmensidad del suelo que ocupan y como lo prescriben la identidad de religión, idioma, costumbres, é intereses, puedan acompañar á la justicia de sus reclamos la fuerza que resulta de su agregación ».

Nada más explicable que en el ambiente moral é intelectual de aquella época se formara el hombre que debía con la grandeza de su genio llevar á feliz término la Independencia de la América del Sur; concentrar bajo su autoridad, siquiera fuese por breve tiempo, á las Repúblicas recién emancipadas; y esforzarse por realizar en el Congreso de Panamá el ideal vislumbrado por los revolucionarios del 19 de Abril, y por él acariciado como el complemento definitivo de su magna obra.

Ese ensueño generoso, ese ideal nobilísimo es todavía, después de una centuria, el problema en que está envuelta la existencia de las naciones Hispanoamericanas amenazadas en su soberanía y en sus tradiciones.

Esencial condición de los espíritus superiores el preceder por siglos á la realización de sus grandes ideales.

Disgregación e Integración. Ensayo sobre la formación de la nacionalidad venezolana

Introducción

LA INFLUENCIA DE LOS VIEJOS CONCEPTOS

"Un pueblo vive siempre de tradiciones; puede tener ideas nuevas, nuevas necesidades, pero así como a nadie le es dado desligarse de sus antecedentes personales, mucho menos puede hacerlo un pueblo, que no es sino una reunión de hombres. Nosotros no podemos transformarnos bruscamente de la noche a la mañana, rompiendo nuestros vínculos con el pasado. Si examinamos en qué consiste la mayor parte de nuestras ideas, veremos que son ideas tradicionales que sirven de transición a otras nuevas. Vivimos de la sucesión de nuestros antepasados, y, como dice Leibnitz, "el presente es hijo del pasado y padre del porvenir".

E. Laboulaye.

"Todo fenómeno histórico es invariablemente el resultado de una larga serie de fenómenos anteriores y el presente es hijo del pasado y lleva en su seno el germen del porvenir".

G. Lebon.

UNA DE LAS MANIFESTACIONES más características de nuestra vida nacional, ha sido la tendencia constante de las reformas institucionales, por la creencia, demasíado generalizada, de que las alteraciones más o menos sustanciales del sistema político que nos rige, desde la Revolución de la Independencia, podían influir en la singular y dolorosa situación en que había venido agonizando nuestro pueblo, y abrirle amplia y segura senda de bienestar y progreso.

Ante las angustias de una lucha prolongada y tenaz, en la que la sangre de varias generaciones empapó durante cien años un suelo dotado por la Naturaleza de cuantos dones pueden ostentar los más ricos países; ante el largo espectáculo de desolación y muerte, donde se ven mezclados y confundidos acciones heroicas e inauditos crímenes; ante la miseria, la arbitrariedad y la relajación de costumbres, que han sido en todos los pueblos el obligado cortejo de las revueltas civiles, nuestros publicistas anduvieron siempre a caza de un remedio eficaz, y las más extrañas teorías, las más extraviadas concepciones, las reformas más incompatibles con los instintos políticos y con el organismo social de la Nación, aparecían1 en las épocas de crisis, como específicos heroicos de tan inveterados males.[1]

Las constituciones se han sucedido unas en pos de otras, con vertiginosa rapidez; la geografía política de la república ha sido cambiada con frecuencia, contrariando las tradiciones locales; multitud de actos legislativos y dictatoriales, expedidos por las exaltaciones revolucionarias, por intereses sectarios o por el empirismo político, convirtieron la legislación patria en un intrincado laberinto... y nada estable, nada racional había surgido en cien años.

Durante una centuria de vida independiente, Venezuela había vacilado entre teorías, la sangre seguía corriendo a torrentes, el desarrollo de la riqueza se hacía cada vez más lento y trabajoso... y las actividades de este pueblo heroico, fuerte e inteligente, se perdían para la civilización y para el bien... no por las fútiles razones que se leen en cada paso en la prensa periódica y en los libros y folletos nacionales y extranjeros, en los cuales se asientan como verdades inconclusas los más crasos errores históricos y científicos, se prorrumpe en jeremiadas patrióticas o se proponen como medidas de salvación los más pue riles e impracticables procedimientos, sino por la ignorancia de las leyes que rigen el desenvolvimiento de las sociedades, cuyo estudio no puede hacerse al resplandor ofuscante de las pasiones políticas, sino a la luz, pura y serena de la investigación científica.

La razón de que hasta hace poco tiempo no se haya emprendido en Venezuela la importante labor de investigar los orígenes políticos y sociales, para explicarnos con exactitud nuestra evolución histórica, debemos buscarla en los errores científicos que aún viven en nuestra atmósfera intelectual como resabios persistentes de viejas teorías metafísicas, que atribuyen a influencias extranaturales o a la voluntad libre del hombre, las causas esenciales de todo fenómeno social.

Todo parece surgir en nuestra historia como por arte de magia; y la tendencia del espíritu humano, que lo induce a solicitar en las vaguedades teológicas y metafísicas la causa de los fenómenos cuya explicación no encuentra fácilmente, se halla entre nosotros de tal manera acentuada por la mezcolanza de razas, por el medio y por la educación, que al más ligero examen podemos encontrar sus perniciosas influencias en cada una de nuestras manifestaciones intelectuales.

En la historia y en la política esa influencia ha sido poderosa: y así como respecto al verdadero papel de nuestros hombres dirigentes vivimos aún en completa ignorancia científica, en lo que se refiere al análisis de los acontecimientos, jamás se ha tenido en cuenta la noción de causa y de evolución que prevalece en la ciencia moderna, y con lamentable ligereza se han venido atribuyendo al azar, o a influencias puramente individuales, fenómenos que tienen sus orígenes en las fuentes primitivas de nuestra sociedad. Las pasadas generaciones desconocieron por completo que "todo fenómeno social, político o económico, tiene su razón de ser en una o en varias causas sociales; que como en los dominios físico e intelectual, existe una relación de igualdad y de proporcionalidad entre la causa y el efecto, y que por engañosas que puedan ser las apariencias, un hecho individual no producirá jamás un hecho2 social, el acto de un individuo no creará jamás por sí solo un estado social".[2]

A través de nuestro decantado progreso intelectual ha prevalecido en la apreciación de nuestros movimientos políticos, el concepto metafísico que apareció con la República en 1811 y que los padres de la patria aprendieron de los filósofos europeos del siglo XVIII, el cual llevaba a considerar las instituciones políticas como "moldes de fabricar pueblos", y a creer que bastaba consignar principios abstractos en las páginas de un libro, para modificar hondamente los caracteres de una comunidad social.

Siempre y por todas partes nos tropezamos en Venezuela con el mismo criterio: del pueblo "embrutecido, esclavizado, fanatizado, ultrajado por el despotismo colonial", brotaron los "héroes de la libertad y los defensores del derecho"; de la sociedad dividida, anarquizada por la heterogeneidad de razas y prejuicios de castas, nació espontáneamente la democracia; de los criollos indolentes, educados en las abstracciones de la teología y en las disquisiciones del peripato, "afeminados por el lujo y la molicie", surgieron repentinamente "los republicanos austeros y eminentes que sembraron el radicalismo liberal en toda la extensión de Suramérica..."

Nuestro ilustre historiador Baralt, después de contar con su brillante estilo las proezas colosales de la Conquista y exponer sucintamente el régimen político, religioso, judicial y de hacienda de la Capitanía General de Venezuela, estudia las costumbres públicas emanadas de aquella "viciosa organización", y sintetiza en estas frases el estado de la Colonia en vísperas de la Revolución: "La ínfima clase se hallaba embrutecida y pobre; la más elevada era, con pocas excepciones, ignorante y vanidosa. Por doquiera se veía enseñoreada la superstición: en los ricos el lujo y los vicios que éste engendra". Y continúa el eminente literato con estos otros conceptos que no son la consecuencia, sino la antítesis de aquéllos, lógica y científicamente considerados: "La libertad, empero, alma de lo bueno, de lo bello y de lo grande, diosa de las naciones, brilló por fin sobre la patria nuestra; y en ese día, ¡cuánta luz no brotó de aquellas tinieblas, cuántos héroes no salieron de aquella generación de esclavos!"[3]

¡He allí el mismo concepto bíblico de la creación del mundo aplicado al nacimiento de la nación venezolana!

Y del mismo modo que los hombres, surgieron también las instituciones: del régimen despótico de la Colonia pasamos sin evolución a la República democráticofederativa.

Para la época en que el señor Baralt escribió su historia, (1840), hacía muy pocos años que se había iniciado en Europa el movimiento científico basado en el método experimental; y los estudios sobre las constituciones, las razas, las creencias, los prejuicios, los móviles e instintos inconscientes de los pueblos... las fuentes todas de las investigaciones sociológicas, que hoy nos aleccionan contra las brillantes utopías de los declamadores políticos y de los narradores de epopeyas, eran temas no solamente nuevos, sino prematuros.[4]

Pero al cabo de un siglo, cuando las nuevas generaciones

debieran haber encontrado abierto y trillado el camino de las investigaciones sociológicas, vemos con dolor que todavía la historia de la Independencia sólo sirve de tema a cantos épicos y a romances heroicos; que se da el nombre de Historia a voluminosas compilaciones de documentos oficiales; que nuestras viejas luchas civiles no arrancan a la pluma sino polémicas incendiarias, o conceptos completamente erróneos; y en tanto nuestro pueblo, el pueblo que ha derrochado su valor y sus energías en las bregas sin gloria de las guerras civiles, continúa siendo un enigma para los mismos que hablan enfáticamente de su regeneración; y que cuando algunos sabios de Europa, atraídos por el ruido de esta vida desordenada de nuestra América, solicitan, inquieren y se remontan a nuestros orígenes para estudiar sus causas, los venezolanos, y los hispanoamericanos en general, continúan imbuidos en el mismo criterio metafísico de nuestros abuelos, creyendo muy sinceramente, y para ser burlados una vez más por la realidad, que sólo en el implantamiento de las más avanzadas teorías liberales, republicanas y democráticas, puede estribar el engrandecimiento de nuestras nacionalidades.[5]

Juzgamos por ello como la más noble labor a que pueden consagrarse nuestros modernos hombres de ciencia, la de aplicar al estudio de la evolución histórica de Venezuela los fecundos métodos positivos, a fin de que ese pasado tan oscurecido por los viejos conceptos, por la literatura épica y por las pasiones banderizas, sea en realidad fuente de saludables y fecundas enseñanzas.

Por desgracia son muy contados, no sólo entre nosotros sino en casi toda Hispanoamérica, los escritores que hayan realizado trabajos de esa naturaleza; y si en otros ramos de la literatura y de las ciencias pueden señalarse progresos de bastante entidad, en lo que se refiere a las ciencias sociales y políticas, los prejuicios han sido más poderosos que los conocimientos adquiridos; y por esa razón los hechos más claros y evidentes a la luz de la observación científica, se juzgan con el viejo criterio racionalista, que "como un precipitado químico, se ha quedado fuertemente adherido a las paredes del espíritu".

Las conquistas con que Augusto Comte, Spencer, Bastian Taine, Letour Lazarus, Simmel, Wagner, Ihering, Ratzel, Gumplowicz, Loria, Boulé, Tarde, Durkheim, Worms y toda una legión de sociólogos han invadido los dominios de las antiguas teorías e impreso rumbos más ciertos al estudio de los fenómenos históricos y políticos; la ruidosa revolución que, levantando la bandera del método experimental, ha hecho de la historia y de la política dos ramas estrechamente ligadas a las ciencias positivas, no se han tomado en cuenta todavía, cuando se pretende analizar y explicar la evolución política y social de Venezuela, sin haber estudiado concienzuda y prolijamente los orígenes de la nacionalidad.

Pues es lo cierto que nadie puede lanzar hoy afirmaciones precisas respecto a las modalidades políticas, económicas y sociales de un pueblo, sin haber penetrado hondamente en la observación de sus orígenes y peculiares caracteres.

"La forma social y política a que un pueblo puede llegar y hacerla permanente, no depende de su voluntad, sino que está determinada por su carácter y su pasado. Es preciso que esa forma se amolde hasta en sus menores rasgos a los rasgos vivientes sobre que se aplica: de otro modo se quebrará y caerá hecha pedazos. Por esta razón, si conseguimos hallar la nuestra, ha de ser estudiándonos a nosotros mismos, y cuanto con mayor precisión sepamos lo que somos, con tanto más seguridad distinguiremos lo que nos conviene"[6].

Ardua y dilatada es la labor, múltiples y profundos los estudios que se requieren; pero si son contadas las inteligencias que pueden emprender una obra tan complicada, el solo conocimiento de cuantos esfuerzos se necesitan para llevarla a término, debe contener en los límites de una prudente abstención a los que se dedican al estudio de la sociología y de la historia, y no pretender como los publicistas diletantes[7] cambiar el carácter de un pueblo con artículos de periódicos y hacerlo feliz con una constitución de papel.

Ya pasaron felizmente para la ciencia y para la humanidad aquellos tiempos en que el Abate Mably creía que "hacer un pueblo es lo mismo que fabricar una cerradura", y en los que Juan Jacobo Rousseau afirmaba que un gran legislador, un Licurgo, podía fundar una sociedad. "Si hubieran hecho estudios más profundos sobre las sociedades mismas —ha dicho Laboulaye— habrían visto que los legisladores caídos del cielo para civilizar las naciones no han existido sino en la imaginación de los poetas y que, en realidad, los pueblos no sde dejan gobernar sino por leyes análogas a sus costumbres y a sus necesidades. Pero la teoría evolucionista y el determinismo sociológico están aún muy lejos de prevalecer en nuestra educación científica.

En la mayor parte de nuestros llamados hombres de ciencias, los conocimientos modernos se han quedado en "el piso superior del espíritu", valiéndonos de la gráfica imagen del gran historiador de Los orígenes, sin fuerzas suficientes para descender al campo de aplicación.

Por eso vivimos durante cien años, destruyendo, demoliendo el pasado. "Romper con la tradición" fue el precepto sacramental de nuestras revoluciones, desde la Independencia... Pero la herencia psicológica más fuerte, más poderosa, con mejores títulos al predominio social, ha resistido impasible a los ataques de los teóricos y a las demoliciones revolucionarias, demostrando que las sociedades como la Naturaleza, no marchan a saltos.

En vano se han querido establecer soluciones de continuidad entre la Colonia y la República, pues a poco de detenernos a estudiar nuestra constitución orgánica, encontramos los sólidos cimientos de aquel vasto edificio secular, sobre los cuales hemos continuado viviendo casi sin darnos cuenta de ello.

En las costumbres, en las ideas, en los móviles y prejuicios inconscientes; en las cualidades como en los defectos, en todos los rasgos, en fin, que constituyen el carácter de nuestro pueblo, la herencia colonial se impone con una fuerza incontrastable y subsiste en nuestro ambiente psicológico, como subsiste en la estructura de las ciudades. Cien años de vida independiente y de demoliciones revolucionarias que no han acabado todavía con toda la obra material de la Colonia, tampoco han podido modificar los instintos políticos del pueblo venezolano.

No abrigamos una sola preocupación, no obedecemos a un solo móvil inconsciente, no existe en el espíritu de las masas populares un solo sentimiento, ni una sola inclinación, ni un solo instinto, en política, en religión, en todas las múltiples manifestaciones de la vida social, que no tenga su causa determinante en aquellos tres siglos de coloniaje, que prepararon el advenimiento de la nacionalidad venezolana por una evolución lógica y necesaria en todo organismo social.

Los observadores superficiales han creído ver en cada convulsión revolúcionaria una ruptura radical con el pasado, y nuestros legisladores, desde los "buenos visionarios" de 1811, se han dado a la ideológica tarea de sancionar los más avanzados principios políticos, condenados necesariamente, en el terreno de los hechos, a ser anulados por las costumbres y hasta por las leyes llamadas a ponerlos en ejercicio.

Los constituyentes del año 19 en Angostura, los del 21 en el Rosario de Cúcuta; los del 30 y los del 58 en Valencia; los del 64 en Caracas... creyeron sinceramente que habían fundado una obra sólida y estable sobre las ruinas del pasado y convertido en abono fecundo la sangre derramada. No vieron, no quisieron ver jamás, que la influencia de las instituciones políticas es siempre nula, cuando ellas no se adaptan al estado social, y que los principios políticos son puras abstracciones, cuando las leyes que deben servirles de medios de aplicación no corresponden al sistema establecido.

Así, por ejemplo: el régimen político del año 30, que fue una reacción contra las pretensiones antidemocráticas que precipitaron la disolución de Colombia, conservó la ley de manumisión en iguales o peores condiciones que la Gran República; y cuando sancionaba las más absolutas libertades civiles y económicas, conservaba casi en todo su vigor la legislación civil y administrativa de[9] la Colonia, "monopolista y absolutista por esencia".

Cuando en 1864, los constituyentes de la Federación sancionaron el más bello de cuantos códigos ha podido concebir el idealismo político, un Decreto inconsulto del caudillo vencedor destruyó de una plumada los trabajos y lentos de la legislación patria, e hizo retroceder a la nación, después de cincuenta años de Independencia y de República, al régimen civil de la colonia; "y el precedente de siglos continuó gobernando nuestra vida real bajo el imperio de la República escrita"[10].

De manera que en plena conquista de los sacrosantos derechos republicanodemocráticos, las Leyes de Indias, las Leyes de Partidas, la Novísima Recopilación, las Ordenanzas de Bilbao, las Reates Cédulas de los Monarcas absolutos, vinieron a ser de nuevo el derecho privado y administrativo que iba a regir la república restaurada por el gran partido liberal federalista, a despecho del jacobinismo, siempre imperante, de nuestros declamadores revolucionarios.

II

Para los hombres que durante un siglo se sucedieron en la dirección intelectual y política de Venezuela, jamás el pasado tuvo significación alguna. Cada nueva etapa de la evolución nacional no fue en el concepto de sus prohombres sino una solución de continuidad; y fácil es descubrir en casi toda nuestra literatura históricopolítica, que siempre un caos ha precedido al nacimiento de cada una de nuestras transformaciones políticas.

Del caos de la Colonia, nació la efímera y candorosa República de 1811; del caos de la Guerra Magna surgió la Gran Colombia; del "largo y tenebroso caos de dominación oligarca" surgió el Partido Liberal; y cuando la "dinastía de los Monagas" volvió la República a la "nada", la obra creadora se dividió entre los Convencionales de 1858 y los guerrilleros federales, hasta que del seno de otro caos formado por la Dictadura y por "la guerra de cinco años", apareció la República democràticofederativa del 64.

En 1876, decía don Antonio Leocadio Guzmán, como Presidente del Congreso, contestando el Mensaje presentado por su hijo el General Guzmán Blanco, Presidente de la República: "Yo no sé, señor, por qué se os llama Restaurador. Se restaura lo que alguna vez ha existido; pero ¿cuándo había existido en verdad la República de Venezuela? No se os puede llamar creador porque ese tributo pertenece de manera exclusiva al Omnipotente, pero si no habéis sacado la República de la nada, es indudable que la habéis desprendido del caos. ¡Caos era la existencia en que gemía Venezuela!".[11]

Y quien así habla es el mismo que preconizaba la existencia de la "verdadera República" en 1840 y el mismo que nueve años más tarde, como Ministro de lo Interior y Justicia del gobierno de Monagas, decía al Congreso Nacional: "El hombre que como yo ha tenido la fortuna de crear la razón pública y de constituir las doctrinas de la libertad en una inmensa mayoría".[12]

Por manera que aquella "mayoridad" del pueblo de Venezuela, que tanto había decantado el señor Guzmán al constituirse la República en 1830 y cuando cuatr13o años más tarde fue electo el Doctor Vargas para la Primera Magistratura,[13] aquel pueblo consciente que sabía ejercer sus derechos en 1846 en virtud de la razón pública creada por el Redactor de El Venezolano, había vuelto a la ignorancia y a la abyección en el cortísimo espacio de veintecuatro años, ya que para 1870 el General Antonio Guzmán Blanco sólo encontró un caos de donde fiat del Regenerador, apareció, como la luz de en medio del caos bíblico, la verdadera República de Venezuela.

No vaya a creerse que esos conceptos fueran únicamente producidos por el histrionismo característico del señor

Guzmán. Basta recorrer los documentos y periódicos de todas las épocas, para comprobar que en esos mismos errores incurrían inconscientemente multitud de hombres de talento no sólo en Venezuela sino en todas las naciones hispanoamericanas; pues no debemos olvidar la preponderancia del criterio metafísico, del error tradicional profundamente arraigado en la mentalidad de aquellas generaciones de revestir a los "hombres superiores" de la facultad creadora, de la acción divina (Deumpati) de la virtud misteriosa, que durante largos años redujo la historia humana a influencias extranaturales, o simplemente "a un drama en el que la Providencia tiraba de los hilos a sus personajes".

Todavía existen, no solo entre nosotros sino en la América entera, muchas mentalidades encasilladas en las viejas teorías teológicas, metafísicas y racionalistas que desconocen por completo las leyes fundamentales de la evolución y del determinismo sociológico; todavía hay quienes creen en el imperio absoluto de la razón y del libre albedrío, y en la posibilidad de reformar la sociedad según el método especulativo y deductivo cuyo natural desenvolvimiento conduce forzosamente a apartarse de la observación de los hechos históricos, como bases positivas de toda la evolución social.[14] De allí el nombre de escuela antihistórica con que bautizó Savigny a los filósofos de la pura razón y del derecho natural, para quienes"cada generación, cada edad —como lo afirma Tanon[15]— crea su mundo, libre y arbitrariamente, bueno o malo, feliz o desgraciado, en la medida de su inteligencia y de su fuerza. Esta manera de ver las cosas conduce a considerar los tiempos pasados como si nada tuvieran que enseñarnos para la constitución del estado presente. La historia se reduce entonces a una compilación de ejemplos político-morales". Doctrina absolutamente disolvente en sus consecuencias, y de efectos tan desastrosos para la humanidad, que aún es ella la que están invocando los energúmenos y los revolucionarios, para trastornar el orden social e interrumpir la evolución normal de las naciones.

Ningún otro origen tiene, en nuestro concepto, la arraigada tendencia que en cada nueva conmoción pretendía destruir, demoler, dar la espalda al pasado, volver, en fin, a la nada, en la fe absoluta de que era fácil tarea hacer una nueva República, crear otra alma nacional, otro carácter nacional, hacer otro pueblo, de acuerdo con sus doctrinas idealistas.

Obsérvese además que cada generación, cada partido, cada revolución, no abrigó nunca otro propósito sino el de destruir para crear. La tradición era completamente desconocida; y nuestros Grandes Hombres, desde Simón Bolívar, fueron considerados por la historia como enviados o representantes de la Omnipotencia Divina, y no como lo son en realidad, exponentes genuinos del medio y del momento, sometidos a las leyes de la evolución y del determinismo psicológico.

Las pasadas generaciones han desconocido que "ese conjunto de sentímientos que se llama carácter y que son los verdaderos móviles de la conducta, el hombre los posee cuando viene al mundo; pues como están compuestos por la herencia de sus antepasados, influyen en él como un peso del cual nada es capaz de libertarlo, y desde el seno 1d6e la tumba todo un pueblo de muertos le dicta imperiosamente su conducta".[16]

Repetimos que esos principios científicos no fueron jamás tomados en cuenta, en la apreciación de nuestros fenómenos sociales ni en el análisis de nuestros hombres de gobierno.

Toda nuestra literatura histórica, y lo que ha sido aún más

funesto por su influencia en la vida práctica de la Nación, las convicciones y procederes de nuestros intelectuales, han estado sometidos ciegamente, inconscientemente, a los prejuicios teológicometafísicos que, con candida sencillez bíblica, creían transformar a los hombres y a los pueblos, despertando en nuestras masas ignaras ilusiones momentáneas que dejaban al desaparecer, ante la fatal realidad de los hechos, los más crueles y amargos desengaños.[17]

El estudio sereno de muchos libros de historia patria, de colecciones de documentos y de periódicos, folletos políticos, programas de gobierno, mensajes presidenciales, memorias de los ministerios, proclamas revolucionarias, diarios de debates, correspondencias privadas y de una multitud de documentos inéditos que hemos estudiado en nuestros archivos, nos induce a afirmar de manera absoluta, que al través de toda nuestra vida nacional, hasta épocas muy recientes, había prevalecido en el criterio de historiadores y publicistas y servido de norma a nuestras instituciones políticas, el mismo concepto de los ideólogos de la Revolución Francesa que creían ciegamente que los pueblos podían transformarse a coup de décrets.

III

La Independencia de Venezuela, como la de toda Hispanoamérica, ha sido considerada todavía por muchos historiadores, como el súbito despertar de un Continente esclavizado y envilecido por el régimen absolutista de la Colonia. Aquellos pueblos de ilotas, sacudidos violentamente de su letargo secular por laespantosa algarada de la Revolución Francesa, se levantaron en masa para sacudir el ominoso yugo, transformándose repentinamente, como por un soplo divino, en los más fervorosos apóstoles y mártires de la libertad y de la Democracia. Esta manera trivialísima de apreciar el fenómeno inicial de la Revolución Hispanoamericana, nos hace el mismo efecto que la admiración con que un niño, ignorante de las ocultas transformaciones de la oruga, mira como un milagro la aparición brillante de su forma alada.

El hecho de que a un mismo tiempo, en las dos extremidades del Continente, sin acuerdo ni preparación posible, estallara la rebelión revistiendo en todas los mismos caracteres, y fundándose en las mismas razones, no se toma en cuenta ni nada significa ante el criterio de aquellos historiadores.

¿Cuál fue la causa de que los hombres de la más elevada clase social fuesen en todas las colonias los iniciadores del movimiento? ¿Cómo se explica que la manera de proceder, los fundamentos en que basaron la destitución de las autoridades españolas, los términos mismos de los documentos revolucionarios, que parecen como acordados de antemano, la evolución del organismo municipal constituyéndose en juntas, del mismo modo que en España para conservar los derechos del Monarca en desgracia, fueran exactamente iguales en todas las colonias? ¿Qué significa esa sorprendente similitud en las ideas y en los procedimientos, sin haber podido mediar acuerdo alguno entre los grupos revolucionarios, separados por inmensas distancias? ¿Pudo ser aquello obra de causas accidentales o de la libre voluntad de los iniciadores?

La sola consideración de esos hechos demuestra claramente, que unas mismas causas desarrollándose en el transcurso de las generaciones debían produjo los mismos efectos, en un momento dado, siendo semejante el organismo social, político y administrativo de todas las colonias. Esos hechos comprueban el cumplimiento necesario y fatal de las leyes sociales, y basta observarlos detenidamente para que el criterio teológico, el liberoracionalista y el individualista, sean desechados en la explicación exacta de las causas que produjeron nuestra revolución.

Ante el movimiento general realizado en América, del mismo modo que en España, y por las mismas causas inmediatas, desaparecen las iniciativas individuales o de grupos aislados. En la acción simultánea de las colectividades sociales en que no se destaca el "hombreprovidencia" a quien atribuir el fíat de aquella transformación, sólo ha sido posible a los historiadores superficiales atribuirle una acción demasiado p1o8derosa a la influencia de las ideas y los principios de la Revolución Francesa.[18]

De la Gran Colombia sí puede decirse, en cierto modo, que fue una creación del Libertador Simón Bolívar.

Pero aquel estado militar constituido por las necesidades de la guerra, ¿llegó a ser jamás una verdadera nacionalidad?

Todo el poder deslumbrador y absorbente del caudillo, todas las glorias conquistadas por los ejércitos de la Gran República fuera de su territorio fueron ineficaces para estrechar con los lazos de la unidad nacional a pueblos profundamente separados por la tradición y por la naturaleza. La Nación colombiana no fue verdad un sólo instante; los Constituyentes del Rosario de Cúcuta no obtuvieron otro resultado sino el de ahondar la división y fomentar las rivalidades que de antaño existían entre los pueblos que habían pretendido unificar.[19]

El General Carlos Soublette, uno de los hombres más pensadores de su época, decía en 1827: "El nombre de colombiano entre nosotros es la cosa más destituida de significación, porque nos hemos quedado tan venezolanos, [20] granadinos y quiteños como lo éramos antes y quizás con mayores enconos".

Pero no ya en las ardientes controversias partidarias, sino en el concepto de los historiadores, la disolución de la Gran República ha sido considerada como un gran crimen, cometido por hombres, que siguiendo el impulso espontáneo e incontenible de los acontecimientos, se pusieron al frente de un movimiento espontáneo de los pueblos, para quienes aquella nacionalidad de artificio no tuvo jamás significación precisa ni respondió nunca al sentimiento concreto de una Patria.[21]

Mas hasta hoy, casi todos los que han escrito sobre la disolución de la Gran República prescinden del estudio de los antecedentes para atribuir a meros accidentes o a causas aisladas e individuales, los hechos que necesariamente debían realizarse, a despecho de fútiles razones políticomorales, y de la libre voluntad de los hombres a quienes tocó, en las tres secciones de la antigua Colombia, presidir el movimiento separatista.[22]

Y del mismo modo que no puede juzgarse la disolución de la Gran Colombia como la "obra de la deslealtad de Páez", ni "del odio de Miguel Peña", ni del maquiavelismo de Santander, ni como la consecuencia inmediata del asesinato jurídico del Coronel venezolano Leonardo Infante perpetrado por el Vicepresidente, la reconstitución de la República de Venezuela no debe verse sino como la sanción legal de un hecho preparado ya por el medio geográfico; consumado por la tradición y por la guerra, y consagrado en la Historia por las glorias continentales de sus hijos.

¿Pero no se ha dicho y se está repitiendo todavía que la República de 1830 fue creada por el General José Antonio Páez?

IV

Con ese mismo criterio baladí, estudiando los hechos históricos a la opaca luz de las viejas teorías; se repite aún como un axioma, que aquel gran movimiento político que condensó la oposición al gobierno de Páez bajo la denonominación de Partido Liberal en 1840, y que no era en el fondo sino la continuación de la lucha civil de la Independencia, entre patriotas o liberales y realistas o godos, fue la obra de un solo hombre, que tuvo el poder sobrenatural de conmover una sociedad y de fundar un partido político en algunos años de propaganda periodística.

Es en la apreciación de esos hechos más recientes, pero más oscurecidos por las pasiones de partido, donde resalta con mayor claridad el absurdo fetichismo de pretender explicar la evolución social y política de un pueblo por la teoría puramente individualista.

Los partidos políticos no se forman, ni las sociedades se conmueven por la sola voluntad de un hombre. Y no sólo los liberales, sino sus propios adversarios llamados oligarcas o godos, han incurrido en el error de referir todos los sucesos de la época a la iniciativa personal, benéfica o perniciosa —según sea el criterio partidario— del señor Antonio Leocadio Guzmán.[23]

El título de "fundador" del Partido Liberal, que muchos años después se dio a sí mismo el Redactor de El Venezolano, es simplemente un absurdo.

Cuando en 1840 el señor Guzmán, que había sido hasta entonces un partidario y favorito del General Páez, fue según sus propias palabras, arrojado de la casa de Gobierno, por su rivalidad con el Doctor Angel Quintero, el partido liberal compuesto en su gran mayoría por los antiguos patriotas fieles amigos del Libertador, estaba ya constituido por las necesidades, los intereses, las pasiones y los principios proclamados por el liberalismo doctrinario y sancionados por el constitucionalismo abstracto desde 1811.

Para el estudioso que desee sacar a la luz de la historia las verdaderas causas del largo proceso de luchas y de azares en que ha vivido este país durante cien años, el movimiento político y revolucionario de 1840 al 46 no es otra cosa que la continuación de la lucha social y económica iniciada desde la Guerra civil de la Independencia, la manifestación, principalmente, del gran desequilibrio producido por la heterogeneidad de razas y cuyo problema no se resolvió sino por los medios violentos de las revoluciones, porque no de otro modo pudieron romperse las vallas que los prejuicios de casta, fuertes y poderosos, oponían a la evolución igualitaria.

Examínese el estado social de Venezuela para aquella época, tómense en cuenta la supervivencia de los antagonismos de castas y de clases, que nos legó la Colonia, las rivalidades parroquiales, el bandolerismo de las llanuras, los odios engendrados por la guerra civil de la Independencia, la miseria y la desmoralización del pueblo, la tiranía ejercida por la clase militar habituada al despotismo, la opresión de las leyes económicas protectoras del capital y las exacciones que a su amparo se cometían, el fisco colonial en casi todo su antiguo vigor, las leyes penales opuestas a los preceptos de la Constitución y a los hábitos de impunidad de las poblaciones llaneras, las persecuciones a que daba lugar la recolección de esclavos, emancipados por patriotas y realistas durante la guerra y sometidos de nuevo por la ley de manumisión al dominio de sus antiguos amos; analícense, en fin, la multitud de otros gérmenes anárquicos legados por la organización colonial y por la guerra, y que nosotros hemos de pormenorizar en el curso de estos estudios, y se verá cómo coincidía con los instintos de la gran masa popular, la propaganda de aquellos hombres que hablaban de igualdad, de libertad, de reformas legislativas, de abundancia, de distribución de bienes, de abolición de la esclavitud y de la pena de muerte, y bplor" último, de sustituir con hombres nuevos a los "godos opresores del pueblo".

Y cómo los miserables, los proscritos de los goces sociales, los adeudados por el alto interés del capital y arruinados y perseguidos por las leyes de crédito, los militares desposeídos del fuero y sin pensión de retiro, los llaneros habituados al abigeato y castigados ahora con la pena de azotes, los esclavos y manumisos que habían saboreado el goce de la libertad y hasta conquistado grado y honores en la guerra, perseguidos por sus amos con el apoyo de las autoridades; todos esos grupos sociales para quienes la vida era un tormento, y cuyos cerebros eran incapaces de concebir las verdaderas causas de aquel "profundo malestar social" tenían que ver con odio a los hombres del Gobierno y considerar como "'redentores" a quienes les hacían promesas de bienestar.

Igual cosa ocurre en todos los pueblos anarquizados: mientras más audaces son los propagandistas y mayor la violencia de sus palabras y de sus actos, más fácilmente arrastran a las multitudes. Esa y no otra fue la causa de la incuestionable pero fugaz popularidad que llegó a conquistar Antonio Leocadio

Guzmán, por sobre multitud de hombres superiores a él en inteligencia, en autoridad moral y en servicios eminentes a la República.[24]

Por lo demás es bien sabido que cuando un hombre, cualquiera que sea el nivel de sus facultades, imprime movimiento a su generación, es necesario que haya encontrado en torno suyo las fuerzas necesarias para emprender su obra; de tal manera, que el observador puede discernir en medio de la multiplicidad y aparente confusión de circunstancias, dónde comienza la acción colectiva y hasta dónde se extiende la influencia individual.

¡Crear una nación! ¡Crear un partido político!

Bendita época la nuestra en que la ciencia ha echado por tierra los ídolos y humanizado los "providenciales". Ya los conductores de pueblos, los creadores de nacionalidades, los fundadores de religiones, no suben al cielo ni "habitan una región aparte entre los hombres y Dios", sino que caen bajo el análisis científico y sólo pueden ser considerados como los exponentes del estado típico de su época, algo así como el diapasón, el la, que pone al unísono las aspiraciones, los anhelos, las necesidades, los instintos, las pasiones y las ideas de su grupo en un momento dado de su evolución —según el concepto de Lamprecht—,[25] lo cual no excluye de ningún modo la existencia del "hombre de genio" como un producto superior de la humanidad: "Flor de una raza", que dice Le Bon.

Para casi todos nuestros publicistas, la adopción del sistema federal, cuyas doctrinas han agitado a nuestra América desde el día mismo en que se inició la Revolución de Independencia, no obedeció sino a un espíritu de inconsciente imitación al régimen político de los Estados Unidos, y no fue más tarde sino una bandera justificativa en mano de los agitadores.

Ninguno de los mismos apóstoles del federalismo llegó entre nosotros a penetrar en los orígenes históricos y sociológicos de aquella tendencia instintiva, poderosa y persistente de casi todos los pueblos hispanoamericanos hacia la disgregación política y administrativa; ninguno de ellos llevó a la prensa ni a los parlamentos en los días de la lucha, otros argumentos en favor de la doctrina federal que los expuestos por los tratadistas extranjeros, desconociendo en absoluto las tradiciones españolas, la formación histórica de la colonia y la disgregación que se produjo necesariamente por la desaparición del poder de España en América.

Hace pocos años que un improvisado profesor y tratadista de sociología lanzó la peregrina especie de que "la serie de inconvenientes que se presentan la práctica del sistema federal en Venezuela son debidos a que sus fundadores (?), como se observa en la Constitución de 1864, declararon Estados independientes a las provincias que desde su descubrimiento habían venido unidas formando una sola agrupación política".

Semejante afirmación, que denota un completo desconocimiento no sólo de nuestro pasado histórico, sino de las leyes sociológicas más fundamentales, es la demostración más evidente de la ligereza con que se juzgan aún nuestros fenómenos sociales y políticos; y vamos a decir sencillamente al autor de ese postulado simplista y a todos los que como él piensan, que las gobernaciones que en 1810 integraban la Capitanía General de Venezuela, habían vivido independientes unas de otras con sujeción únicamente a las lejanas audiencias de Santo Domingo o Santa Fe, hasta 1777, es decir, hasta treinta y tres años antes de la Revolución, a lo que aún debe agregarse la autonomía de que gozaron nuestras ciudadescabildos por espacio de siglos.

Para quienes estudien en todos sus pormenores la conquista y la Colonización de Venezuela tomando en cuenta las influencias mesológicas, la organización de las tribus indígenas, el régimen municipal trasladado de España por los conquistadores, el aislamiento geográfico y económico en que vivieron los diversos grupos de población, sin ninguna especie de relaciones entre sí y separados por las barreras opuestas por el fisco español a la libre circulación, no sólo entre las provincias sino entre las ciudades capitulares, al mismo tiempo que las limitadísimas facultades que las leyes pautaban a las autoridades superiores; para quienes excluyendo prejuicios puedan analizar, guiados exclusivamente por la doctrina evolucionista, todo ese pasado de cuyo seno surgió la nación venezolana, la inclinación de nuestro pueblo hacia la disgregación anárquica, bautizada desde 1810 con el nombre de federación o de confederación, fue un móvil inconsciente perfectamente lógico en agregados sociales que tienden a constituirse y por eso mismo más poderoso y vivaz que si hubiera sido el resultado de una ilustrada convicción: porque el autonomismo municipal era entonces la única forma posible de gobierno capaz de "amoldarse hasta en sus menores rasgos a los rasgos vivientes" del organismo colonial.

En cambio, no sólo los diletantes, los que investigan la verdad a lo "amateur", sino historiadores eminentes afirman, que "el establecimiento del sistema federal en nuestra América sólo obedeció a simple imitación a la Constitución de los Estados Unidos".

Ofuscados por la pura teoría, ignorantes de las aproximaciones biológicas que tanta luz reflejan sobre los hechos sociales, nuestros historiadores y publicistas no se han detenido a observar que el federalismo fue también en América la expresión más evidente de la herencia española y de la descentralización a que estaban habituados estos pueblos; por eso dijo el Libertador que "la federación no era otra cosa que la anarquía sistematizada". En América, como en la Europa medieval, la ausencia completa de intereses colectivos que se puso de relieve con la desmembración del Imperio romano trajo como consecuencia el desmigajamiento feudal: y "el feudalismo general —como observa Guizot— era una verdadera federación; descansaba sobre los mismos principios en que se funda hoy día, por ejemplo, la federación de los Estados Unidos de América". En aquella época como en nuestra rápida edad feudal, existía "la imposibilidad de establecer un sistema semejante en medio de la ignorancia, de las pasiones brutales, en una palabra, del estado moral de los hombres, no solo en Venezuela, sino en casi toda la América española, se habló de federación y de confederación mucho antes de hablarse abiertamente de Independencia; y a la voz sonora de federación, que en la mentalidad rudimentaria de nuestros pueblos se confundía con una tendencia igualitaria y comunista, casi toda la América, desde México hasta el Plata, arropó con aquella bandera, los impulsos disgregativos, el parroquialismo bárbaro de masas primitivas, en las cuales no había podido surgir aún la idea de Patria, el sentimiento nacional, que no ha sido en toda la historia del género humano sino el resultado de un lento proceso de integración y de solidaridad social y económica.

Los hombres de mentalidad superior que imbuidos en la pura doctrina pretendieron implantar aquel sistema de Gobierno, no se daban cuenta de que contrariaban la evolución lógica de estos países hacia la consolidación nacional.

Cegados por su ideología y deslumhrados por el ejemplo de los angloamericanos, no pudieron ver que el sistema federal ha sido en los Estados Unidos como en todas partes un régimen transitorio, cuyos caracteres originales han ido modificando a medida que un rápido y enorme desarrollo creaba y fortalecía los órganos de integración nacional, sociales, económicos y políticos[27]. Lo que nuestros teóricos del federalismo consideraban ingenuamente como una novedad, no tendía a otro resultado sino al de cubrir con un ropaje republicano las formas disgregativas y rudimentarias de la colonia, dándole el nombre pomposo de Estados o Entidades Federales a las Ciudadescabildos o Distritos Capitulares, que eran entonces lo que casi son todavía: pequeñas ciudades con extensas y desiertas jurisdicciones territoriales. Presumiendo de revolucionarios, reformadores, innovadores, estadistas avanzadísimos, los federalistas de Venezuela, como los de toda Hispanoamérica, no resultaban ser otra cosa que empecinados tradicionalistas. El hecho de que el federalismo fuera tan popular en casi todo nuestro Continente, es la más elocuente comprobación de que correspondía a un sentimiento instintivo, cuyas raíces se hundían no sólo en las tradiciones coloniales y autóctonas, contra las cuales no hemos reaccionado todavía, sino en las propias tradiciones de la Madre Patria.

Cuando Simón Bolívar, desde 1812, criticaba el sistema federal adoptado por los Constituyentes del 5 de Julio "para satisfacer las ambiciones de los magnates de provincia", motejándolo más tarde de "anarquía sistematizada", no obedecía únicamente a sus impulsos autocráticos —como se ha dicho— sino a la ilustrada convicción, de que sin unificar aquellos elementos dispersos, disgregados por el derrumbamiento del Imperio español, el triunfo de la revolución y la constitución de las nacionalidades sería punto menos que imposible; y cuando en todo el curso de su carrera pública, como militar y como político, luchaba por imponer la Unidad, los ideólogos gritaban Federación, que no venía a ser en definitiva sino la sanción constitucional de la disgregación, del desmigajamiento feudal de nuestra América.

Pero ya es tiempo de que nuestros historiadores y publicistas, abandonando los viejos conceptos, comiencen a tomar en cuenta, al estudiar nuestra evolución nacional, las aproximaciones biológicas que tanta luz arrojan sobre los hechos históricos. Así se llega a la conclusión de que el federalismo en toda Hispanoamérica no obedeció exclusivamente a un espíritu de candorosa y simple imitación en los hombres dirigentes, ni mucho menos respecto a Venezuela una idea nacida del fértil cerebro de Don Antonio Leocadio Guzmán, sino que fue la manifestación más explícita de la disgregación colonial producida por la revolución y característica al mismo tiempo en agregados sociales cuya constitución está en vías de definirse.

Nada es más contrario a la verdad histórica y a las leyes que presiden el desenvolvimiento de las sociedades, como la creencia, tan generalizada hasta nuestros días, de que las diversas nacionalidades que iban definiéndose en América en el curso de la Revolución, hubieran sido entidades autonómicas que habían estado sometidas por siglos al despotismo de España, organismos perfectamente preparados para constituirse en naciones, con lo cual se llega a la conclusión de que la obra de nuestros Proceres se redujo a independizar aquellas Patrias del yugo extranjero, las cuales asumieron inmediatamente y por una consecuencia lógica de sus antecedentes particulares, el carácter y la personalidad de naciones soberanas, tal así como ha surgido Polonia de la Guerra Mundial. El nombre de Libertadores de la Patria con que aparecen en la Historia los hombres que lucharon contra España hasta alcanzar la Independencia, lugar al gravísimo error de desconocer todo el proceso de evolución interna que necesariamente hubieron de realizar cada una de las antiguas y constantemente modificadas jurisdicciones coloniales, hasta llegar a constituirse en verdaderos organismos nacionales, en Patrias efectivas, tomando esta palabra no únicamente en el sentido de Estado, de acuerdo con las Constituciones dictadas por sus Congresos constituyentes, sino en el concepto preciso de Nación, perfectamente definido hoy por los sociólogos. Los que parten de aquel error, toman la palabra Patria en la genuina significactón que hoy tiene, después de un proceso secular, y no en el concepto continental que tuvo en los días de gestación.

La Revolución de la Independencia de América fue en realidad un hecho colectivo. Todas las Colonias se insurreccionaron casi al mismo tiempo y por las mismas causas que se había insurreccionado la Península. Por eso se ha dicho, con mucha razón, que los primeros movimientos revolucionarios de la América en 1810 fueron puramente españoles y tradiciónalistas. La doctrina invocada por las Juntas americanas fue la misma que habían invocado las Juntas de España: doctrina basada en el antiguo derecho que sustentó la hegemonía de los Reyes de Castilla, y por la cual se consideró siempre la Monarquía, no como un todo homogéneo sino como una confederación de reinos y provincias cuyo único lazo de unión era el Monarca, no obstante el movimiento centralizador iniciado por los reyes austríacos y que continuaron los Borbones, implantando un despotismo desconocido hasta entonces en toda la Península

Ibérica. "Desaparecido el Rey, centro común de la Monarquía —se dijeron las Juntas— todos los cuerpos políticos que la integraban han reasumido por consecuencia sus primitivos derechos autonómicos (su soberanía primitiva) permaneciendo independientes unos de otros hasta tanto sea el Monarca restaurado en el trono, y proveyendo cada una por sí a su mejor conservación y defensa". Pero ¿cuáles eran estos cuerpos políticos que reclamaban sus derechos autonómicos tradicionales, considerándose provisionalmente independientes unos de otros? Si en las colonias, según una ley de biología social, se reproduce abreviadamente toda la evolución de las madres patrias, imprescindible es estudiar la constitución orgánica de España para inquirir las causas que determinaron aquel movimiento inicial y la similitud con que se realizó allá como aquí, al ocurrir el hecho insólito de la abdicación de Bayona, impuesta a un monarca legítimo por un soldado de fortuna que rompía y pisoteaba la tradición monárquica de Europa.

"Antes de ser una nación —escribe Cherbuliez—, España no era sino una colección de Estados pequeños e independientes y en lucha constante los unos los otros. Ocho siglos de guerra civil constituyen toda su historia medieval. Después de Fernando e Isabel que comenzaron la obra de pacificación y de unificación, vino la casa de Austria que sustituyó el despotismo al caos. Pero el pensamiento de Carlos V y de sus sucesores, el más seguro garante de la unidad nacional era la unidad religiosa, sin cuidarse, como se practicaba en otros países, de establecer en las provincias la unidad civil y administrativa. Les pareció a aquellos monarcas, que cortando a todas las conciencias españolas por el mismo patrón, podían tolerarse sin ningún inconveniente las diferencias de costumbres, de usos, de prácticas y hasta de lenguas, y que los mejores agentes del orden público eran los Obispos e inquisidores nombrados por el Rey. Al lado de un inquisidor, un corregidor o cualquier otro agente de la Corte era un ser insignificante. Aragoneses, gallegos, andaluces, condenados todos a la ortodoxia perpetua, se hallaban constreñidos a llevar sus conciencias ante el Santo Oficio... Pero si el Estado disponía de su alma, era en cambio de tolerarles las costumbres tradicionales que les eran tan caras; resultando así, que bajo el gobierno más opresivo, más despótico, las provincias conservaron su carácter peculiar, al punto de que hoy mismo gallegos, andaluces y catalanes sean casi extranjeros los unos para los otros. Al desaparecer el Santo Oficio, que los retenía a todos bajo la misma regla, fue como si al caer un gran árbol, los arbustos que vegetaban y se ahogaban a su sombra hubiesen crecido libre y repentinamente". Entonces apareció la enfermedad orgánica que por largos años había de dificultar la evolución natural y ordenada de la nacionalidad española y de las que de ella surgieron en el Nuevo Mundo a causa de los mismos sucesos. La diátesis de la madre se transmitió a las hijas; y el mismo accidente puso de manifiesto la inclinación al individualismo, al localismo, a la anarquía y al desmigajamiento político de que tantas notaciones habían dado estos pueblos en el curso de la Historia. Aquí como en España llegó a tal extremo aquella tendencia, que "no sólo cada provincia sino cada ciudad, si no se le contenía, terminaba por convertirse en una entidad federal".[28]

"En España —dice el mismo escritor— cuando desaparece el Gobierno central, la nación misma está en peligro de desaparecer, porque aquélla arrastra en su caída toda la administración pública. ¿Qué es una revolución en Málaga? Un día de fiesta en que el pueblo se da el placer de expulsar a los aduaneros. ¿Qué es una revolución en Sevilla? Un día de embriaguez en que se suprime el papel sellado y la alcabala. Y esto mismo sucede en toda la Península. Desde el momento en que un motín victorioso derroca el poder central, cada ciudad elige su Junta revolucionaria, que inmediatamente nombra las autoridades locales, renueva todo el personal de los empleados, deroga los impuestos, crea nuevas contribuciones, levanta regimientos de voluntarios, promulga decretos, ordena prisiones y procede, en fin, como si ella sola existiera en España y en el mundo entero". En 1868 a la caída de la Reina Isabel II, se repite el mismo movimiento disgregativo de 1808. Sesenta años más de alternativas de despotismo, de inquisición y de luchas civiles, no habían modificado el organismo político de la Madre Patria. Ni el ferrocarril ni el telégrafo habían hecho casi nada en el sentido de la unidad nacional. Por esa causa, refiriéndose el mismo Cherbuliez a cualquiera de las ciudades en revolución, dice que "con frecuencia ella misma corta los hilos del telégrafo o destruye los rieles para tener seguridad de que nadie venga a molestarla en el ejercicio de soberanía y evitar toda comunicación desagradable con el exterior... Empresa magna para el poder central, al reconstituirse, la de someter a todas esas autonomías municipales".

En 1808, a pesar de esta enfermedad orgánica, España dio al mundo el más alto ejemplo de heroísmo que recuerda la Historia. Ninguna acción más osada, ninguna resolución más viril. "El reto lanzado por una nación sin ejércitos, sin generales, sin dinero, al Gran Capitán que tenía a Europa entera bajo el tacón de su bota, será por siempre uno de los más sorprendentes espectáculos de la Historia. Semejante locura tuvo razón contra la razón misma; y de desgracia en desgracia se llegó hasta fatigar la derrota. Pero sus consecuencias sociales fueron tan enormes como imprevistas.

Durante cinco años la España insurreccionada vivió sin gobierno, y las repercusiones que aquella situación singular tuvo necesariamente en los dominios de América, explican el cambio de rumbo que tuvo la revolución de 1810, hasta llegarse a proclamar la Independencia absoluta. "La Junta Central y las Cortes de Cádiz no tuvieron sino un poder sumamente circunscrito; en todo el resto del país cada villa, cada pueblo, que por su propia cuenta y en su propio nombre había declarado la guerra a Napoleón I, no se valía sino de sí mismo para organizar la resistencia, procurarse recursos, reclutar sus guerrillas y ordenar sus planes de campaña.

El gobierno estaba en todas partes y no estaba en ninguna; y en esta anarquía organizada, no contando cada quien sino consigo mismo, no se sentía obligado a dar a nadie cuenta de sus actos. Nada es tan peligroso para una nación como prescindir del Estado durante algún tiempo, porque es natural que surja la tentación de prescindir de él para siempre como institución perfectamente inútil, y la guerra de Independencia causó en la sociedad española tan profunda perturbación, que por muchos años continuó resistiéndose de ella, hasta el punto de que en cada revolución posterior se veía en peligro de dislocarse". Careciendo la propia Península de un Gobierno capaz de dominar la anarquía localista y reconstituir la nación, fácil es deducir que en sus lejanos dominios de América, abandonados a su propia suerte durante aquellos años, hasta la caída de Napoleón en 1815, la Revolución se convirtiera en una contienda civil, en una lucha encarnizada y feroz entre los propios criollos, divididos por intereses y pasiones puramente domésticas.[29]

En la encuesta promovida por el eminente Joaquín Costa en 1902, sobre el tema Oligarquía y Caciquismo, etc., nos encontramos en la contestación del renombrado político y profesor de Legislación Don Gumersindo Azcárate, con estos conceptos, que sin ahondar en la etiología del fenómeno, demuestran cómo se ha perpetuado en la Madre Patria el cantonalismo político de los siglos pasados: "Hay algo peculiar y propio en el carácter español que explica la existencia del caciquismo, no sólo en nuestro siglo, sino también en los anteriores... Esa característica de la raza a que aludo —yo no sé si remediable, o si solamente mitigable— es la exaltación del sentimiento de independencia y de individualismo por el cual es España el país de los guerrilleros, el pais de las behetrías, el país de los descubridores y aventureros por propia cuenta, y con el cual no pudieron la centralización de Roma, ni el sentido unitario de la Iglesia, ni el absolutismo de la Monarquía. Consecuencia de esa condiciónde nuestra raza: el caciquismo, porque todo individuo quiere ser un rey, y el cantonalismo, porque toda población quiere ser un estado".[30]

VII

Los escritores que imbuidos en los viejos conceptos, partiendo del erróneo principio de que "cada generación crea su época", afirman todavía que la Revolución de la Independencia hispanoamericana fue una ruptura radical con la tradición española y colonial, es porque no se han detenido a estudiar los antecedentes que produjeron la misma explosión del espíritu localista, la profunda anarquía, que a pesar de los principios liberales profesados en España a muchos hombres superiores y que habrían debido tener repercusiones trascendentales en el pueblo más altivo, más heroico y más igualitario del mundo entero, trajo como consecuencia fatal de todo estado anárquico, la restauración del despotismo de Fernando VII y de la Inquisición, únicos medios de contener la dislocación completa del organismo nacional. Ese poder, ungido por la tradición, reconocido por el pueblo, considerado por el derecho histórico como el lazo y el centro común de los cuerpos políticos que integraban la Monarquía, reconstituyó el organismo de la nación española; mientras que en América, desconocida ya por la Revolución la autoridad del Monarca, demasiado lejano y débil además para imponer su predominio, y arrastradas las clases dirigentes por las nuevas ideas liberales y republicanas, el despotismo de contener la anarquía, el localismo, el cantonalismo tradicional y unificarlos para constituir las nacionalidades estaba por crearse; y ha sido este el móvil más poderoso de la evolución política de todas las naciones hispanoamericanas en su primer siglo de existencia; solicitando una forma de gobierno capaz de establecer el orden y la disciplina que destruyó la revolución, y como necesidad ineludible de mantener la independencia y consolidar la nacionalidad. Lo que España encontró inmediatamente en el imperio tradicional y despótico de la monarquía, después de algunos años de desgobierno, las naciones hispanoamericanas lo solicitaron en el implantamiento de los más avanzados principios republicanos y democráticos, cuando las leyes de la Historia tenían que cumplirse inexorablemente. La América, emancipada del Imperio español, como Europa a la caída del Imperio Romano, encontraba también en su Edad Media; y el feudalismo se establecía a pesar de los ideólogos, con las variantes impuestas por los distintos medios geográficos y por las vicisitudes históricas.

Pero España no podía continuar sustraída al empuje de las nuevas ideas, que a pesar de los propósitos reaccionarios de la Santa Alianza, arrastraban a todos los pueblos de Europa. La insurrección de las colonias y los principios proclamados por los llamados insurgentes, penetraban en aquellos países caídos de nuevo bajo el despotismo de los Reyes, y el nombre de Simón Bolívar, "el LIBERTADOR de la América del Sur, era entonces para el mundo como el símbolo del ideal republicano".

Ni la inquisición, ni la unidad de la Iglesia, ni el despotismo de los Reyes, podían tener ya los mismos arraigos que en los tiempos pasados; y al correr de los años, tras una larga serie de vicisitudes y de luchas sangrientas, España legó al extremo inaudito de proclamar la República. Entonces se vio surgir de nuevo y con mayor fuerza el mismo espíritu de desintegración: el particularismo, el localismo... y la Madre, al igual de las hijas, pretendió cubrir con el manto estrellado de la federación, los alfoces, las merindades y behetrías que reclamaban en pleno siglo XIX —contra la tendencia unificadora que prevalecía en Europa— el derecho de continuar viviendo en el mismo aislamiento geográfico, político, social y económico de los tiempos más remotos de su Historia, cuando "cada villa, cada alfoz, cada comunidad — como dice Mariana— era una pequeña república independiente, con diferentes leyes, opuestos intereses y distintas costumbres; y los miembros de cada comunidad miraban como extraños y a veces como enemigos a los de las otras".[32]

Ya se ve cómo en España, del mismo modo que en América —sobre todo en aquellos países donde por los antecedentes indígenas, el medio geográfico y la imprecisa organización colonial existía menos coordinación entre los diferentes núcleos pobladores—, federación significó también separación, antagonismo, disgregación del cuerpo social. En Venezuela el movimiento disgregativo, que en 1810 tuvo el mismo carácter de federación de las ciudades, se transformó por circunstancias particulares, en federación caudillesca hasta el reconocimiento de la autoridad del Libertador, que comenzó a hacer efectiva la República decretada en 1811, estableciendo por primera vez en nuestra historia, la solidaridad mecánica bajo las banderas de la Independencia, dejándonos una fuerte tradición de unidad política, y echando las bases del sentimiento nacional, al punto de que aun en medio de las más encarnizadas luchas partidistas no hayamos tenido que lamentar en ninguna época, ni la más leve tendencia hacia las desmembraciones territoriales que desgraciadamente han sufrido otras naciones de América.

VIII

El Libertador es también en este sentido el creador de la nacionalidad venezolana. Porque al someter a su autoridad las montoneras de Páez, Monagas, Zaraza, Cedeño y a la multitud de caudillejos menudos que andaban bregando por cuenta propia, regados en las inmensas soledades de nuestras llanuras, y concentrarlas para dar el frente al Ejército Expedicionario, economizó a Venezuela largos años de aquella anarquía provincial y caudillesca que azotó a la República Argentina, por ejemplo, desde la caída del Régimen llamado presidencial en 1827[33] hasta cuando el déspota necesario y unificador, surgido por generación espontánea de aquel estado inorgánico, no sólo logró unificar las Provincias que hoy constituyen la gran nación del Plata, sino que pretendió darle por límites los del antiguo Virreinato de Buenos Aires.

En la comparación que alguna vez hemos iniciado entre los dos países de llanuras de la América española, tomando en cuenta la influencia poderosa del medio geográfico en la evolución de los pueblos, surge la deducción de que fue un mal para la consolidación inmediata de la nacionalidad argentina, la corta duración de la guerra de Independencia y su relativa benignidad, así como la de un verdadero ejército peninsular, que no arribó nunca a las regiones del Plata; circunstancias que no hicieron necesaria la presencia y por consiguiente la preponderancia de un gran Caudillo de las dotes del General San Martín, quien no hallando ambiente a sus sueños de redención dentro de los límites de su Patria, la dejó entregada a la anarquía caudillesca y tramontó los Andes para llevar a Chile y al Perú las banderas de la Independencia. Lo que hubiera podido realizar aquel gran hombre en Argentina, lo realizó Bolívar en Venezuela, constituyendo con aquellas fuerzas dispersas una sinergia poderosa puesta al servicio de la Causa de América. El Libertador no sólo unificó a Venezuela donde existían muchos Artigas y Franelas en agraz, sino que pasando sobre el uti possidetis juris de 1810, unió la antigua Capitanía General, que sobre aquella base del derecho público de la Revolución, se había constituido en nación independiente, al Virreinato de la Nueva Granada, comprendiendo la Presidencia de Quito, y extendió los límites de la Gran Colombia hasta las mismas márgenes del Guayas; en tanto que el Virreinato de Buenos Aires, llamado por el mismo principio fundamental a constituir una sola nación, se desmembraba en la más espantosa anarquía, para dar nacimiento a cuatro Estados independientes y dificultar por largos años la integración de las propias provincias que hoy constituyen la República Argentina. Bolívar creó su Patria dejando una tradición de unidad que cobró mayor fuerza cuando los venezolanos pasaron las fronteras para ir a librar las batallas finales de la Independencia de América; el General San Martín, que poseyó en el más alto grado las dotes necesarias, le faltó desgraciadamente la ocasión y con la ocasión el poder y la autoridad para crear la suya.

En 1859 estalla en Venezuela casi al mismo tiempo que en Nueva Granada, la revolución federalista, que allá termina con la Constitución de Río Negro y aquí con la del año 64 que fue casi una copia de aquélla. Y para que se observe con toda precisión la diferencia orgánica de dos pueblos del mismo origen y casi de la misma composición étnica, pero de diversa estructura geográfica, baste considerar que uno y otro con instituciones idénticas, reaccionaron de modo distinto, como reaccionan dos organismos de diversa idiosincrasia bajo la acción de una misma droga. Mientras que en Colombia se reprodujo la misma anarquía de las ciudades que en 1810, al estallar la Revolución de la Independencia, estableciéndose una federación monstruosa —como la calificó Don Marco Fidel Suárez—, con familias preponderantes en cada localidad y que llevó al país al borde de la disolución, en Venezuela la Federación fue caudillesca, individualista y hasta comunista, pudiera decirse. En cada localidad, del mismo modo que después del año 14, en que los llaneros destruyeron por completo las oligarquías municipales, hasta el reconocimiento de la Autoridad Suprema del Libertador después de Boyacá, en cada localidad surgió de nuevo un mandón, un jefe de prestigio, un señor feudal, pero obligado por la tradición que imponía el reconocimiento y la lealtad al Jefe Supremo, a obedecer sus órdenes como en el campamento, so pena de traición, y a mantener la unidad nacional. La autonomía de las provincias o Estados Federales estuvo siempre en razón directa de la falta de autoridad del Caudillo Central, como sucedió con el Mariscal Falcón. Pero jamás, debemos repetirlo, ninguno de aquellos caudillos regionales, por más rudos e ignorantes que se les quiera suponer pensó en desmembrar la nación, comprobando así la característica de los pueblos pastores, "donde la potencia nacional reposa esencialmente sobre el prestigio personal de los jefes"[34].

Surgida de una de las guerras más sangrientas de la Historia, nuestra Patria es hija del heroísmo y la lealtad. La revolución que nos emancipó políticamente de España, emancipó al mismo tiempo las clases populares de la sumisión a que estaban sometidas bajo el antiguo régimen; pues mientras en la mayor parte de las Repúblicas hispanoamericanas el pueblo, la gran masa indígena y mestiza se halla más o menos en la misma condición social y económica que durante la colonia, en Venezuela la guerra revolvió hasta el fondo de nuestras más bajas clases populares; y sobre la ruina y la desaparición de las aristocracias municipales, surgió el igualitarismo característico de los pueblos pastores, y la llanura con todas sus consecuencias políticas, sociales y económicas impuso el sistema de gobierno, el régimen efectivo, venezolano, bajo el cual hemos ido realizando la integración de la Patria[35].

IX

En esta rápida ojeada a los más importantes sucesos de nuestra historia, hemos querido demostrar el empirismo con que generalmente se ha venido estudiando la evolución social y política del país, y encarecer al mismo tiempo la necesidad en que se hallan las nuevas generaciones, libertándose de rancios y erróneos conceptos, de ver en la Historia la verdadera fuente de los conocimientos que puedan sacarnos de la espesa maraña en que por tantos años se ha extraviado el criterio positivista, que ha debido prevalecer en la dirección política e intelectual del país.

En el estado actual de las ciencias sociales toda afirmación que no se base en hechos positivos es inconducente y errónea. La política no puede tener otro fundamento para la evolución histórica de cada país; porque "sencilla o complicada, estable o mudable, bárbara o civilizada, la sociedad tiene en sí misma su razón de ser. Se puede explicar su estructura por extraña que sea, sus instituciones por contradictorias que parezcan. Ni la prosperidad, ni la decadencia, ni el despotismo, ni la libertad, son jugadas de dados producidas por las vicisitudes de la suerte, ni golpes teatrales improvisados por la arbitrariedad o el capricho de un hombre. Obedecen a condiciones a las que no podemos sustraernos. En todo caso nos conviene conocer esas condiciones, sea para mejorar nuestro estado, sea para verlo con paciencia, unas veces para ejecutar reformas oportunas, otras para renunciar a las impracticables; ya para la 36 habilidad que da el triunfo, o ya para adquirir la prudencia de abstenerse."

X

Venezuela del presente tiene su razón de ser en todo ese pasado que las abstracciones políticas y la historia romántica, literaria y declamatoria han impedido estudiar científicamente.

Durante una centuria, del mismo modo que todas las otras naciones hispanoamericanas, no hemos hecho otra cosa que evolucionar hacia la integración de los elementos que necesariamente debían formar la nacionalidad, tras una lucha incesante, fatalmente impuesta a todo organismo que tiende a constituirse, para dejar de ser una simple ficción oficial y convertirse en una entidad real y efectiva.

Estudiar y exponer con criterio libre de prejuicios los caracteres de esa lucha, es en nuestro concepto el único medio de elevarnos por sobre los odios, las pasiones y los errores emanados de las viejas teorías metafísicas que han inspirado hasta ahora nuestra historia y servido de guía a nuestros hombres políticos.

Es este el propósito que nos ha guiado, desde que hace ya largos años emprendimos estos modestos ensayos de sociología venezolana; bien convencidos, de que "son demasiado complejos los factores que entran en la evolución de un pueblo, para que un solo hombre pueda considerarlos todos a la vez sin peligro de equivocarse".

Este peligro es mucho mayor tratándose de un autodidacta, que es el primero en comprender las deficiencias y las grandes lagunas de que adolece su educación científica. Nosotros podríamos adoptar como propios los siguientes conceptos de Georges Sorel en la Introducción de su libro Réflexions sur la violence:

"Yo no soy ni profesor, ni vulgarizador, ni aspirante a jefe de partido; soy simplemente un autodidacta que presenta a algunas personas las anotaciones que le han servido para su propia instrucción. He trabajado durante veinte años en libertarme de lo que había retenido de mi primera educación; y si he paseado mi curiosidad a través de los libros, ha sido menos para aprender, que para limpiar mi memoria de las ideas que le habían impuesto. Desde hace unos quince años he trabajado verdaderamente en aprender, pero jamás he encontrado a nadie que me enseñara lo que yo quería saber: por eso me ha sido necesario convertirme en mi propio maestro y en cierto modo darme yo mismo las clases".

NOTAS

1   En toda la América y aun en Europa ha sucedido lo mismo. "El mundo durante los últimos ochenta años —dice Macaulay en la Historia de la revolución de Inglaterra— ha sido notablemente fecundo en legisladores, en quienes ha predominado el elemento especulativo con exclusión del elemento práctico A su sabiduría han debido Europa y América docenas de constituciones abortadas: constituciones que han vivido lo estrictamente necesario para hacer un mísero ruido y desaparecer en medio de convulsiones".

2   L. Gumplowicz, Précis de socilogie, p. 141.

3   Baralt y Díaz, Historia antigua de Venezuela, p. 400.

4   Augusto Comte, que fue uno de los primeros en considerar la historia y la política sometidas a las leyes naturales, lanzó sus primeras ideas en 1823, al independizarse de su maestro Saint Simón. "No ha sido sino mucho más tarde, —dice Paul Janet, analizando la Filosofía de Comte— cuando sus ideas se han expandido en los espíritus y hoy casi pueden considerarse del dominio público. Sin embargo, es todavía una novedad el afirmar que la política y la historia deben conformarse a las leyes positivas". La Philosophie d'Auguste Comte". Revue des Deux Mondes. Agosto de 1891. La literatura comtiana es inmensa, como lo es la influencia universal del maestro del positivismo. Escogimos el párrafo del estudio de Janet, porque era el único que teníamos a la mano cuando hace veinticinco años escribimos lo principal de este estudio.

5   Siempre que hablamos de la funesta influencia de aquellas ideas, debemos recordar al Libertador, el único de los estadistas de América que vio claro en medio de la confusión que producían en el cerebro de los semiletrados las teorías del jacobinismo francés: "La influencia de la civilización produce una indigestión en nuestros espíritus que no tienen bastantes fuerzas para masticar el alimento nutritivo de la libertad. Lo mismo que debiera salvarnos nos hará sucumbir. Las doctrinas más puras y más perfectas, son las que envenenan nuestra existencia". O'Leary, Memorias, T. 31, p. 23.

6   H. Taine, Les origines de la France contemporaine.

7   El diletantismo es, según Carlyle, "la hipótesis, la especulación, un género de inla

verdad a lo amateur, jugando y coqueteando con la verdad. Este es el más deplorable de los pecados, la raíz de todos los pecados imaginables y consiste en no haber estado jamás, ni el alma ni el corazón del hombre, abiertos a la verdad, viviendo en una vana os8tentación y puro engaño". Los Héroes.

8   Laboulaye, Estudio sobre la constitución de los Estados Unidos. Es el mismo pensamiento expresado por todos los sociólogos: "Les societés —dice Bouglé— ne sont pas dans la main des grands hommes, comme l'argile dans la main du potier" Les idées égalitaires, p 83; y Grosse afirma: "Así como los organismos, las sociedades no llegan nunca a asimilar lo que repugn9a a su naturaleza".

9   Los juristas venezolanos clamaron siempre contra aquella absoluta disparidad entre los principios de la Constitución y las leyes civiles, administrativas y fiscales. En 1845 decía el doctor Ramón Delgado: ..."Quince años de existencia política tiene ya Venezuela, quince veces se ha reunido su legislatura y todavía carece de las leyes más necesarias, a pesar de la multitud de volúmenes que componen la biblioteca de un jurisconsulto venezolano... Si yo dijera que nuestra legislación es griega, no aventuraría mí dicho, porque los romanos adoptaron las leyes de los griegos, los españoles fueron romanos y nosotros fuimos españoles... Colombia adoptó aquella legislación y Venezuela siguió su ejemplo. Pero si esto se hiciera con detenido examen, merecería perdón porque se tendría como un error propio del género humano. Mas no ha sido sino por medio de una plumada, en un solo artículo que contiene la Ley única, título 12 de Procedimiento. Baste saber que las leyes dictadas por Monarcas absolutos para pueblos regidos por diferente sistema político, para hombre de más o menos instrucción, para habitantes de climas diversos, son las que Venezuela ha adoptado como legislación patria". El Agricultor. No. 60. Caracas, 24 de abril de 184150. (Biblioteca Nacional.)

10   Véase Aníbal Dominici, Comentarios al código civil venezolano. Introducción, Nicomedes Zuloaga. Datos históricos sobre la Codificación en Venezuela. Introducción al Código civil concordado.

Esta misma observación la hace el eminente argentino Alberdi, al tratar de la Organización de aquella República. La implantación violenta al mismo tiempo de ciertas leyes, consideradas entonces ultraliberales, como la de 10 de abril de 1834, sobre libertad de contratos y que vino a chocar abiertamente contra toda la legislación colonial en materia de crédito "produjo en su ejecución, asonadas y motines", como lo afirma el doctor Nicomedes Zuloaga, ob, cit. El principio del laisser faire, del laisser passer, o de la no intervención en que se basó aquella ley, está hoy considerado por la ciencia como una doctrina anárquica, que aplicada al conjunto de la vida social, revive, transformándola y bajo una nueva faz científica, la vieja teoría de Hobbes de la lucha de todos contra todos, V. Tanon, L 'evolution du drolt. Spencer en su libro el Individuo contra el Estado, considera que los resultados de esa ley "esclarecida y bienhechora, traen sin embargo como consecuencias la pobreza de los incapaces, el abatimiento de los imprudentes, la desnudez de los perezosos y ese aplastamiento de los débiles por los fuertes que deja en el abismo y en la miseria un númer1o1 incalculable de desgraciados".

A. L. Guzmán, Datos históricos sudamericanos, T. 2°, p. 279.

112 A. L. Guzmán, Id. id, T. 1°, pp. 4, 5.

13 A. L. Guzmán: "Para esta fecha Venezuela probó tener ya conciencia de su propia mayoridad. La Constitución de 1830 es una prueba solemne"... "Resultó en su elección de 1834, la justificación más espléndida de la administración que terminaba. La opinión pública tenía conciencia de sus derechos, de su independencia, de su mayoridad". Datos históricos, T. 1°, 1(4passim).

14 "En la faz teológicometafísica, los astros han sido considerados como teniendo una influencia inmediata sobre los destinos humanos; en química, el hombre se cree con el poder de transformar la materia; en medicina aspira a descubrir la panacea universal; del mismo modo que en política llega a creer ciegamente en la acción ilimitada de las constituciones y en la omnipotencia de los legisladores". Paul Janet, "La Philosophie d'Auguste Comte1"5, Revue des Deux Mondes, 1ro de agosto de 1837.

Tanon. L'evolution du droit et la conscience sociale, p. 11.

G. Le Bon, La civilización de los árabes.

17   "A partir de la época de Augusto Comte —dice Stuart Mill— todo pensamiento político que no sea capaz de apreciar en conjunto los grandes hechos de la historia considerándolos como un encadenamiento de causas y efectos, debe ser mirado como muy por de1b8ajo del nivel de su siglo". Auguste Comte et le positivisme.

18   Ultimamente el eminente escritor argentino Ricardo Rojas, atropellando hasta el orden cronológico, ha pretendido atribuir a Buenos Aires, donde la revolución estalló un mes después que en Caracas, el movimiento inicial de la Independencia de América, que él llama La

argentinidad y que fue seguido por todos los pueblos del Continente. Véase nuestro libro Criticas de sinceridad y exactitud, pp. 39 y ss.

19   Dice el General Páez en su Autobiografía, T. 1°, p. 171, que en una carta interceptada al General Santander en 1818, éste decía al General granadino Pedro Fortoul: "Es preciso que nos reunamos en Casanare todos los granadinos para libertar a nuestra patria, y para abatir el orgullo de esos malandrines follones venezolanos". El mismo General Santander escribía en 1827, refiriéndose a la sublevación militar que le destituyó del mando supremo en la Trinidad de Arichuna en 1818: "reprimida esta tentativa, yo no podía continuar mandando unos hombres propensos a la rebelión y en un país donde se creía deshonroso que un granadino mandase a venezolanos". El historiador Restrepo dice que: "era sumamente difícil legislar en los Congresos de la Gran Colombia, porque muy pocas convenir a Venezuela, Nueva Granada o Ecuador". Hist. de

Colombia, T. 3°, p. 655, nota 54.Lo cual comprueba que la Colombia de Bolívar,no fue jamás una nación sino un listado militar, cuyo tipo está tan admirablemente descrito por Spencer. Ya veremos más adelante cómo el mismo Bolívar consideraba imposible que Colombia llegara a unificarse jamás y opinó muchas veces, después de la guerra, por que se disolviera. Terminada la guerra, Colombia no respondía a la imperiosa necesidad que la creó.

20   O'Leary, Correspondencia, T. VIII. Canas del General Soublette. La unión colombiana, así lo demostramos en otros estudios, tuvo como resultado solidificar en cada uno de los tres países que la constituyeron, la conciencia de una nacionalidad distinta.

21   Para la mayoría de los venezolanos que habían sido realistas o godos, la Gran Colombia no respondía a ningún sentimiento, a ninguna idea, ni al recuerdo de un solo sacrificio, ni al amor a ninguna gloria. Aquella era la obra de Bolívar y de sus conmilitones, y Bolívar era para los realistas, el Jefe del bando contrario, que los había vencido en una lucha sangrienta, despiadada, inhumana; y para los indiferentes, para los mediocres, para los espíritus prácticos, que por incapaces de ofrendar un solo sacrificio a la defensa de una u otra causa se habían ido al extranjero, de donde contemplaban tranquilamente la lucha — según la expresión de Baralt— la Gran República tenía aún menos significación; así como para muchos hombres de la nueva generación que no habían tomado parte en la lucha. La Constitución del Rosario de Cúcuta, que ligaba el país venezolano a una tierra extraña y transfonnaba a Caracas, cuna de la revolución y antigua capital de la Capitanía General, en ciudad subalterna, inferior a Bogotá, no podía tener arraigos de

ninguna especie en nuestros pueblos. Tenía perfecta razón el General Soublette cuando escribía al General José Tadeo Monagas, dándole cuenta de los primeros movimientos de la revolución separatista: "El General Páez y todos nos hemos puesto del partido del pueblo y nos tiene Lid. en la empresa de llevar adelante sus votos, manteniendo el orden, moderando la exaltación y procurando por todos los medios salvar el país de la guerra civil y ele la anarquía". O'Leary,

22   El General José Gregorio Monagas, que fue enemigo de Páez, opinaba de un modo álog

o respecto a la unión colombiana, a pesar de que correligionarios liberales le echaban siempre en cara al Héroe de las Queseras, como inaudita traición, la disolución de la Gran República. En 1857 se promovía la Confederación Colombiana, por una de sus interesadas combinaciones políticas de que se echa mano en las épocas de crisis: el General José Gregorio Monagas le escribe desde Barcelona a su hermano el General José Tadeo, que se hallaba en los últimos días de su gobierno: "Y no se diga que Peña fue el promotor de la disolución de Colombia, porque la generalidad la apetecía, la época la reclamaba y Colombia no podía marchar". Gil fortoul, Historia constitucional de Venezuela, T. 2°, p. 311.

23   Respecto a la formación del Partido Liberal, hemos leído una afirmación muy peregrina del celebrado escritor godo Luis Ruiz (Domingo A. Olavarría). "Dio origen a aquel partido de oposición—dice— el discurso que pronunció el General Soublette con motivo de la celebración de una fiesta nacional, en el cual empleaba frases halagadoras para los militares allí presentes que asistían al banquete de riguroso uniforme". ¡No puede darse un criterio sociológico más simplista que el del señor Olavarría! Véase Décimo estudio histórico politico, p. 55.

24   De la misma Revolución Francesa, a pesar de todas sus teorías políticas, se ha dicho con razón que no fue en el fondo sino un profundo malestar económico explotado por ambiciosos y energúmenos. L Hourdeau, Les Maîtres, p. 50.

25   Ernesto Quesada, La enseñanza de la historia en las universidades alemanas. "Lamprecht y su Instituto", p. 819.

26   Historia general de la civilización en Europa, p. 88.

27   Los Estados Unidos han marchado rápidamente hacia la

centralización. En provecho de la autoridad central, se han ido olvidando las cláusulas de aquel tratado entre Estados que sirvió de base a la constitución de Filadelfia. Ya están muy lejos los tiempos en que Jefferson decía, que el gobierno federal no era para los Estados Unidos sino el departamento de Relaciones Exteriores. A la centralización gubernativa, "que es tan fuerte como en muchas monarquías europeas", ha seguido en el curso de este siglo la centralización administrativa más estricta, en menoscabo del viejo concepto de la Libertad. "La centralización no es popular en América, —decía Tocqueville—. Hoy, responde Tipton, el pueblo mira el poder Federal como el único poder". Janet, Les EtatsUnis contemporains, I, p. 92. Bo2u8tmy, Droit constitutionnel, pp. 300330. Bouglé, Les idées égatitaires, pp 218 – 219.

28   Víctor Cherbuliez, L'Espagne politique, 18681873, pp. 30 y ss.

29   Respecto a la Nueva Granada, por ejemplo, el General Don Pablo Morillo escribía al Ministro de la Guerra desde Bogotá el 3 de agosto de 1816: "Es muy importante de que S.M. esté enterado de que en este virreinato ha habido tres insurrecciones con el nombre y en favor del Rey, pero en la esencia era la disputa entre federalistas y centralistas". Rodríguez Villa, El teniente general don Pablo Morillo, etc., etc., T. III, p. 197. En Argentina, donde la guerra de Independencia no asumió el mismo carácter que en Venezuela, la lucha se desarrolló entre federales y unitarios, y fue bajo el despotismo de Rosas, que años más tarde se unificó la Nación.

Oligarquía y caciquismo, p. 589.

31   "La América —dice en sus Memorias históricopolíticas el gran escritor colombiano, Procer de la Independencia, General Joaquín Posada Gutiérrez—, la América está corriendo ahora su Edad Media y así tiene que ser forzosamente, porque los pueblos no aprenden nada en lo pasado, y necesitan sufrir para ver claro. Por todas partes el feudalismo democrático, bajo el nombre de federación, se establece o pretenden establecerlo; la antigua anarquía feudal, las luchas de los barones unos con otros o contra el señor feudal, o de éste contra aquéllos se repiten en América con otros nombres". T. 3°, p. 223. El autor no ahonda en la etiología del fenómeno, pero por eso mismo su observación, fundada en los hechos, asume mayor importancia. Ya el Libertador desde 1815, en su célebre carta de Jamaica, había comparado la emancipación de la América, con la caída del Imperio Romano, previendo con su genial penetración que la América seguiría la misma evolución de Europa en la constitución de sus nacionalidades. Véase nuestro libro Críticas de sinceridad y exactitud, pp. 130 y ss.

32   Teoría de las cortes. Es curioso observar, por otra parte, que si en América el movimiento federalista se atribuye todavía a una simple imitación de las instituciones de los Estados Unidos, en España se dijo entonces y se repite aún que el federalismo fue una quimera de Proudhon traducida al castellano por Pi y Margall. "Los sueños que se apoderan de la imaginación de todo un pueblo, no tienen nunca un origen tan literario, ni nacen en el gabinete de un pensador". Si la inmensa mayoría de los federalistas españoles no sabían leer a Pi y Margall, casi la totalidad de los federalistas hispanoamericanos ignoraban lo que era la Constitución de los Estados Unidos.

33   V. López, Manual de historia argentina, II, p. 315.

34   Edmond Demolins, Les grandes routes des peuples. Essai de géographie sociale. II, p. 165.

35   Muchos han sido los escritores de otros países de América y sobre todo de nuestra vecina Colombia, que sin darse cuenta de que los pueblos pacíficos y sedentarios no producen caudillos militares, se envanecen de su civilismo e ignorando las leyes de la continuidad histórica, pretenden humillarnos a los venezolanos exhibiendo como una mácula nuestros instintos guerreros. Olvidan que en la guerra de Independencia, Venezuela, según lo afirmó el General Morillo, fue "la que dio a todas las otras provincias Jefes y Oficiales, pues son más osados e instruidos que los de los demás países". E ignoran que en 1827 un oficial granadino de nombre Bonifacio Rodríguez, encareciendo la necesidad de dividir la Gran Colombia decía al General Santander: "Conocen mis paisanos lo necesario que es la separación absoluta de los granadinos con los venezolanos en cuanto a gobierno, para vivir tranquilos y porque no pueden ver con indiferencia y frialdad que de más de 80 (ochenta) Generales que tiene Colombia, apenas se enumeran seis de los primeros (granadinos); que casi todos los Coroneles son venezolanos, los empleados, venezolanos, los que se apropian la voz del pueblo y la opinión, venezolanos, los dueños de la prensa, venezolanos, y en fin, que nosotros somos el patrimonio de los venezolanos" Archivo Santander, T. 16. pp. 31922. 36

36   H. Taine, Les origines L'ancien régimen, L. III, cap. I.

Capítulo primero

ORGANIZACIÓN POLÍTICA Y ADMINISTRATIVA
DE LAS PROVINCIAS CAPITANÍA GENERAL Y
GOBERNACIONES INTENDENCIAS

El GENERAL O'LEARY, en la Introducción de sus Memorias, al exponer las causas que en su concepto dificultaban en las Repúblicas Hispanoamericanas la consolidación del gobierno, señala como una de ellas la separación en que vivieron las localidades, y la consiguiente disgregación de los elementos que podían constituir organismos nacionales.

"Es notable peculiaridad de las revoluciones sudamericanas, dice, la fluctuación de los elementos primitivos de unión social, la falta de una base fija sobre qué fundar las instituciones políticas. En Europa, aunque por la fuerza o por la conquista se alteren los lindes de las naciones, o se cambie el dominio sobre ellas, los nacionales serán siempre partidarios de la más antigua nacionalidad. Una lengua común es un lazo que reúne todas las simpatías que sirven para formar una sola nación. En la América del Sur, al contrario, todo tiende en política a apartarse del centro. Las provincias de Buenos Aires se separaron de la capital; Bolivia del Perú; en México y Guatemala la palabra federación es sinónima de hostilidad; Colombia se subdivide en tres estados independientes cuyas provincias están tan débilmente unidas, que Panamá aspira a una existencia política separada, y las semillas de desunión se siembran por doquiera, ó entre las varias castas de la población sino entre departamento y departamento, entre ciudad y ciudad".[1]

En Costa Firme, principalmente, donde después de la conquista las provincias vivieron como dejadas de la mano del Gobierno, esparcidos sus habitantes en las soledades de un inmenso territorio, sin ninguna especie de comunicación entre sí, ajenos a la influencia del oro y del lujo, a diferencia de lo que ocurría en los Virreinatos opulentos de México y el Perú; en relaciones por medio del ilícito comercio con los extranjeros de las colonias vecinas, y llevando, en fin, una existencia precaria, pero en cierto modo más independiente que en casi todas las otras colonias, el sentimiento regionalista se arraigó con más fuerza en el alma popular, y a ello contribuía la débil autoridad conferida por las leyes al Capitán General y a los Gobernadores provinciales.

La historia colonial de Venezuela presenta caracteres completamente distintos a los de otros pueblos que en América integraban los dominios de la Corona de España.

La pobreza de su territorio en yacimientos metálicos, única riqueza apreciada entonces por el mundo civilizado, hizo que España la abandonara casi por completo a sus propios recursos; y cuando México, Lima, Quito y otras ciudades coloniales ostentaban grandiosos monumentos, fomentaban industrias, multiplicaban sus planteles de educación y vivían, en fin, vida más civilizada, las poblaciones de Venezuela se levantaban lentamente, sin otros medios de progreso que aquellos que podían proporcionarles sus escasos arbitrios administrados por los cabildos[2].

Era tal la indiferencia con que la Metrópoli veía sus dominios en esta parte de América, que durante siglos se desconoció por completo su situación geográfica, la extensión de su territorio, y hasta sus más ricas producciones agrícolas.

No de otra manera pueden explicarse la arbitrariedad y el capricho de nuestras primitivas divisiones territoriales y el absurdo de las organizaciones gubernativas, que sometieron a autoridades residenciadas a tanta distancia de nosotros como la misma España, a territorios llamados por la situación geográfica a reunirse para constituir una sola entidad administrativa.

II

Fue en 1777, treinta y tres años antes de estallar la revolución de la independencia, por cédula expedida en San Ildefonso el 8 de setiembre, cuando el Rey tuvo a bien resolver "la absoluta separación de las provincias de Cumaná, Guayana, Maracaibo e Islas de Margarita y Trinidad del Virreinato y Capitanía General de la Nueva Granada" y agregarlas en lo gubernativo y militar a la Capitanía General de la provincia de Caracas o Venezuela; "del mismo modo (dice la cédula) que lo están por lo respectivo a mi Real Hacienda, a la nueva Intendencia erigida en dicha provincia de Venezuela y ciudad de Caracas su capital. Así mismo he resuelto separar en lo jurídico de la Audiencia de Santa Fe y agregar a la primitiva de Santo Domingo las expresadas provincias de Maracaibo y Guayana, como lo están la de Cumaná y las Islas de Margarita y Trinidad[3] para que hallándose estos territorios bajo una misma Audiencia, un Capitán General y un Intendente inmediatos, serán mejor regidas y gobernadas con mayor utilidad de mi Real Servicio".[4]

Esta Real Cédula vino a demarcar los límites territoriales de la futura nacionalidad venezolana, como que fue entonces cuando aquellas seis provincias, independientes unas de otras durante dos siglos, se agruparon por primera vez para constituir una sola entidad administrativa, aunque todavía quedaron en lo jurídico sometidas por algunos años más a la Audiencia de Santo Domingo, pues la de Caracas no fue creada sino el 6 de julio de 1786 y se instaló el 19 de julio del siguiente año, bajo la presidencia del Gobernador y Capitán General Coronel Don Juán Guillelmi.[5]

La multitud de errores cometidos por muchos historiadores, a causa sin duda, de falta de documentos, nos obliga a ser un tanto prolijos en este punto.

La Metrópoli antes de 1777 consideró siempre a estas provincias como cuerpos independientes unos de otros, y así se desprende del contexto de muchas cédulas y disposiciones que hemos examinado.

En 1742 ordena el Rey poner a cargo del Gobernador y Capitán General de la Provincia de Venezuela, Teniente General don Gabriel de Zuloaga, "el mando en los gobiernos y distritos de Maracaibo. Cumaná, La Margarita, La Trinidad y La Guayana por lo respectivo a introducciones y extracciones de ilícito comercio". El Gobernador Zuloaga representa ante el Rey eximiéndose de llenar el cometido por las siguientes razones: "la primera, por tener muchos negocios en que entender en la de su cargo...; la segunda, por ser grande la distancia que hay desde la ciudad de Caracas a las mismas provincias...; la tercera, porque tal vez los gobernadores de ellas, aunque tuvieran actividad y aplicación en celarlo y embarazarlo (el ilícito comercio) desmayarían viendo que estaban subordinados al Gobernador de Venezuela".

En la misma fecha dice el Monarca al Virrey de Santa Fe, que atendiendo a las representaciones que le han dirigido al referido Gobernador y los directores de la Compañía Guipuzcoana "acerca de lo mucho que importa a mi real servicio y a la causa pública, el que la provincia de Venezuela quede exenta del Virreinato de la Nueva Granada... He resuelto relevar y eximir al Gobierno y Capitanía General de Venezuela,6 de toda dependencia de ese Virreinato, no obstante lo dispuesto y mandado por mí en la cédula de 20 de agosto de 1739, la cual fui servido de agregar la expresada provincia a ese nuevo Virreinato...".

Otro dato importante encontramos al comenzar ese mismo documento, cuando dice el Rey que él "había comprendido bajo de la jurisdicción del Nuevo Reino, la provincia de Venezuela y otras que anteriormente se gobernaban con total independencia".

La Provincia de la Nueva Andalucía o Cumaná, que en el río Unare partía límites con la de Caracas, fue siempre considerada como independiente de ésta. El Rey negó expresamente al Procurador D. Simón Bolívar en 1590 "la merced de declarar que la provincia de los Cumanagotos" — cuya extensión era más o menos la de la provincia de Barcelona, actual Estado Anzoátegui—, "fuese y se entendiese ser de dicha gobernación de Caracas o pertenecerle sin el Gobernador de Cumaná ni otro juez ni persona alguna se pueda entrometer en la dicha jurisdicción".

III

En lo eclesiástico tampoco hubo unidad entre las Provincias de Venezuela hasta principios del siglo XIX; lo cual era de suma importancia en aquella época, pues las divisiones diocesanas fueron en España durante siglos las únicas jurisdicciones invariables y las ciudades derivaban su importancia de la residencia en ellas de los Obispos y Arzobispos, llamándose las primeras sufragálas otras metropolitanas. Lo mismo sucedía en América. Caracas no vino a ser ciudad metropolitana a pesar de la Real cédula de 1777, que en cierto modo le dio categoría de Capital de las Provincias unidas, ni del establecimiento de la Audiencia, sino cuando se creó el Arzobispado en el año de 1804, es decir, seis años antes del 19 de abril.[7]

"La jurisdicción eclesiástica del Obispado que primero se llamó de Coro o de Venezuela (De Venezuela seu Coren) y después de Caracas (Caracen) abarcó únicamente el territorio denominado Gobernación de Venezuela, comprendiendo, antes de la creación de la Diócesis de Mérida, hasta Maracaibo y Trujillo. El territorio de Mérida y Táchíra pertenecía a la Arquidiócesis de Santa Fe de Bogotá. Lo mismo Barinas puesto que ésta no aparece en el cuadro de Vicarías de la Visita Pastoral del Obispo Maní.

"La Diócesis de Mérida fue creada en 1777, desmembrándose de la de Caracas las ciudades de Maracaibo, Coro y Trujillo y quedando como su sufragánea del Arzobispado de Santa Fe.

"Las Provincias de Oriente, inclusive Guayana, no pertenecieron nunca a la jurisdicción eclesiástica de Caracas, sino que dependían del Obispado de Puerto Pico, del cual se llamaban Anejos Ultramarinos, hasta que se creó, en 1790, el Obispado de Guayana.

"La Diócesis de Caracas fue siempre sufragánea del Arzobispado de Santo Domingo y también a esta Metrópoli quedó adscrita la de Guayana.

"Traspasado el dominio de la Isla de Santo Domingo a los franceses, fue preciso sustraer de su jurisdicción eclesiástica los países sujetos a la Corona Española que de aquel Arzobispado dependían, a fin de que no hubiera de ocurrirse en apelaciones a un país extraño, y eso dio lugar a la erección de los Arzobispados de Caracas y de Santiago de Cuba en el año de 1803. Este fausto suceso se efectuó por medio de la Bula del Papa Pío VII, De universalia ecclesiae regímine, de 24 de noviembre de 1803, comunicada a Caracas por Cédula Real de 16 de julio de 1804".[8]

En lo fiscal y económico, nuestras provincias sufrieron también el funesto sistema de la Península de las Aduanas interiores, al que, según un notable escritor, se debió el atraso de la industria y la continua miseria del Reino, mucho más que el temperamento y a la pretendida pereza de los españoles.[9]

Hasta los géneros más necesarios para la vida estaban gravados al pasar de una provincia a otra[10]. Los productos naturales pagaban derechos de Aduana, como si entrasen del extranjero. Entre las súplicas que llevó ante el Rey el Procurador Bolívar, figuraba la de que "no pagasen ningún derecho de entrada ni salida por término de veinte años el maíz y otros mantenimientos expedidos de la provincia de Venezuela a Margarita, Cumaná, Islas 1d1e Aves y Orchila y otras pesquerías de perlas, para el sustento de las canoas".[11]

Cuando el 25 de setiembre de 1728 fue constituida la Compañía Guipuzcoana, sólo se comprendió en el monopolio la Provincia de Venezuela, quedando exentas Maracaibo, Cumaná, Margarita y Trinidad. Unicamente en el caso de que en estas tres últimas provincias no hubiese navios de registro, procedentes de España, podía la Co1m2 pañía llevar a ellas sus mercaderías como lo reza el artículo XIII del contrato.[12]

Nada podía contribuir con mayor fuerza a aislar las provincias, y a que se vieran unas a otras como pueblos extraños, que ese funesto sistema de Aduanas interiores. En el presente es cosa demasiado conocida la acción unificadora del comercio y cómo contribuyen las uniones aduaneras a las unificaciones políticas. Fue un Zollverein el que puso la primera piedra de la unidad alemana.[13]

IV

La fecha en que se erigió la Capitanía General de Venezuela dio siempre lugar a controversias entre los historiadores, por la creencia de que el Capitán General de Caracas era una especie de Jefe Supremo de todo el país con facultades discrecionales. En nuestro concepto, no ha habido en ello sino una falsa apreciación, pues el nombre de Capitán General se daba únicamente en España a todo el que tenía mando de tropas[14].

Solicitada por el Gobierno de Venezuela en 1859, por órgano de la Legación de España, la fecha de la erección de la Capitanía General, sólo se obtuvo del Primer Secretario de Estado de aquella nación la respuesta siguiente: "No existe tal documento en los archivos de Indias en Sevilla. Registrando los tomos de Reales Cédulas referentes a Venezuela y al Nuevo Reyno de Granada ha hallado el archivero que los funcionarios que ejercían el mando supremo en la provincia de Venezuela eran denominados Gobernadores unas veces y otras Capitanes Generales; y que por Real Cédula de 10 de noviembre de 1536 se previno al que entonces gobernaba dicha provincia, que sólo usase del oficio de Capitlá5n General cuando estuviera en Guerra y no en otra parte ni manera alguna".[15]

Así lo emplean muchos conquistadores; entre otros Don Manuel de Centurión, uno de los primeros Gobernadores de la Provincia de Guayana, y Don Juán de Urpín, fundador de Barcelona, quien en los informes dirigidos al Rey se titula "Governador y Capitán Gene1ral, Conquistador y Poblador de los Indios Cumanagotos y demás naciones".[16]

Capitanes Generales continuaron llamándose todos los Gobernadores Provinciales aún después de 1777. En 1793, el Gobernador de Margarita, Don Juan Bautista Valdez de Yarsa, se titulaba Capitán Comandante de la Compañía de Infantería veterana que guarnece esta Isla y en ella Gobernador y Capitán General. En 1801, Don Vicente de Emparan llevaba el título de Gobernador y Capitán General de las Provincias de Cumaná y Barcelona.[17] Hasta los Tenientes de Gobernador llevaban en ocasiones el título de Capitán General, como sucedía en Coro con Don Jacobo Beruegal por los años de 1749, que se titulaba Teniente de Gobernador, Capitán General y Justicia Mayor".[18]

De no haberse fijado en la significación precisa de aquel título, ha dependido que tanto Baralt, como Arístides Rojas y casi todos los que han escrito sobre el régimen colonial designen en todas las épocas con el nombre de Capitanía General de Venezuela a las seis provincias que durante dos siglos habían vivido separadas. No fue sino a partir de 1777, como se ha visto, que el nombre de Venezuela, llevado hasta entonces por una sola provincia, la de Caracas, vino a extenderse a todo el territorio actual de la República y entonces se dijo Capitanía General de las Provincias Unidas de Venezuela[19].

El señor Meléndez, que hizo estudios muy circunstanciados del régimen colonial, comprueba el error en que incurrieron Baralt, Montenegro, Yánez, Arístides Rojas, Antonio

Leocadio Guzmán, Landaeta Rosales y algunos otros al afirmar que la Capitanía General de Venezuela fue creada en 1731, y termina con estas palabras: "¿Qué resulta de lodo lo dicho? Simplemente que la idea de una Capitanía General de Venezuela, como formando una división territorial y un gobierno, aunque fuera civil, ha sido solamente devaneo de algunos escritores venezolanos que han tomado el rábano por las hojas. Desde el principio de la conquista hasta que acaba la dominación española, en Venezuela sólo ha habido una gobernación y un Gobernador para lo civil y para lo militar, siendo el último a la vez Presidente de la Audiencia, después que ésta se estableció. (Cédula de 1786)".

Refiriéndose a esa disposición del Rey que reunió todas las provincias bajo la autoridad del Capitán General de la de Caracas, dice el historiador Restrepo: "Con la agregación de las mencionadas provincias, quedó completa la Capitanía General de Venezuela, formando un todo homogéneo y compacto bajo un Jefe Civil y Militar, quien podía gobernar bien y defender el territorio que le estaba encargado. Nos admiramos que desde mucho antes no hubiese hecho el Gobierno español aquel arreglo tan20importante para la buena administración de las provincias de Costa firme".[20]

De aquí podría juzgarse a primera vista, que esa nueva organización de nuestras provincias viniera a centralizar el Gobierno en manos del Capitán General de la de Caracas, menoscabando las atribuciones y facultades de los otros gobernadores provinciales. Nada es menos exacto.

Nueve años después de creada la Capitanía General, en 1786, fue erigido en Provincia el Partido Capitular de Barinas y su distrito —como reza la Real Cédula—, el cual pertenecía a la Capitanía General de Maracaibo. En el mismo documento el

Rey "separa del Gobierno de Caracas la ciudad de Trujillo y su jurisdicción, agregándola al de Maracaibo"; fija luego los límites de la nueva Provincia de Barinas, "dentro de cuyos términos —dice— ha de ejercer el Comandante que ahora elija, y los que en adelante sucedieren, mientras no disponga otra cosa, las jurisdicciones política y militar, con las funciones del VicePatronazgo Real, como también la Subdelegación de Real Hacienda con dependencia de la Capitanía General e Intendencia de Caracas, en lo que respectivamente corresponde a sos juzgados; y con facultades dicho Comandante de poner Tenientes de Justicia en los pueblos de su distrito que se consideren necesarios..., y en consecuencia de todo lo expresado, mando a los Gobernadores de Caracas y de Maracaibo se hayan por inhibidos y abstengan, el primero del conocimiento que en calidad de tal Gobernación le correspondía tener en los negocios políticos de la ciudad de Trujillo y su jurisdicción, y el segundo en los respectivos a la Provincia de Barinas antes de las separaciones que van insignadas; obedeciendo los habitantes de ésta, como a su inmediato Jefe, al Comandante que fuere de e21lla; y los de Trujillo al Gobernador de Maracaibo, que así es mi voluntad..."[21]

En esa disposición del Rey no sólo se demarcan las atribuciones del nuevo Gobernador de Barinas y se indican los negocios en que estaba subordinado al Capitán General de Caracas y al Intendente de Hacienda, sino que, al separar a la ciudad de Trujillo y su distrito de la Provincia de Caracas para agregarla a la Provincia de Maracaibo, se le previene al Capitán General de Caracas abstenerse de ejercer autoridad alguna en la ciudad de Trujillo, determinando así los límites de su jurisdicción.

Después de la organización de 1777, los Gobernadores provinciales continuaron dependiendo directamente del Rey y diferenciándose tan sólo del Capitán General de la Provincia de Caracas en que éste "ejercía en nombre del Rey la autoridad suprema en materias militares",[22] estaba exclusivamente encargado de las relaciones políticas de su distrito con los establecimientos coloniales de las potencias extranjeras y presidía las sesiones de la Audiencia, aunque sin voz consultiva ni deliberativa, "fueron de honor que servía menos que aumentar su autoridad que para hacer más respetable la de aquel cuerpo". Sus demás atribuciones eran iguales a las de los otros gobernadores, pues, como ellos, ejercía el vicepatronazgo real, la subdelegación de la Intendencia de Hacienda bajo la autoridad del Intendente y se entendía en todos los negocios políticos de la Provincia de Caracas. Facultades éstas que no podían ser más limitadas, pues como muy bien dice Baralt "entraba en la política de la Corte que no ejerciese a tan larga distancia de la Madre Patria una autoridad absoluta".

La ley además le reglamentaba hasta la vida privada: "No podía tener más de cuatro esclavos en toda la extensión de la Provincia, ni comerciar, ni casarse, ellos ni sus hijos; tampoco concurrir a bodas o entierros, ni presentar a nadie como padrino para recibir el Sacramento del Bautismo".

Concluido el término de su administración, estaba obligado el Gobernador a dar cuenta de sus actos, antes de salir del territorio, en un juicio llamado de Residencia, el cual seguía por lo común un letrado, a quien el Rey escogía para el caso, entre tres sujetos idóneos que le presentaba el Consejo de Indias. Por sesenta días consecutivos oía el comisionado las quejas que, sobre abusos de autoridad, quisiesen poner en su conocimiento contra el Capitán General los ciudadanos de todas las clases: y a éstos se les advertía de antemano por bandos y edictos el día en que debía empezar "la residencia". Dada una queja, se tomaba el juez otros sesenta días para averiguar la verdad y juzgar de ella, remitiendo seguidamente el proceso al Consejo de Indias, el cual debía fallar definitivamente. Mucho tiempo estuvieron sujetas a este juicio todas las autoridades: "pero en 1799 se dispuso que sólo continuase en observancia respecto a los virreyes, capitanes generales, presidentes, gobernadores políticos y militares, intendentes de ejército y corregidores; y era en tal manera necesario, que sin una certificación de haberlo sufrido victoriosamente, ninguna persona podía tomar posesión de un nuevo empleo".

V

La historia colonial de Sudamérica registra multitud de casos en que los juicios de residencia se llevaban a cabo con la mayor severidad, pues afirmaba la Corte "que con ese freno estarían más atentos y ajustados a cumplir con sus obligaciones y se moderarían en sus excesos e insolencias que en provincias tan remotas, puede y suele ocasionar la mano poderosa de los que se hallan tan lejos de la real".[23]

No eran éstas únicamente las trabas que tenía la autoridad del Capitán General, obligado como estaba a acatar las decisiones de la Audiencia del mismo modo que si emanaran de la suprema potestad, pues era este alto tribunal, a la vez que el directo representante del Monarca, el defensor, en cierto modo, de las libertades públicas.

En materias fiscales no tenía el Capitán General mayores atribuciones que los Gobernadores provinciales; todos los negocios concernientes a este ramo estaban bajo la dirección del Intendente de la Real Hacienda, quien, como administrador fiscal, repartía y recaudaba las contribuciones impuestas por el Soberano; regía las rentas generales; cuidaba de la mejor administración de las provincias y de los propios arbitrios de los pueblos; velaba en la distribución de las tierras concejiles; aprobaba los contratos entre el fisco y los particulares; ordenaba los pagos del tesoro público, nombraba provisionalmente para los empleos que vacaban en la Administración, y ejercía sobre los empleados y en todo lo contencioso de Hacienda unna jurisdicción privativa de la mayor importancia. De modo que la situación de este funcionario respecto al Capitán General era exactamente la misma que si nuestro Ministro de Hacienda, con más amplias facultades, fuese completamente independiente del Presidente de la República. Era, en fin, el Intendente de Hacienda "una autoridad completamente separada de las otras, con facultades importantes respecto a la Agricultura, del Comercio y de la Navegación".

Esta rápida ojeada a la administración general de las Provincias de Venezuela es suficiente para comprobar el error en que incurren los que, prohijando sin examen los más evidentes errores históricos, aseguran que el régimen de España en Venezuela fue un centralismo despótico, capaz de unificar a todas las provincias en un solo cuerpo político, en una sola entidad administrativa. Creemos, por el contrario, que esta falta de unidad fue una rémora para la futura creación de la nacionalidad.

VI

Compárense las facultades que las leyes coloniales pautaban al Capitán General, con las prescritas a todos los Presidentes de las Repúblicas de América, sin exceptuar los Estados Unidos, en las más liberales de las Constituciones que se hayan sancionado desde la Independencia hasta hoy, y resaltará más, si cabe, la ligereza de aquellas afirmaciones.

La autoridad del Capitán General, como la de los Gobernadores en general, y aun de los Virreyes, no residía sino en las relaciones tradicionales de los habitantes, en virtud de las cuales se mantiene con mayor eficacia el principio de autoridad; de ningún modo en la fuerza militar reducida a pequeñas guarniciones y a cuerpos de milicianos bisoños, cuyos ejercicios hicieron sonreir a Humboldt; ni en amplias facultades políticas, coartadas por efectivas responsabilidades legales y contenidas por la Audiencia y los Cabildos, ni en la influencia poderosa de la Tesorería, pues no le correspondía el manejo de las rentas; ni en la facultad discrecional de disponer de las gangas y empleos de Administración, pues apenas podían llenar interinamente las vacantes ocurridas en ciertos destinos dependientes de la Corte[24].

Si pasamos de las leyes a los hechos históricos, debemos decir en honor de la justicia, que de los ocho Capitanes Generales de las Provincias Unidas que se sucedieron en el Gobierno de Caracas —desde 1777 hasta 1810— ninguno se señaló por actos arbitrarios tendentes a menoscabar las facultades de los

Gobernadores provinciales ni de los cabildos, que en las ciudades continuaron gobernando con más autoridad que un Capitán General en su distrito —según lo observó más larde el General D. Pablo Morillo—.

Con razón afirma un moderno historiador español, al analizar el régimen colonial de Hispanoamérica, que en aquel sistema de gobierno se había hecho un deslinde riguroso de atribuciones entre el Municipio, la Intendencia o la Capitanía General, en su caso, los tribunales eclesiásticos, militares y de hacienda y la Real Audiencia.[25]

¿Dónde estaba, entonces, la centralización gubernativa, el despotismo de la Capitanía General? ¿Dónde la fuerte influencia de un régimen unitario, capaz de modificar en treinta y tres años los hábitos de independencia local, adquiridos en dos siglos de separación entre las provincias y merced a las amplias facultades del municipio en las ciudades o Distritos Capitulares?

Es una regla de filosofía política, que en todo pueblo, el régimen anterior obra por la costumbre, por los recuerdos y por las instituciones seculares asimiladas a los usos y hábitos del mismo pueblo, como fuerza generadora determinante de su nueva existencia.

Lo que constituye una nación —ha dicho DupontWhite— es la calidad de su gobierno, es el derecho en la sociedad; no es la unidad de raza, de lenguas, ni de religión[26].

Más fácilmente se crea una nación, donde se hablen veinte idiomas y se profesen otros tantos cultos, si se les une bajo un sólo poder, que con grupos que aparenten independencia, aunque adoren un mismo Dios y tengan una lengua común.

Hay que tomar en cuenta, además, que la constitución geográfica del país se oponía también por su parte a la centralización del gobierno. Una de las condiciones primordiales de la centralización, tanto política como administrativa —dice el mismo DupontWhite— es la existencia de una metrópoli o de una ciudad preponderante y Caracas no podía serlo en la época colonial. El Barón de

Humboldt observó que "como la gran población de Venezuela se encuentra próxima a las costas y la región más cultivada le es paralela dirigiendose de Este a Oeste, Caracas no es un centro de comercio como México, Bogotá y Quito. Cada una de las siete provincias reunidas hoy en una Capitanía General, posee un puerto particular por el cual da salida a sus productos. Basta considerar la posición de las provincias, sus relaciones más o menos íntimas las islas de Barlovento y las grandes Antillas, la dirección de las montañas y el curso de los grandes ríos, para concebir que Caracas no podrá ejercer jamás una influencia política muy poderosa sobre los países de que ella es capital. Es una inmensa ventaja para las provincias de Venezuela no ver todas sus riquezas territoriales dirigidas sobre un mismo punto, como sucede con las de Nueva Granada y México que refluyen a Veracruz y Cartagena, sino ofrece el cuadro de un gran número de ciudades casi igualmente bien pobladas, formando como otros tantos centros diversos de comercio y de civilización"[27].

Obsérvese cómo hasta geográficamente las Provincias de Venezuela estaban llamadas a la descentralización, haciendo más difícil y laboriosa la obra de la unidad nacional que iba a realizarse por medio de la guerra, a la sombra de las banderas de la Independencia y bajo la autoridad superior de un hombre de genio poseído de un amplio ideal de integración, que le impulsaría no sólo a unificar las Provincias de Costa Firme sino a reunir en un solo Estado militar tres grandes circunscripciones y a iniciar la creación de una gran confederación iberoamericana.

En la generación que proclamó la Independencia de las Provincias de Venezuela, tenia necesariamente que prevalecer por sobre la idea de una nacionalidad y una Patria, como la concibieron después, el sentimiento del provincionalísmo, del localismo, con todo el poder de los hábitos heredados. Treinta y tres años de unión no eran suficientes para destruir dos siglos de separación y de independencia local, aun concediendo al Gobierno de Caracas un poder absorbente y despótico que, como se ha visto, estuvo muy lejos de ejercer el Capitán General.

Sin embargo de que estas causas, emanadas de la formación de las diversas provincias y del régimen político y administrativo de la Capitanía General y de las GobernacionesIntendencias, explican plenamente el fenómeno de nuestra anarquía provincial, existen otras causas aún más poderosas para demostrar que el movimiento disgregativo bautizado desde 1811 con el nombre de federación, fue la consecuencia lógica, necesaria y fatal de la desaparición del Gobierno español en Venezuela.

NOTAS

1   O'Leary, Narración. Introducción.

Andrés Bello, Resumen de historia de Venezuela.

3   Blanco y Azpurúa. Doc. I: "Las dos islas de la Trinidad y Margarita son comprendidas en el territorio y jurisdicción de este Virreinato; pero su larga distancia y falta de comercio induce a una casi total ignorancia de su estado, así en lo civil como en lo militar". Relación que hace el Excmo. Señor Virrey de Santa Fe. D. Manuel de Guirior, a su sucesor el Excmo. Señor D. Manuel Antonio Flores en el año de 1776.

4   Blanco v Azpurúa, Doc.I.

5   Las jurisdicciones de las Audiencias sirvieron también de antecedente y fundamento al uti possidetis juris de 1810. La de Charcas fue la base de la Nación Boliviana, a pesar de que las provincias que la constituyeron estaban bajo la autoridad militar y política del Virrey de Buenos Aires desde la creación del Virreinato en 1777. Vicente Lecuna. Documentos referentes

a la creación de Bolivia, dos volúmenes, Caracas, 1924.

6   Se refería a la sola Provincia de Caracas.

7   La Legislación de Indias reconocía cuatro formas de población; Ciudad Metropolitana, donde residían el Gobernador y Capitán General (o el Virrey), la Real Audiencia y el Arzobispado, Ciudad Diocesana, con Gobernador, Obispo y Cabildo de ocho Regielores, y Ciudades Sufragáneas y Villas, con dos Alcaldes y cuatro Regidores. Entre Ciudad Sufragánea y Villa, no había diferencia sensible.

8   Datos suministrados al autor por el eminente sacerdote venezolano Monseñor Nicolás E. Navarro, Protonotario Apostólico, Académico de la Historia y brillante escritor.

9   GounonLoubens, Essais sur l'administration de la Castille, au XVIème siècle. París, 1860.

10   Lo mismo sucedía en España. "En el litoral de Castilla existían cinco jurisdicciones aduaneras; la primera comprendía las Provincias Vascongadas: la segunda, Asturias y Galicia; la tercera, la diócesis de Cádiz y Sevilla; la cuarta, el Reino de Granada, y la quinta, el Reino de Murcia, que se cobraban entre sí derechos de salida y de entrada, como si fuesen países extraños". Sempere. Grandeur et décadence de la monarchie espagnole. Premiere partie, cap, 20.

11   Instrucción dada a Bolívar el 24 de marzo de 1590. Archivo de Indias. Cita de Gil Fortoul. Hist constitucional. T, 1°.

13   V. Jules Humbert, Les origines vénézuéliennes, p. 80.

1134   C. Bouglé, Les idées égalitaires, cap. IV, "L'unification des sociétés".

14   Capitán General. El que manda como superior a todos los oficiales y cabos militares de un ejercito, provincia o armada, y se distingue con los nombres de Capitán General de ejército, Capitán General de provincia y Capitán General de armada. Capitán General de provincia. El jefe superior a quien están subordinados cuantos individuos militares tiene destino o residencia accidental en esta provincia. Diccionario de legislación. "Orde1nes de Militares".

15   Blanco y Azpurúa, ob. cit. T. I, p. 54.

16   Arch. gen. de Indias. (Sevilla.) Est. 56, caj. 4, leg. 839. "Consultas y Decretos originales de Cumaná" (1585 a 1759). El Gobierno de Cumaná comprendía entonces tres provincias', la de Nueva Andalucía o Cumaná, la de Nueva Barcelona y la de Guayana. El Gobernador residente en la ciudad de Santa Inés de Cumaná tenía el título de Capitán General de estas provincias y el rango de Brigadier o de Coronel. Cita de J. Humbert, Origines vénézuéliennes, p. 225. El Rey mismo da también el título de Capitán General al Gobernador de Trinidad. Blanco y Azpurúa, Doc. I, p. 450. Caulín. ob. cit. Véase la Real Cédula de 17 de junio de 1643 sobre fortificación de la barra de Maracaibo. El Rey dice: "Mis Gobernadores y Capitanes Generales de la Provincia de Venezuela y Mérida". Documentos para la historia de! Zulia en la época colonial Compilados y anotados por el doctor Tulio Febres Cordero.

17   Ver entre muchos otros expedientes la demanda de nulidad propuesta por Don Luis de Vallenilla, Alférez Real del Ayuntamiento de Cumaná; en la elección del Doctor José G. Rodríguez de Astorga para Alcalde de 2a. Elección. Arch Nacional. Ayuntamientos.

18   Archivo Nacional, Ayuntamientos.

19   Manuel Antonio Meléndez, Orígenes larenses. T. I, cap. III.

20   Restrepo, Historia de Colombia, T. I.

22   2 Blanco y Azpurúa, Doc. T. I, p. 210.

23   Esta autoridad no tenía gran importancia pues la fuerza militar que existió en Venezuela fue siempre muy escasa. El primer batallón veterano, se creó en 1768 para guarnecer a Caracas, Puerto Cabello y La Guayra, y en 1771 se mandaron a organizar cuerpos de milicia en la capital de la provincia, en los Valles de Aragua y en Valencia. Hasta en la última década del siglo XVIII no se organizan compañías sueltas en algunas provincias y cabezas de distrito; fuera de las pequeñas guarniciones que existían en las fortalezas de Maracaibo, Puerto Cabello, La Guayra, Morro de Barcelona, Cumaná, Araya y Los Castillos de Guayana.

24   V. Baralt, Historia antigua de Venezuela, T. I, Solórzano, Política indiana, Libro V, cap. X, Groot. Historia civil y eclesiástica de la Nueva Granada, T. I, cap. V. De las cuales obras extractamos estos datos. El juicio de Residencia es de origen italiano y estaba establecido en la mayor parte de las

repúblicas de la edad media, bajo el nombre de "Sindicato"; fue adaptado por Alfonxo X. Véase GounonLoubens, ob. cit. cap, VIII, "La surveillance". En Caracas fueron muy frecuentes estos juicios como puede verse en los numerosos expedientes que existen en el Archivo General, y cuyos índices están publicados en el Boletín del Archivo, por su actual y competente Director doctor Vicente Dávila, Académico de la Historia.

25   Ni siquiera tenían el libre nombramiento de Secretario de Gobierno. En una comunicación de D. Vicente Emparan a la Junta Suprema de Sevilla, fechada en Caracas el 9 de marzo de 1809, se lee lo siguiente: "El Secretario D. Pedro Ortega está ya condecorado de Comisario Ordenador; ya no ama el trabajo; a él le conviene su retiro y a mí me conviene por el buen servicio que se retire. En su lugar podrá entrar, si es del agrado de V.M. el Capitán D. Diego Vallenilla, que justamente merece mi confianza porque en doce y medio años que sirvió a mis órdenes en la Secretaría de Cumaná, además de otros muchos que ya había servido, le hallé fiel, laborioso, secreto, juicioso y honradísimo oficial. Archivo del Min25isterio de Estado. Madrid. Copia tomada por el Dr. Rízquez.

26   Coroleu, América. Historia de su colonización, dominación e independencia, T. I.

27   La centralisation, p. 51.

28   Humboldt, ob. cit., T. IV, p. 171.

Capítulo segundo

LA CIUDAD COLONIAL

ORÍGENES CASTELLANOS[28]

I

Se le ha criticado a España que aún después de más de un siglo de la Conquista, todavía no estuvieran bien definidas las divisiones territoriales en sus dominios de América, sin observar que igual cosa sucedía en la Península para aquella época, pues por largos años sólo existieron, sobre todo en Castilla, las grandes divisiones naturales y las que fueron establecidas por las necesidades de la sociedad o por los intereses del Gobierno. Todavía en el siglo XVI las divisiones más importantes estaban determinadas por las circunscripciones de orden eclesiástico, no sólo a causa de su antigüedad y de su estabilidad casi inalterable, sino por el poder de que gozaban los Obispos, poseedores de grandes riquezas y de numerosos vasallos, y uniendo a la autoridad espiritual la administración de la justicia civil y criminal en un gran número de circunstancias. Inamovibles como eran, ejercían un derecho de supervigilancia y corrección sobre los magistrados civiles que eran generalmente de corta duración, y por lo tanto tenían los Obispos una influencia superior a cualquiera otra sobre los habitantes de su diócesis. La intervención de la Iglesia en la vida social era en esta época tan activa y obraba con tanta fuerza sobre el espíritu de los pueblos, que la diócesis era la única verdaderamente estable e inquebrantable de todas las circunstancias territoriales. Tanto era así, que los comuneros de Castilla en 1520 pretendieron hacer de la diócesis la base del nuevo orden político por el cual luchaban.

Menos definidas estaban las circunscripciones en el orden puramente civil y ninguna de las llamadas provincias estaban constituidas en cuerpos o sociedades políticas, no teniendo la mayor parte de ellas límites bien determinados excepción de las Provincias Vascongadas, las cuales "merced a su pequeñez tanto como el carácter firme y enérgico de sus habitantes, lograron darse una constitución propia, reafirmando su independencia, precisamente en la época en que las otras comunidades perdían la suya".[29]

Igual cosa sucedió en América, donde las Provincias no fueron, sobre todo en los primeros tiempos, sino simples circunscripciones gubernativas, sin límites precisos y casi sin ninguna influencia en las relaciones de sus habitantes.El término de provincias se aplicó desde los primeros tiempos a cualquiera de las concesiones que el Rey hacía a los conquistadores y pobladores para establecer su dominio en las vastas regiones del Continente.[30] Así vemos por ejemplo que se da el nombre de "Provincia de Venezuela" al comienzo de la conquista, a una gran parte de nuestro territorio que se extendía por el norte, desde un punto indeterminado de la costa de Cumaná hasta el Cabo de la Vela;[31] que igual nombre se emplea por el Emperador Carlos V en la capitulación con los alemanes Enrique Ehinger y Gerónimo Sayler; que del mismo modo se empleó en la de Diego Fernández de Serpa, cuando vino a fundar en las orillas del río Neverí la ciudad de Santiago de los Caballeros para que sirviese de capital a las "Provincias de Píritu, Cumanagoto y Chacopata"; y el Dr. Don Juán de Urpín, cuando se daba a sí mismo el título de Conquistador, Poblador y Capitán General de la Provincia de

Cumanagotos.[32] No fue sino dos siglos después del descubrimiento cuando el término de Provincia tuvo una significación más precisa, comenzando a destacarse en el territorio de la actual República las Gobernaciones de Venezuela o Caracas, de Nueva Andalucía o Cumaná, de Mérida o Maracaibo, de Guayana y mucho más tarde de Barinas. Las islas de Margarita y Trinidad, como hemos visto, fueron consideradas siempre como gobernaciones independientes.

Pero estas Provincias, con gobernadores nombrados directamente por el Monarca, hombres completamente extraños a estos países, no eran las que representaban la verdadera unidad administrativa y política del régimen colonial. Aquellas divisiones, sobre todo en los países donde por largos años no existieron Audiencias, apenas representaban un papel secundario en las relaciones sociales de los diversos grupos de población.

Como en España, la división esencial era otra; y es esta la que debemos estudiar para darnos cuenta exacta de la evolución y del funcionamiento de las instituciones coloniales, que constituían la esencia íntima de las costumbres y de los instintos políticos del pueblo español para la época de la Conquista y de la Colonización. El elemento fundamental de esta división estaba en la comunidad, que en Castilla tomó el nombre de Merindado de Partido y que aquí se llamó también Partido, Ciudad o Distrito Capitular y algunas veces con más propiedad Jurisdicción, porque lo que mejor la caracterizaba era la unidad del poder judicial.

Inútil parecerá a los que creen todavía en la influencia absoluta de las Constituciones de Papel, solicitar en la Madre Patria y en la Colonia el origen y fundamento de la verdadera evolución política de nuestra América: pero nosotros nos atenemos absolutamente, al concepto que hoy prevalece en el estudio del desarrollo de las sociedades, partiendo del principio de que "una nación poderosa —como dice C. Ellis Stevens— deja siempre su sello sobre el espíritu de sus subditos o ciudadanos, y forma o modela en cierto modo sus opiniones políticas. Es sin duda por esta razón que, como lo demuestra la Historia, el desenvolvimiento político de las colonias de una nación dada, ha pasado invariablemente por formas similares a aquellas que se hallaban predominantes en la Madre Patria".[33]

La observación de este fenómeno ha hecho posible a algunos sociólogos, asimilarlo a la ley biogenètica fundamental llamada de Haeckel "la ontogenia es una recapitulación de la filogenia", es decir, que el desenvolvimiento del individuo es una rápida repetición de toda la evolución de la especie, un corto de la cadena infinita de sus antepasados[34]. Así, las colonias reproducen necesariamente, en una forma más reducida y rápida, toda la evolución social y política de las madres patrias: sin dejar de tomar en cuenta los diversos elementos que producen modificaciones esenciales, tanto en el organismo individual como en el organismo social, obedeciendo a otras leyes biológicas.

II

La preponderancia de las ciudades fue el rasgo distintivo de la antigua constitución castellana y se estableció casi espontáneamente cuando los cristianos reconquistaron su territorio. Bien conocidas son Valas enormes dificultades de esta restauración. Los árabes invadieron la Península sin esfuerzo y casi de un solo golpe, en tanto que fueron menester algunos siglos y muchos sacrificios para arrojarlos de España. A medida que los principes cristianos se iban apoderando de las ciudades establecían en ellas colonias militares que venían a ser centros de resistencia contra los retornos ofensivos del enemigo, y hogares donde se organizaban nuevas empresas. El primer acto de ocupación era la división de las propiedades; las casas de la ciudad y una porción de las tierras se distribuían entre los miembros de la familia real, la Iglesia, las órdenes militares, los jefes y soldados del ejército, y todo aquel que se comprometía a fijar en ella su domicilio, todo el resto formaba el dominio inalienable de la comunidad[35]. Caídas así las ciudades bajo el dominio cristiano, obligadas estaban a mantenerse constantemente con el arma al brazo, tanto para defender su territorio, como para enviar al principe, durante una época del año, un contingente de tropas que ellas debían sostener, fue en recompensa de estos sacrificios, como las ciudades adquirieron paulatinamente no sólo inmensas propiedades, el derecho de jurisdicción y una cuasi soberanía sobre todo el territorio que ellas eran capaces de proteger. Así se constituyeron las comunidades en el curso del tiempo, compuestas de una metrópoli (ciudad o villa) y de un territorio poblado de burgos tributarios (villas y aldeas) sometidas al Concejo, consistorio o cabildo secular del cual dependía todo el régimen económico de la comunidad: la tasa de los géneros y de la mayor pane de los objetos comerciales, el establecimiento de la sisa o de otras contribuciones municipales, la tarifa de los derechos de justicia, los reglamentos relativos al uso así como a la conservación de las tierras comunes, atribución ésta de la mayor importancia en un país en que dominaba la agricultura pastoril. Los cabildos subalternos tenían la facultad de hacerse representar en el Concejo sin que sus mandatarios tuviesen voz deliberativa: sólo podían protestar contra los actos que no hubiesen aprobado, o apelar a la autoridad real sí lo juzgaban necesario.

La Comuna con todas estas atribuciones se asemejaba un poco a una sociedad leonina, pero estaba sólidamente constituida. Indepe3n6diente de toda otra circunscripción, en relaciones directas con el Monarca,36 dominando poblaciones sometidas desde hacía largo tiempo a las mismas leyes y a los mismos tribunales y teniendo los mismos intereses, poseía una existencia individual perfectamente definida. Anterior a la monarquía o su contemporánea estaba asociada con ésta en vinud de un contrato en donde se estipulaban deberes y derechos recíprocos y que la hacían tan legítima y tan indivisible como la monarquía misma. El derecho que reglaba la sucesión de la Corona, garantizaba la perpetuidad de la existencia comunal y la inalienabilidad de su territorio.

Organizado de este modo el régimen municipal, y ocupados los reyes en sus empresas militares, dejaron a las comunidades, que ellos fundaban o que se creaban por sí mismas en territorios conquistados a los árabes, la libertad de dirigir su administración interior, otorgándoles cartas pueblas y franquicias que fueron en la Edad Media española "germen fecundo de proezas guerreras y de actividad industrial".

En estas Cartas Forales estaban preceptuados los deberes de los habitantes respecto del Soberano, es decir: la contribución real y el servicio militar; enumeraba los derechos y los privilegios de que debían gozar las diferentes clases del pueblo, ya en el interior de la Comuna o en otras partes del reino, y confería en fin a la comunidad, representada por Magistrados electivos, el derecho de administrarla y de ejercer la jurisdicción civil y criminal, a excepción de los llamados casos reales y de aquellos cuyo conocimiento correspondía a los tribunales de la Corona.

A estas disposiciones fundamentales que se hallan en casi todos los fueros de la Edad Media, se agregaban algunas veces leyes civiles, criminales y rurales derogando regularmente las leyes góticas que entonces formaban el derecho común del reino.

Hasta fines del siglo XIV, los reyes, los señores y los dignatarios de la Iglesia, continuaron otorgándoles fueros a las comunidades de sus dominios o confirmando los que ya existían, e introduciendo en ellos las modificaciones que solicitaban los pueblos o reclamaban las circunstancias.

En virtud de estas concesiones que al principio fueron puramente graciosas, pero que más tarde, por su duractón, se convirtieron en contratos respetables, alcanzó el poder municipal castellano una independencia de que no hubo ejemplo en el resto de Europa. Pero la interminable guerra con los moros iba aumentando paulatinamente el poder real, porque el príncipe unía al mando militar los medios de multiplicar al infinito sus liberalidades. Otra causa vino a secundar el progreso de la autoridad real, y fue la influencia de los legistas, tanto más poderosa cuanto que se manifestaba bajo apariencias protectoras, y en ocasiones hábilmente escogidas. Los reyes de Castilla, todavía semibárbaros, se dejaron persuadir por los consejos de los legistas, de que poco provecho representaba a la Corona el Reino, si no extendía al mismo tiempo su autoridad sobre los territorios conquistados, y que el mejor medio de alcanzar este objeto era elevar por sobre el derecho foral, una legislación uniforme de la cual serán los reyes los dispensadores e intérpretes.

Alfonso X ensayó en dos ocasiones con varia fortuna establecer esta legislación general para todo el reino; primero publicando el fuero real que logró imponer a ciertas comunas y que no tardó en ser recibido por todas ellas como cuerpo principal de leyes civiles, y más tarde haciendo compilar el Código de las Partidas, que al contrario fue rechazado por la opinión pública y permaneció por mucho tiempo sin uso y sin valor legal. Pero este Código que tan bien servía a los intereses de los legistas y tan de acuerdo estaba con los principios que ellos habían trasplantado de Italia, tuvo necesariamente que prevalecer con el tiempo. Alfonso XI logra desde 1348 imponerlo a las Cortes de Alcalá, mediante algunas modificaciones que fueron de urgente e imprescindible necesidad, como complemento del fuero real y de las ordenanzas que él mismo publicó entonces, y de los fueros municipales que permanecían en vigor en tanto que no colidieran con el nuevo derecho que se pretendía introducir.

Sucedió, pues, que los fueros municipales, únicos que los pueblos conocían, a los cuales estaban habituados y que podían conservar y desenvolver según los progresos naturales de su existencia social, fueron subordinados a leyes de que no conocían ni la fuente, ni el sentido, ni el alcance, produciendo en esta sociedad todavía naciente, una complicación que no podía servir sino a los intereses de los legistas. Al favor de esta legislación improvisada, los relatos de casos reales que habían sido una rara excepción se hicieron más comunes; y los tribunales de la Corona, que eran los encargados de juzgarlos, redujeron las justicias municipales a un papel sumamente subalterno.

III

Una revolución de otra naturaleza se realizaba al mismo tiempo en la administración interior de las ciudades: organizadas las comunas según el principio electivo, sufrían a cada paso las turbulencias y la inestabilidad propias de esta forma de gobierno. La disputa de los magistrados provocaba frecuentes conflictos entre las clases o entre los partidos en que se dividían estas pequeñas repúblicas; familias poderosas colocadas al frente de las facciones comprometían el reposo público y se oponían al establecimiento de una libertad ordenada. La autoridad real hubiera podido reprimir los desórdenes que sobrevenían lascomunas, corregir los vicios de sus instituciones y castigar rudamente a los malos ciudadanos que se aprovechaban de ellos para perturbar el orden público; pero no lo hizo así, y prefirió alterar la constitución en un sentido que consideró el más favorable a sus intereses. Resolvió desde luego arrebatar a las comunas el derecho de elegir sus magistrados y sus concejos, reemplazando los primeros por oficiales reales y los otros por corporaciones cuyos poderes emanasen únicamente del monarca.

Pero no fue ésta muy fácil empresa, y hubo menester de dos siglos de lucha para realizarla; los pueblos conocían sus derechos y sus intereses, estaban celosos de ellos, y se hallaban dispuestos a hacerlos respetar. Esta revolución iniciada en el siglo XIII bajo el reinado de D. Sancho IV, continuaba todavía con los Reyes Católicos, que la terminaron al fin con todo el tacto y la tenacidad que caraterizaron sus empresas.

Pero antes de su reinado otro cambio de suma importancia se había realizado en la Administración municipal. Cuando la Corona se arrogó el derecho de nombrar los consejeros o regidores de las comunas, dejó de observar los fueros o las costumbres que fijaban el número de ellos, Y como el tesoro real andaba casi siempre exhausto, se apeló el recurso de vender los cargos municipales, que lógicamente se multiplicaban a voluntad. Las personas que se los habían comprado tuvieron la pretensión de disponer de ellos libremente; pero como el título era solamente vitalicio y la

Corona no quería enajenar de un modo absoluto una prerrogativa conquistada penosamente, se dispuso que el titular no podía disponer de su cargo sino en el caso de que sobreviviera algún tiempo después de haber designado su sucesor y obtenido su aceptación. Con esta singular combinación que tenía por objeto evitar la herencia de los cejiles, no consiguieron sino disfrazarla, dando así lugar a mil artificios; y como lo que interesaba a la Corona era que la venalidad no quedase suprimida, la herencia prevaleció en el hecho, por más que el Rey aparecía conservando el derecho de confirmar o de anular la cesión del oficio[37].

Inútiles fueron todos los esfuerzos para desarraigar esta costumbre, y las ciudades continuaron gobernándose con cierta libertad, casi sin la intervención de la Corona, hasta el advenimiento de los Reyes Católicos. Fue entonces cuando la necesidad de fortificar el Estado reconcentrando el poder, inspiró el nombramiento de Magistrados reales que bajo la denominación de corregidores, presidían el concejo y ejercían la autoridad judicial y ejecutiva. Esta revolución tan favorable a la Corona no fue precisamente la obra de la fuerza; la autoridad real no había abatido poderes regulares y obedecidos; se había sustituido a la anarquía, ejerciendo una usurpación que es siempre legítima, pues siendo el orden la primera necesidad social, el derecho y el poder corresponden a aquel que dispone de la fuerza necesaria para imponerlo y mantenerlo. Eso dice la historia. España rebosaba entonces de una multitud de malhechores, de vagabundos, de mendigos que formaban como una nación aparte, con sus leyes, sus creencias, sus costumbres, y poseídos de ese espíritu de secta que nace de los odios comunes y de la necesidad de defenderse mutuamente contra la persecución de la justicia. Y como las comunas carecían de las fuerzas suficientes para sostener la lucha contra este ejército de bandidos, que hacían la guerra a los ciudadanos, la Corona tenía que intervenir a cada paso por medio de la Santa Hermandad, para reprimir el desorden.

Y sucedía que mientras los truhanes se entendían a maravilla para hacer la guerra a los pueblos, éstos vivían en la mayor discordia. Las costumbres no se habían aún dulcificado: cada quien no contaba sino con sus propias fuerzas, antes que con la protección de las leyes, y la ferocidad de los hombres era mantenida por el viejo fermento de las facciones municipales. Un pueblo que había vivido siempre en guerra debía tener como rasgos principales de su carácter la crueldad y la violencia, y era imposible que se mantuviera dentro de los límites de la libertad ordenada. "Las ciudades populosas, estaban llenas de hombres pendencieros, paseantes, tramposos, mujeriegos dispuestos a exhibirse en cuanto olfateaban la carne.

"Estos pícaros tenían una importancia real en la vida de la época: comían a costa de los cortesanos y bebían de la generosidad de los grandes señores, de cuyas venganzas se encargaban; llevaban encerado el mostacho, el sombrero con grandes alas, coleto de ante, medias de color, un lazo en las ligas, y larga tizona. El Marqués de la Favara no salía nunca sin una cuadrilla de hasta veinte rufianes, bien armados de pistolas, en disposición de romperles los huesos a todos los transeúntes; el Duque de Pastrana empleaba una docena de estos hombres, que cortaban las narices a cuantos le desagradaban a su paso, y aun a los oficiales".[38]

Esta vida de agitaciones hacía necesaria la intervención de los agentes del Rey, y la más penosa obligación del Corregidor era la de contener los bandos y castigar a los bandidos, aunque casi siempre sin éxito, porque como los jefes de partido eran señores titulados que no reconocían otro superior que al mismo Monarca, tenía que limitarse a informar secretamente al consejo real y permanecer entre tanto en la impotencia. En la mayor parte de las comunas los habitantes estaban divididos en tribus, según sus relaciones de familia, que tenían buen cuidado de sostener en sus más lejanas ramificaciones. Estas pequeñas asociaciones maniobraban como un solo hombre, pero como un hombre inmortal, como dice Loubens, porque "al espíritu de partido se unía el lazo hereditario de la parentela".

IV

Juzgando al primer golpe de vista, parece que el poder municipal, desnaturalizado por la venalidad de los cargos de regidores y disminuido por la privación del derecho de justicia a causa de la intervención de las autoridades reales, llegaría a perder completamente su preponderancia. Y no fue así. Muchas causas contribuyeron a preservarlo de una completa desaparición. Como las comunidades formaban, según hemos dicho, la única división administrativa del reino —de modo que España no podía considerarse entonces sino como una federación de comunas cuyo único vínculo era el monarca—, y eran muy pocas las que tenían grandes ciudades por metrópolis, el gobierno podía confiar en éstas los puestos de corregidores a personajes de importancia; pero en la mayor parte estaba obligado a hacerse representar por agentes que derivaban todo su valer del empleo que ocupaban, obtenido generalmente por compadrazgos con algún favorito, y no tenían otras miras que el lucro, sin detenerse en los medios. "Siendo el mejór de ellos peor que el cambrón, y el más recto, más repelador que la zarza espinosa que cerca el sembrado". Sus funciones eran de muy corta duración e inspiraban a la

Corona muy poca confianza, pues lejos de dominar las facciones, no hacían sino exasperar con sus procedimientos el espíritu localista de los pueblos. Los municipios, por otra parte, tenían una estrecha relació con las Cortes; y esto obligaba a la Corona a tratarles con ciertos miramientos, sobretodo por el voto de las contribuciones; pues aun habiendo obtenido el consentimiento de aquellas asambleas, había siempre necesidad ele alcanzar el de las comunidades so pena de tropezarse con obstáculos que podían llegar hasta hacer imposible su recaudación. El Rey, además, no podía contar con el ejército como medio regular de gobierno, pues era poco numeroso y estaba diseminado en las fronteras o andaba por el extranjero; y para sostener su autoridad se veía obligado a apoyarse en los jefes de las facciones municipales, ya que sin su concurso, le habría sido imposible hacer ejecutar medidas opresivas o simplemente desagradables para los pueblos. El primero y más constante principio de la política real fue, por consiguiente, el de ganarse a las ciudades, tanto por medio de consideraciones y de honores que halagaban la vanidad de los magistrados como por beneficios efectivos. Existía un constante cambio de relaciones entre el príncipe y las comunas.

A ellas se dirigían los reyes a su advenimiento para hacerse reconocer y proclamar como soberanos legítimos, y cuando deseaban obtener socorros pecuniarios, contingentes de tropas, o una simple adhesión a su política. Al morir Isabel, Fernando se apresuró a exigir de las ciudades la ratificación del testamento de 3l9a Reina y las actas de las Cortes que le conferían la administración del reino.[39]

Al desembarcar Carlos V en España anunció su llegada a las municipalidades[40]. Provocado en duelo por Francisco I, les informa sobre este peregrino negocio, y sobre su resolución de exponer su vida por la salud de sus pueblos y por el reposo de la cristiandad: las ciudades respondieron "con testimonios de una religiosa fidelidad, y suplicaron al emperador exponerlo todo, antes que exponer su persona".[41]

Presto a embarcarse para la expedición de Túnez en 1535, el mismo Carlos V, hizo saber a las ciudades sus proyectos, ordenándoles obedecer en su aus4e2ncia a la emperatriz reina, a quien dejaba el poder de gobernar en su lugar.[42]

Felipe II continuó religiosamente esta tradición; y para no citar sino un solo caso, recordaremos que cuando humillado y violentado por las locuras de su hijo, el desgraciado Príncipe don Carlos, se decidió a tratarle con aquel rigor excesivo que relata la historia[43], no faltó al deber de anunciar a las comunas las medidas que creyó deber adoptar respecto al heredero de la monarquía. Difícil era responder a esta equívoca comunicación, que presagiaba, tratándose de aquel sombrío personaje, un fin funesto. "Tan peligroso era responder como callarse, y el rey, que examinó cuidadosamente todas las cartas que había recibido, observó que la de la ciudad de Murcia estaba escrita con una prudente reserva"[44].

Cuando las comunas querían obtener algún privilegio, solicitar alguna gracia, hacerse otorgar justicia, quejarse de la conducta del corregidor o protestar contra alguna medida fiscal que hiriese sus intereses, o influir, en fin, de algún modo sobre las resoluciones del gobierno, "enviaban sus comisio4n5ados a la Corte, donde eran tratados a la par de los embajadores extranjeros".[45]

Prerrogativa ésta que daba a las ciudades una especie de participación en la soberanía, más aparente sin duda que real, pero que reflejaba una alta consideración sobre las corporaciones municipales y daba a sus miembros una idea exagerada de su importancia.

Si la ciudad, con su derecho de elección había perdido una gran parte de su independencia, los regidores, al contrario, habían aumentado su autoridad, con toda la diferencia que existe entre un mandato temporal y una función perpetua. Todo el mundo, por esa causa, se esforzaba en pertenecer a esta corporación; en tanto que aquellos que la componían, celosos de sus prerrogativas, luchaban por no admitir nuevos colegas. En la Edad Media, así en España como en Francia, las asambleas municipales estaban compuestas por un número igual de plebeyos y de hidalgos, y en la época a que nos referimos, el derecho escrito no había sufrido ninguna alteración[46].

Pero en la práctica sucedía, que cada comuna se sustraía a la ley, y en los cabildos prevalecía por completo la una o la otra clase, según fuera la preponderancia que hubiesen alcanzado. Existían muchas ciudades en donde los hidalgos, estando en minoría se habían dejado excluir de todas las funciones municipales; llegando al extremo de reducírseles a la condición de pecheros, con el pretexto de que su nobleza no estaba comprobada, o en espera de que lo fuese. Los cuadernos de las Cortes dan fe de esta singular opresión ejercida por la clase privilegiada sobre la que no lo era.[47]

Desde el momento en que los Regidores, ya fuesen hidalgos o tallables, se habían apoderado de sus puestos, se atribuían en la mayor parte de las comunas el derecho exclusivo de estatuir sobre todos los negocios municipales, a pesar de los esfuerzos de la autoridad real para disminuirles sus atribuciones. El pueblo, por su parte, luchaba también por conservar su antiguo derecho representativo y enviaba al Cabildo sus síndicos o procuradores elegidos por las diferentes clases y gremios según las formas consagradas por la costumbre o las ordenanzas de cada comunidad. Estos funcionarios, a manera de tribunos, obraban en nombre y por autoridad del pueblo o de la corporación o gremio que los elegía, vigilaban la conducta de los regidores, asistían a sus deliberaciones, tenían la facultad de protestar contra las disposiciones que a su juicio fuesen perjudiciales al interés público, y la de apelar judicialmente ante la autoridad superior, es decir, ante el tribunal mismo del Corregidor.

V

Tal era el estado en que se encontraban las instituciones municipales en la Península, cuando comenzaron a fundarse los primeros establecimientos coloniales de la América. Puede decirse que era entonces cuando el absolutismo comenzaba a extender paulatinamente sus funestas raíces; y el hombre de guerra, con talento para el mando y vigor para el combate, y quien representaba el ideal del pueblo español, iba viéndose pospuesto por secretarios diligentes y oficinistas dóciles y humildes, para los cuales reservaba Felipe II sus favores "a tiempo que huía de la viril familiaridad del soldado". Era imposible que aquel puenblo, profundamente individualista, habituado a tratar al Rey como a su igual, y a fincar su arrogante superioridad en el valor, viniera a caer de repente, por la sola voluntad de un hombre, en la más baja abyección. La psicología no acepta estas bruscas transformaciones.

El carácter igualitario del pueblo español, "dotado, además, de cierta ferocidad nativa que había hecho su grandeza", se reflejaba no sólo en los municipios, que constituían según se ha dicho ya, como entidades autonómicas, donde casi toda la ciase entera del pueblo, habitantes del campo y de las ciudades, habían obtenido derechos civiles y hasta una independencia política que supieron conservar por muchos siglos, "sino en el ejército mismo, de donde salieron los conquistadores y los primeros pobladores de América". Los tercios españoles no se componían de soldados mercenarios, ni las jerarquías provenían de limpieza de sangre: "entre la soldadesca, decía el Duque de Alba, no la sangre sino el soldado que está más adelante".[48]

La plaza de soldado era una propiedad de que no se podía disponer sino condena; no había licenciamiento ni retiro, el soldado sentía el mismo pundonor e inspiraba el mismo respeto que el oficial: muchos soldados eran antiguos oficiales; veíanse en las filas ora capitanes reformados, ora maestres de campo y letrados caídos en desgracia, bien caballeros de órdenes militares…[49] El valor podía dar al soldado reputación tan gloriosa como a un general; uno de los héroes populares de los romances, Alfonso de Céspedes, era un soldado raso… Cuerpos tan selectos en que tenían a mucho honor sentar plaza los más nobles y bravos de la nación, habían de merecer bien del Rey; Carlos V no faltaba al deber de conocer sus tercios y sus virtudes militares, apreciando en tales hombres la ruda altivez, y hasta se hizo inscribir como simple soldado en la compañía de Don Antonio de Leiva, su mejor capitán.[50]

El sentimiento de superioridad que tal organización inspiraba se revela más que todo en la arrogancia con que el más ínfimo soldado se dirigía al Rey[51]. La tan conocida carta de Lope de Aguirre a Felipe II, no es una singularidad en aquellos tiempos, ni la obra de un loco, ni mucho menos que, prevalido de la distancia, asumiera el cruel tirano aquel tono altanero e insultante para con el Monarca. Muchos otros hicieron lo mismo en la propia España; y en los Documentos Inéditos de Torres de Mendoza se hallan algunas cartas semejantes, en que soldados oscuros pueden dar ejemplos de altivez y de valor civil a los modernos republicanos y demócratas de Hispanoamérica, que tanto se huelgan en declamar contra el despotismo y la abyección del pueblo español en los tiempos a que nos referimos, echando los eclipses de virtudes civiles a nuestros progenitores peninsulares, sin tomar en cuenta las poderosas influencias étnicas y mesológicas que han determinado nuestra evolución política.

En 1562, época en que fueron más frecuentes las emigraciones a la Costa Firme, como que todavía estaba viva la leyenda del Dorado, escribía a Felipe II un oscuro capitán de nombre Barahona:[52] "¿Qué puede ser que siendo los Españoles de su natura, la gente más robusta, más belicosa y más codiciosa de honra de todas, la vemos ahora la más amiga de holgarse? Yo vos diré. Hanse quitado la honra y el premio a los valientes y dádola a los viciosos y cobardes. Nunca más desearon honra los españoles que ahora, pero viendo que no anda ya con la virtud, buscándola con los vicios, pintándose, procurando favor y huyendo de los peligros, no se les da nada de hacer faltas. Cuando Dios quiere castigar a un pueblo, priva de juicio a sus gobernadores. No he visto escribano, ni bachiller, ni hombre que tenga oficio de V.M. o trate en su real hacienda, que no se haga rico con ellos en dos días y que no deje mayorazgo o renta a sus hijos, aunque haya gastado en la vida tres doblado el sueldo que V.M. le dio. Al contrario, no he visto un soldado que deje una sábana con qué enterrarse cuando muera. ¿Quién echó los moros de España? ¿Quién descubrió las Indias? ¿Quién ha ganado los Estados de Italia y defendido los de Flandes? Por cierto no el bachiller con sus párrafos, ni el escribano con sus plumas, ni aún los galanes con sus invenciones". De este temple fueron los conquistadores y pobladores de América. Su rudeza, su valor arrogante, su intenso amor propio, sus instintos profundamente igualitarios eran aún los mismos de aquellos fieros castellanos que en las behetrías tenían por Señor a quien bien les hiciere y respetase sus libertades,[53] y de los aragoneses que non facían al rey sino después de haberle arrancado el juramento "de guardar y respetar sus fueros e preminencias, e si non non".

Todavía, cuando comenzó la colonización de América, los españoles conservaban el sagrado patrimonio de su derecho representativo en la institución de las Cortes, que no eran en definitiva sino la asamblea de las ciudades o municipios, la mayor parte de los diputados a estos cuerpos eran escogidos por la suerte entre los miembros del consejo de la comuna, no obstante que en ciertas ciudades existían usos diferentes. En Soria y Valladolid el derecho de representación correspondía a las clases linajudas, es decir, a cierto número de familias nobles que descendían de un autor común[54]. En Granada, en Toledo y en Sevilla, los diputados eran escogidos, uno entre los regidores y otro entre los jurados que formaban una parte subordinada de la representación municipal. Había otras ciudades en que los diputados eran nombrados por escrutinio ya en el concejo, ya entre los hidalgos; y en otras sucedía que todos los hidalgos eran llamados por turno a la diputación. A pesar de estas diferencias en el modo de la elección, los regidores, es decir, los miembros de las municipalidades constituían la gran mayoría de la asamblea de las Cortes.[55]

Pero hay que hacer notar que como las cargas municipales desde que se hicieron vendibles, habían caído en manos de las familias aristocráticas, la gran mayoría de las Cortes estaba compuesta por hidalgos u otras personas de condición análoga, ya fuesen elegidos por las municipalidades o por cierta clase de ciudadanos. Mas cualquiera que fuese la fuente de su elección, el elegido asumía siempre el carácter de representante de la ciudad; de manera que las Cortes, excepción hecha de los prelados y señores titulados, no fueron durante mucho tiempo sino la representación de las ciudades a quienes los diputados debían su elección.

VI

Cuando la torpeza y la mala fe de los consejeros de Carlos V, y el poco conocimiento que este Rey extranjero tenía de las costumbres españolas, provocaron la violenta oposición de las Cortes en 1520, y poco después el levantamiento de las comunidades, ahogado en sangre en Villalar, por todas partes se levantó la voz de las ciudades para pedir la supresión de los abusos que se habían introducido en la representacic'm nacional. Las Cortes pidieron que se dejase a las ciudades el derecho de dar a sus diputados los poderes que ellas juzgasen necesarios y que el gobierno se abstuviese de imponerles sus decisiones: que bajo pena de muerte se prohibiese a los diputados aceptar para sí o para sus parientes empleo o favores de la Corona, que sus dietas fuesen pagadas por sus respectivas comunas, y que en el plazo de cuarenta días después de clausuradas las sesiones, se les obligase a rendir cuenta de su mandato ante las ciudades que los habían nombrado.56 La junta de Tordecillas adoptó el mismo programa, reclamando además, que las Cortes pudiesen reunirse cuando a bien lo tuvieren sin expresa convocatoria del Monarca, con el derecho de deliberar libremente sin la intervención de ningún presidente o comisarios nombrados por la Corte.

Como nuestro objeto no es sino el de estudiar lo más sintéticamente posible el régimen político de España para darnos cuenta exacta de los instintos políticos y de las tradiciones que trajeron e implantaron en estos países los conquistadores y colonizadores, prescindimos en obsequio de la brevedad, de muchos otros detalles demostrativos de que no fueron de abyección ni de completa barbarie aquellos tiempos en que la Madre Patria echó en América los fundamentos de nuestras nacionalidades. Yerran quienes han pensado que los colonos declarados independientes en 1810, carecían de tradiciones de libertad y de derechos civiles hasta el punto de verse obligados a copiar leyes y sistemas de países extraños, libertades y derechos que desgraciadamente han tenido largos eclipses en las repúblicas hispanoamericanas. Repetimos que cuando comenzó la conquista y la colonización los españoles no se habían aún resignado al despotismo de los reyes austríacos, hablaban contra él con la altivez y la rudeza que son características de la raza.

Ni las Cortes ni las ciudades que en ellas estaban representadas, consideraban al príncipe como a un amo, sino como al primer magistrado del reino, no temiendo darle consejos sobre su conducta personal, sobre la de su familia, y hasta sobre la economía de su casa. Muchas veces rogaron las Cortes a Carlos V y a Felipe II, residir siempre en España, no enajenar el dominio de la Corona, organizar la casa real de acuerdo con las costumbres de Castilla y moderar los gastos, "de tal modo excesivos, que habrían sido suficientes para la conquista de un reino".[57]

Recordando los recientes desórdenes que habían provocado la incertidumbre en el derecho de sucesión al trono, precisaron al Emperador a casarse, recomendándole una Princesa portuguesa tanto por sus conveniencias personales como por razón de Estado.[58] Todavía era un adolescente el Príncipe Don

Carlos, cuando las Cortes de 1558 pidieron que se le declarase heredero del trono con las solemnidades habituales y que apresurasen su matrimonio.[59] Entre las más importantes atribuciones conservaron siempre las Cortes la de intervenir libremente en la administración del erario, votando las contribuciones públicas y "no haciéndolo jamás sin prescribir al gobierno condiciones muy precisas a fin de hacerle menos temerario y más económico con los dineros públicos".

Cuántas veces el mismo Felipe II, antes de obtener subsidios de las Cortes se vio en el caso de repetir el juramento que lo obligaba a respetar los fueros, y soportó condiciones por él mismo consideradas "como humillantes a la majestad real". Así lo confesó al embajador de Francia.[60] En el otoño de 1563, tuvo el Rey que plegarse a las pretensiones de las Cortes de Monzón que representaban a Aragón y a Valencia. El 13 de setiembre abrió personalmente la primera sesión llevando levantada en la mano "la desnuda espada, símbolo de autoridad, que allí llaman verdugo"; pero no se mantuvo por largo tiempo en esta actitud marcial; necesitaba un millón doscientos mil ducados de oro, y bajó la espada humildemente comenzando por disculparse de haber diferido por once años la reunión de las Corte. Las condiciones que éstas expusieron para atender a las exigencias del monarca, tendían todas a mermar su autoridad: pidieron que se excluyese a los castellanos de todo empleo retribuido en Aragón, pues eran mirados allí como extraños, y que se limitase la jurisdicción del Santo Oficio de la Inquisición, en el cual fincaba Felipe II todo su poderío, los casos de herejía sin permitirle intervenir en los asuntos políticos. "Os ruego que despachéis los demás negocios —contestó el Rey— y que dejéis éste para cuando yo esté en Castilla, donde resolveré lo que conozca sea necesario para el bien público. —No queremos dejarlo para Castilla —

replicaron otros—, y no pasaremos adelante sin que se haya proveído esto"[61].

Semejante audacia en unos súbditos; la necesidad de disimular su indignación y el temor de verse reducido a hacer concesiones para obtener el millón y los doscientos mil ducados, menoscabaron la salud de Felipe II, el cual sufrió allí su primer ataque de gota.[62]

Muy lejos de nosotros la idea de considerar estas notaciones, que tan en alto ponen el espíritu de independencia y libertad del pueblo español, como la gota común y afirmar que los hombres de todas las clases sociales y de todas las regiones de la monarquía participasen de iguales sentimientos. Si así hubiese sido, el absolutismo se habría tropezado con resistencias invencibles. Pero los tiempos eran todavía bárbaros y oscuros y por debajo de aquella oligarquía seleccionada, de la élite, que constituía aquellos cuerpos representativos, existía, como en toda comunidad humana y en una gran mayoría, "el mundo de los espíritus mezquinos, prácticos, envidiosos; dominados por los instintos populares, las vulgaridades del sentido común, las rudas reivindicaciones de la vida material".

Pero nadie podrá negar, que en los conquistadores y colonizadores de América y en las instituciones que ellos implantaron, existía vivaz aquel mismo espíritu de libertad a que estaban habituados en sus regiones nativas y sin las recientes cortapisas que el poder absorbente y centralizador de los reyes austríacos había ido oponiéndoles en la Península.

"España entera hasta el siglo XVI —dijo Montalembert en su libro postumo titulado España y la libertad— no fue más que una confederación de repúblicas más bien municipales que feudales, de las que los reyes no eran más que presidentes, teniendo cada una de sus leyes, usos y derechos, su espíritu y su existencia personal distinta. La vida estaba en todas partes y la independencia también; porque eran infinitos los centros de actividad que a la primera señal se convertían en centros de resistencia. Toda esta muchedumbre un tanto confusa de privilegios, de franquicias locales o personales formaban una de libertad, de valentía, de honor y de probidad común a toda España, y de que ninguna otra nación del Continente gozó por tanto tiempo ni tan completamente".

NOTAS

28   Este capítulo fue publicado en su version definitiva en Cultura Venezolana (Año 3. T. VI, 2N9 o. 17, septiembre de 1920), pp. 113 121.

29   Puede estudiarse minuciosamente la organización de las provincias vascongadas en Llorente, Noticias históricas de las tres provincias vascongadas, 5 tomos en 4o. Madrid. 1806, y en el Diccionario geog hist. de España, publicado en 1802 por la Real Academia de la Historia.

30   Los españoles tomaban en los primeros tiempos el término Provincia en el mismo sentido que los romanos, "Roma enviaba a uno de sus ciudadanos a un país, y hacía de este el país la provincia de aquel hombre, es decir su cargo o su empleo, su negocio personal: era el sentido de la palabra provincia en la antigua lengua. Al mismo tiempo le concedía a este ciudadano, el imperium, esto significaba que ella se deshacía en su favor por un tiempo determinado, de la soberanía que poseía sobre el país. Desde entonces este ciudadano representaba a su persona todos los derechos de la república, y, a este título era un amo absoluto. Fijaba el montante del impuesto, ejercía el poder militar y administraba la justicia". Fustel de Coulanges, La cité antique, p. 444. Véanse las capitulaciones de Carlos V, los alemanes Ehinger y Sayler, y las de Felipe II con Diego Fernández de Serpa. Doc. inéditos de Indias recopilados por D. Luis Torres de Mendoza. En las capitulaciones de Fernández de Serpa se lee: "...es nuestra voluntad que ahora, y de aquí en adelante para toda vuestra vida, seáis Gobernador y Capitán General de la dicha tierra y costa de la Provincia de la Nueva Andalucía, y los demás pueblos que en ella poblareis; y tengáis la nuestra justicia que en la dicha costa y tierra y población hubiere... y os hacemos merced con dos mil

ducados de quitación... los cuales habéis de cobrar y os han de ser pagados de los frutos y rentas que en las dichas tierras nos pertenecieren...".

31   El Rey establecía en muchas ocasiones la diferencia entre los términos provincia y gobierno: así dice, por ejemplo, en real cédula de 23 de setiembre de 1796: "Regente y Oidores de mi Real Audiencia de Caracas: En cumplimiento de lo que se ordenó a la de Santo Domingo por R. C. de 12 de abril de 1782, dio cuenta en veinte y cuatro de octubre de ochenta y cinco de la visita hecha de las dos Provincias de Nueva Andalucía y Barcelona comprendidas en el Gobierno de Cumaná". Archivo Nacional. Reales Cédulas, 1799.

32   Caulín, Hist. de la Nueva Andalucía.

33   Les sources de la constitution des EtatsUnis. Traducción francesa de Louis Vossion, París, 134897.

34   Rignaud, Les bases économiques de la constitution sociale...Traducción Bauchard, La transmissibilité des caractères acquis.

35   Esta fue siempre la condición esencial de las concesiones: "...E mando que ninguna persona non haya heredad en Toledo, si non quien morare en ella, vecino con su mujer e sus fijos". Fueros de Toledo según Ortiz de Zúñiga. Anales de Sevilla, Madrid. 1667. Cerca de cuatro siglos más tárde sucedía la misma cosa, como lo prueba la ordenanza dirigida por la reina Isabel la Católica a don Iñigo López de Mendoza, conde de Tendilla y Capitán General de la Villa de Alhama, fechada en Madrid el 20 de febrero de 1483; "...Vos doy licencia e poder para que repartáis las casas e heredamientos, e bienes que no estovieren repartidos fasta aquí... tanto que todo lo que así diésedes e repartiésedes sean con condición que aquellos a quien así fueren dados hayan de guardar e guarden la dicha vecindad, o en otra manera non gozen de las dichas casas e heredamientos más que cuanto la guardasen...". Martínez de la Rosa. Hernando del Pulgar. Madrid, 1834, pp. 230 233. Citas de Loubens, oh. cit., p. 15.

36   Que el rey oiga personalmente los mensajeros de los concejos. Cortes de 132813291371. Mariana, Ensayo, lib. V. No. 15.

"Es calidad y prerrogativa que los regidores puedan, junto con el corregidor, enviar mensajeros y embaxadores al rey sobre negocios de la república, llevando carta de creencia, recados, poder y despachos". Bovadilla, Política para corregidores, lib. III, cap. 8°.

37   Recopilación, Libro VII título 3. Bovadilla. Política para corregidores, lib. III, cap.

38   Cervantes, Rinconete y Cortadillo. Apéndice del libro de Don Gaspar Muro, La Princesa de Ebolí. Hurtado de Mendoza, Guerra de Granada. Citas de Fornerón, Vida de Felipe II, p. 49.

39   Zurita, Historia de D. Hernando el Católico, T. V.

40   Narvarte, Salvá y Baranda, Col. de doc. inéd. T. XI, p. .305.

41   Id. id., T. I, p. 89.

42   Id. id., T. I, p. 89.

43   Fornerón. Hist. de Felipe II, pp. 153 y ss.

44   Llorente, Hist. de la inquisición, proceso de D. Carlos.

45   Bovadilla, Ob. cit, III, cap. 8°, passim. "Que el rey oiga personalmente los mensajeros de los consejos". Cortes de 13282934. Mariana, Ensayo. Lib. V. No. 15.

46   F. de Pisa. Descripción de Toledo, quien no hace sino copiar a Pedro de Alcocer en su Historia de Toledo.

47   86° petición de las Cortes de 1552. "Muchas veces ha sido suplicado V.M. mande que los hidalgos tengan la mitad de los oficios de sus pueblos, y en el consejo real se da provisión para que por ser hidalgo no se le dejen de echar en suerte de oficios. Y con esto, como son más pecheros que los hidalgos, quedan excluidos de oficio". Cita de Loubens, ob. cit.

48   Fornerón, ob. cit., p. 50.

49   Muchos hombres de esta clase vinieron a Venezuela; entre otros "el Doctor Don Juan de Urpín, Conquistador de la Provincia de Cumanagotos, natural de Barcelona de Levante (España), a quien la fortuna había seguido tan adversa, que a pesar de sus buenas prendas le vino a poner (después de muchos empleos honoríficos en el estado de un pobre soldado de la real fuerza de Araya, en esta Provincia de Cumaná. Era hijo de padres nobles, graduado de bachilleren derecho canónico y de Doctor en lo civil". Caulín, Historia de la Nueva Andalucía.

50   Fornerón, ob. cit., p. 50,

51   Se estima de tal modo superior a los hombres de las demás naciones, que se considera como el amo donde quiera que se presente. Marcos de Obregón. Cit. de Fornerón, ob. cit., p. 51.

52   Este mismo nombre aparece entre los compañeros de Serpa, el conquistador de la Nueva Andalucía.

53   Angel de los Ríos y Ríos, Noticia histórica de las behetrías. Eran ciertos pueblos de Castilla, cuyos habitantes gozaban de la facultad de elegir y variar libremente de Señor según les hiciese bien o agravio. Fuero de Sepúlveda del tiempo de Fernán González, confirmado por Don Alfonso VI en 1076: "Omnis qui valuerit bene buscare de Senior que serit que non seat nostro guerrero (que no nos haga guerra) cum sua casa et sua hereditate. Fuero de CastroXeriz: "Tengan por Señor quien bien les hiciere". "Quien bien les ficiere que los tenga". Crónica del Rey Don Pedro, por el Canciller Pedro López de Ayala. Cita de Angel de los Ríos y Ríos,

54   Bovadilla. Política de corregidores, T. II, p. 269.

55   Mariana, Teoría de las cortes, T. I, p. 269.

56   Sandoval, Hist de Carlos V, año de 1520. Cita de Loubens, ob. cit., p. 110.

57   Cortes de 1558. pet. 4 "De ayer tantos años la Magestad Imperial su casa al uso y modo de Borgoña, V.M. la suya tomo la tiene al presente, con tantos gastos que bastarán para conquistar un reino, se ha consumido en ellas una gran parte de vuestras rentas y patrimonio real...".

58   Cortes de 1525, pt. I, Id.

59   Id.

60   Fornerón, ob. cit., p. 90.

61   Fornerón, ob. cit. La Fuente, Hist. Gen., T. XIII, p. 127, donde cita el voto de las Cortes.

62   Fornerón, id. id., p. 91.

Capítulo tercero

LA CIUDAD COLONIAL[63]

I

Al implantar los españoles en América el régimen municipal en toda su primitiva independencia, obedecieron a una ley de biología social cuya comprobación ha sido ya hecha con el ejemplo de las Colonias inglesas de Norteamérica: la adaptación regresiva de las legislaciones coloniales.[64] "Cuando las primeras colonias inglesas se formaron en América, los colonos no supieron establecer otra legislación que la de la Madre Patria. A ella estaban habituados, se hallaba escrita en su lengua natal y parecía corresponder completamente al carácter nacional. Pero desde el comienzo tropezaron con las más graves dificultades, al pretender aplicar esta legislación a las colonias. Desde luego se vio que el statute law, que era la legislación más reciente de Inglaterra, resultaba inaplicable a las relaciones de la economía nacional, y se vieron obligados a aplicar solamente la *common law*, que por ser más antigua, se adaptaba mejor a las relaciones de una sociedad naciente. Pero esta misma no resistió largo tiempo a condiciones sociales tan profundamente distintas y a las nuevas relaciones, que hicieron necesaria una legislación especial. Así fue como poco a poco, la common law de Inglaterra, dejó de ser considerada como aplicable en las colonias, salvo los casos no previstos por los estatutos coloniales". El autor demuestra con una multitud de ejemplos, que estos estatutos coloniales, — por una convergencia debida a la analogía de los medios— se asemejaban en muchos puntos a la legislación primitiva de Inglaterra. "Era natural que las colonias nacidas de la Madre

Patria, como las colonias inglesas de América, mostrasen una tendencia a desenvolver instituciones análogas para su gobierno. Y eso fue, en efecto, lo que sucedió" .[65]

A semejanza de los ingleses, los españoles, tanto por imposiciones del medio, como por instintos políticos, se vieron necesariamente obligados a implantar en América las instituciones más antiguas de la Madre Patria. La Legislación más moderna, es decir: el fuero real y el Código de las Partidas, no pudo ser aplicada, y poco a poco fue formándose una legislación especial que tomó el nombre de Código de Indias, y por la cual vinieron a alcanzar las ciudades americanas una preponderancia igual a la que tuvieron las de España antes del siglo XVI.

Dice Solórzano[66] que "en las ciudades y lugares de españoles que se iban fundando y poblando se ordenó se fuese introduciendo y disponiendo al mismo paso el gobierno político, prudente y competente que en ellos se requería, y se creasen Cabildos, Regidores y demás oficiales necesarios en tales Repúblicas o poblaciones, los cuales todos los años sacasen, y eligiesen entre los mismos vecinos sus jueces o Alcaldes Ordinarios, que dentro de sus términos y territorios tuviesen y ejerciesen la jurisdicción civil y criminal ordinarias, no de otra suerte, que si por el Rey mismo huviesen sido nombrados; que es el que dio a los Cabildos el derecho de estas elecciones, y al modo y forma que se solía hacer y practicaren los Reynos de España antes de que se introdujese el uso de los Corregidores, según consta de las leyes y Autores de ellas que de esto tratan".

Desde los primeros tiempos se dio a los Cabildos la más amplia libertad. Depons afirma con mucha razón, que los Cabildos de Venezuela alcanzaron mayores atribuciones, o más extensión de las que habían tenido jamás en España. Todas las cosas del gobierno, excepto las militares, fueron de su resorte, y muy pronto su poder no reconoció límites.[67] Solórzano justifica esta amplitud de facultades diciendo que: "por la gran distancia de su Rey, y por el peligro de la tardanza, puedan sus moradores por derecho natural elegir estos magistrados o Alcaldes Ordinarios, que así los gobiernen y juzguen siempre que sucediere morir, o faltara por otra cualquier causa, o impedimento el Gobernador que el Rey les hubiese enviado".[68] Los alcaldes elegidos por los Cabildos anualmente, gozaron de la facultad de reemplazar a los gobernadores por muerte o ausencia. Cada uno de ellos asumía el gobierno en su jurisdicción, no sólo como se ha dicho y repetido por todos nuestros historiadores, en virtud de una gracia especial concedida por el Rey a los Cabildos venezolanos, confirmando las disposiciones que al morir dejó el Gobernador Villacinda, sino porque así estaba expresamente estatuido en las leyes de Indias.[69] "De esto, dice el mismo autor, se han originado notables disturbios en la Provincia de Caracas, donde se comenzó a establecer el abuso que todos los Alcaldes Ordinarios, cada uno en su pueblo, quería ser gobernador en ínterim como sucedió en Barquisimeto, y en otros pueblos menores, y en el Consejo de Indias hubo varias quejas de personas graves y desinteresadas, sobre que con vendría quitar este privilegio a la ciudad, y aún no se ha tomado resolución"[70]. El abuso consistía en que siendo la mente de la ley que asumiesen el mando de la Provincia, por muerte o ausencia del Gobernador, los Alcaldes Ordinarios de la ciudad capital de la provincia, y no los de cada ciudad en particular, el hecho de que éstas se declarasen en posesión de su autonomía, al desaparecer la autoridad central, es la comprobación más exacta de que esos cuerpos se consideraban independientes unos de otros, y ligados únicamente por el lazo común del representante del Rey, que lo era el Gobernador. Ya veremos cómo supervive ese criterio al través del tiempo y de los cambios que se realizaron en las facultades del Municipio, hasta la revolución de 1810, en que se reprodujo este mismo movimiento de disgregación.

II

Por largos años subsistió aquella disposición que fue confirmada no sólo en el caso de Villacinda, citado por todos los historiadores, sino por cédulas reales de 8 de diciembre de 1560 y 18 de setiembre de 1676, y no vino a ser derogada sino por otra cédula fechada en San Ildefonzo el 15 de septiembre de 1736. De manera que, durante 176 años, gozaron los Alcaldes de Caracas de la facultad de gobernar interinam71ente la provincia cada vez que por muerte o ausencia, faltaba el Gobernador.[71]

Fue en virtud de aquella facultad, que cuando en 1675 murió el Gobernador de la Provincia Don Francisco de Orejón y Galtón (Don Francisco Dávila de Orejón lo llama Depons, II, p. 44), los Alcaldes Ordinarios de Caracas, que lo eran para aquel año Don Manuel Felipe de Tovar y Bañes y Don Domingo Galindo y Payas, asumieron el mando de la Provincia, en tanto que el Rey nombraba el sucesor. Pero noticiosa la Audiencia de Santo Domingo, a cuya jurisdicción pertenecía entonces esta Provincia, resolvió nombrar un Gobernador interino y envió con ese carácter a uno de sus Oidores, Don Juán de Padilla Guardiola y Gusuran, quien al presentarse al Cabildo, fue desconocido por éste, "con gran aplauso del vecindario que llenaba los alrededores de la Casa Capitular". Los Alcaldes resolvieron entonces mandar como embajador ante el Rey a Don Juan de Arrechedera, sobrino de Tovar, por ser hijo de Da. Luisa Catalina, quien casó en segundas nupcias con el Marqués del Valle de Santiago, para noticiarle al Monarca lo sucedido y manifestarle que la Audiencia de Santo Domingo no tenía ningún derecho a arrebatar al Cabildo de Carala facultad que le concedía la Real Cédula de 1560.

Como se ha visto, esta cédula no acordaba la sucesión de mando a los Alcaldes de la ciudad de Caracas, sino a cada uno de los Alcaldes en su respectiva jurisdicción, por lo cual la Provincia, como dice Depons, se dividió en repúblicas independientes. Fue Arrechedera quien obtuvo del Rey otra cédula que concentraba la autoridad de toda la provincia, en las solas manos de los Alcaldes de la Capital. No solamente aprobó el Rey la conducta del Cabildo, en contra de la Audiencia, sino que al enumerar los méritos de la familia Tovar, cuando concedió el título de Marqués de Mixares a Don Juán Mixares de Solórzano, casado con una hija de don Manuel Felipe, señala como un gran servicio prestado por éste a la Corona, el haber asumido y ejercido interinamente el mando de la Provincia, por muerte del Gobernador Orejón.[72]

Casi medio siglo más tarde, en 1722, habiéndose ausentado el Gobernador y Capitán General, don Diego Portales Meneses, y dejado el Gobierno de la Provincia de Obispo de Caracas, los Alcaldes reclamaron ante el Rey, y éste, por otra cédula fechada en El Prado el 17 de enero de 1723, anuló la disposición del Gobernador y confirmó nuevamente la prerrogativa que tenían los Alcaldes de asumir "cada uno en su respectiva jurisdicción, el Gobierno de la Provincia, porque corriendo a cargo de los eclesiástico el gobierno superior, hay el peligro de que usurpen la jurisdicción real".[73] Lo cual demuestra además, el celo con que Su Majestad Católica mantenía la exclusión del clero de la administración civil y política de sus dóminios de América.

Fueron muchas las ocasiones en que el Rey amparó la independencia de los Cabildos en contra de los propios Gobernadores, aun existiendo funda mentos legales que justificasen las decisiones de estos Magistrados. El 1° de de 1790, se reunió el Cabildo de Caracas para practicar las elecciones anuales de Alcaldes Ordinarios, de conformidad con la Ley, y recayó el nombramiento de Alcalde de Primer Voto en Don Juán Bautista de Echezuría, quien el año anterior lo había sido de Segundo Voto. "Y cuando el Cabildo se lisonjeaba de que esta elección había sido recibida por el pueblo con universal aplauso, se presentó en la Sala Capitular el escribano de Gobierno haciendo saber al Cabildo un auto del Gobernador" —que lo era entonces Don Juan Guillelmi— "devolviendo el acta de la elección y negándose a confirmar el nombramiento de Echezuría, que consideraba como una reelección, habiendose en su concepto trasgredido el derecho municipal"; y conminaba al Cabildo "con la crecida multa de doscientos pesos y varios apercibimientos, si dentro de una hora no verificaba otra elección, con menosprecio de las razones que el Cabildo le expuso y de todas las protestas que el mismo día había formulado". El Cabildo eligió entonces a Don José Cocho de Iriarte, que se excusó. "Pero como no había fuerzas para resistir más la molestia de estar congregados desde las seis de la mañana, sin más alimento que un corto desayuno, hallándose todo el pueblo en expectación, se acordó depositar la vara en el Regidor don Francisco Quintana hasta el siguiente día".

El Gobernador declaró también nula esta elección so pretexto de que Quintana no había sufrido juicio de residencia después de haber sido Alcalde 2° en años anteriores y señaló de nuevo el término de una hora para nueva elección, que recayó en Don Antonio Mota. Pero no se detuvo allí el asunto, porque el Gobernador calificó de irrespetuosos los actos del Cabildo, negándose a suscribir el acta. Los Cabildantes ocurrieron entonces al Rey, y éste, por cédula fechada en Madrid el 20 de diciembre del mismo año, sin embargo de reconocer "que el Gobernador y su Asesor tuvieron algún motivo para no confirmar la reelección de D. Juan Bautista de Echezuría, de Alcalde de Primer Voto, que lo había sido de Segundo, en el año anterior, apoyándose en lo literal de la Ley 13, tít. 9, libro 4° y en la 9, tit. 3°, libro 5° de las municipalidades; bastaba que la elección hubiera sido unánime, como lo fue, decía el Monarca, para que el Gobernador aprobara la elección de Echezuría, sin los apremios y compulsiones con que se había querido menoscabar la autoridad del Cabildo, y su libertad de elegir Alcalde, de acuerdo con el bien del Estado y de esa República —principal objeto que se debieron proponer los electores— en los sujetos más idóneos".[74]

Tanto el Monarca como las leyes, pusieron siempre un excesivo cuidado en la libertad con que debían practicarse las elecciones de Alcaldes Ordinarios, al punto de "prohibir estrechamente a los Oidores de las Audiencias, que por ningún modo se mezclen, metan, ni interpongan en estas elecciónes".[75]

Por Cédulas de Lerma de 17 de junio de 1607, y de Madrid el 13 de febrero de 1620, se permitió al Virrey de Lima "que pudiera hallarse presente el Cabildo el día de año nuevo, que es cuando se hacen las elecciones, pero esto sea para que se hagan con más quietud y autoridad, y sin que por él ni por otra alguna persona se violenten los votos, y votantes de ellas, antes sean y se den cédulas secretas, y esas después de sacadas de las urnas, se cuenten,y refieran en público y voz alta por el escribano del Cabildo, y queden escritas en el libro de él, los votos que tuvo cada uno para que siempre conste de ello"[76].

Esta asistencia de los Virreyes les fue prohibida más tarde por la Ley 2, tít, 3. lib. 5, Rec. de Ind. y por otra ley, se ordenó a los Gobernadores no les impidiesen a los Cabildos las elecciones.[77] Si en otras colonias donde existían Audiencias y Virreyes, se concedía tal libertad en las elecciones, es de suponerse cuál sería la de que gozaban en provincias tan olvidadas como las de Venezuela, donde los Gobernadores carecían del influjo y de las grandes facultades de los Virreyes, y no llegaron a tener Audiencia propia hasta los últimos años de la dominación.

La elección de Alcaldes Ordinarios debía hacerse necesariamente en los vecinos y naturales de las ciudades, "y aunque para otros oficios y Magistrados estaba prohibido, en éstos no lo está, sino antes concedido, y aun parece se introdujeron sólo para honrarlos, y experimentarlos en ellos, como expresamente lo dice una cédula del año de 1506".[78] El Rey declaró expresamente por cédula fechada en Aranjuez el 20 de mayo de 1797, que el Ayuntamiento de Caracas tenía "el derecho perfecto y la libre facultad de elegir para los oficios concejiles a las personas que estimase por más idóneas, sin que sea impedimento el parentesco de ellas con alguno de los capitulares". Esta cédula fue expedida con motivo de la elección de Don Luis López Méndez, como Alcalde Ordinario de primera vara, siendo su hermano Don Isidoro Antonio uno de los Regidores, contra lo cual había protestado el Gobernador.[79]

III

Incurren en un grande error, quienes al referirse a las restricciones que sufrieron los Cabildos de América, incluyen a los de Venezuela en este número, fijándose únicamente en lo que se ha escrito respecto a los del Perú, México y algunas otras colonias, donde desde los primeros tiempos hubo Audiencias que naturalmente coartaban las facultades de aquellos cuerpos. Tanto estos altos tribunales como los Virreyes tenían la facultad de nombrar Corregidores o Tenientes de Justicia Mayores, quienes del mismo modo que los de España, eran representantes, delegados o agentes de la autoridad central y arrebataban a los Cabildos, como se ha visto, sus más esenciales funciones en materia de justicia y administración. Pero no sucedió así en muchas otras ciudades "por no contristar, como dice Solórzano, a los vecinos de ellas, si se les quitan sus antiguas costumbres y preeminencias, contra lo que el derecho aconseja. Y para que les quede algo en que puedan ser ocupados y honrados, y dar muestras de su ingenio, prudencia y capacidad[80]. Estas concesiones favorecían la vida municipal, muerta por completo bajo los regímenes centralizados donde existe, como en Francia, una capital absorbente, o como en otros países un gobierno personal que anula todas las iniciativas particularistas[81]. "La ciudad de México", dice el mismo Solórzano, "por particulares servicios y donativos a Su Majestad, alcanzó que se quitase el oficio de Corregidor que solía haber en ella, y se le permitió de nuevo que fuese gobernada por sus Alcaldes Ordinarios, elegidos cada año por su Cabildo, y así lo hace a imitación de la de Lima, donde tampoco hay Corregidor. En México se volvió a poner Corregidor pero no en Lima".[82]

El criterio de la Corte fue casi siempre contrario al nombramiento de Corregidores (equivalentes a nuestros actuales jefes Civiles) en las ciudades de América, y aunque se ordenó desde los primeros tiempos "que en todos los pueblos de españoles que hubiese en ellas (las Indias) se pongan por Corregidores, hombres aprobados y cuerdos... son muchos los que pasando a las Indias degeneran de sus obligaciones; y entregándose a sus vicios y deleites, y especialmente dejándose llevar del deseo de juntar oro y plata, para volverse presto ricos a España, atropellan todos los respectos de razón y justicia; dice bien el Padre Joseph Acosta, que apenas podemos determinar si sería más conveniente que no hubiera corregidores algunos, a que los haya tales cuales los vemos, que son los más de ellos".[83]

Fue por esta causa que, durante larguísimos años, carecieron los Gobernadores de las provincias venezolanas de la facultad de nombrar Tenientes de Justicia en las ciudades de su jurisdicción. En 1722, el Gobernador y Capitán General de la Provincia de Caracas, don Diego Portales Meneses, nombró Teniente Justicia Mayor, Corregidor de los Valles de la jurisdicción de Barquisimeto y Juez de Comiso, al Capitán Don Juan de la Vega Arredondo. Sin embargo de carecer de esa facultad y estarle terminantemente prohibido el enviar agentes suyos a las ciudades, se fundó el Gobernador para hacer el nombramiento, en que "habiendo estado las ciudades de Provincia por dilatados años sin Tenientes y Justicias Mayores, ocupando y ejerciendo los vecinos, Alcaldes de ellas, la jurisdicción que debían practicar los Tenientes, se había experimentado la mayor confusión en la Administración de Justicia y de la Real Hacienda, hallándose las más ciudades ya casi despobladas y siendo los más parientes y consanguíneos, por lo que se llaman y alternan los unos a los otros en las

Alcaldías...". Agrega el Gobernador que "el haber dejado de nombrar Tenientes, se debió a una resolución de la Audiencia de Santo Domingo, ordenando que antes de que se admitiesen al uso de sus ejercicios, los Tenientes y Justicia Mayores nombrados por los Gobernadores, hubiesen de ocurrir por su confirmación a aquel Real Acuerdo, por obviar con la aprobación de las personas los excesos que se habían experimentado en los tales Tenientes de Justicia Mayores; cesó por esta razón el nombramiento, y por no haber quien quisiera exponerse a los reparos que los Cabildos y Alcaldes de las ciudades hacían por mantenerse absolutos en las varas y jurisdicción...".

El Cabildo de Barquisimeto admitió al Capitán Don Juán de la Vega en su empleo, por temor "a las vejaciones de dicho Gobernador", pero constituyó en apoderado suyo a Don Gabriel Carrión Doncel, procurador de la Real Audiencia de Santa Fe, para protestar ante el Rey contra el tal nombramiento.

Del contexto de las cédulas citadas en este asunto, se desprende que la Audiencia de Santo Domingo, en el año de mil seiscientos veintiocho (1628), había ordenado que el Gobernador de la Provincia de Venezuela no pudiese elegir más de tres Tenientes y Justicias mayores "que residiesen en las ciudades de Santiago de León de Caracas, en la de Trujillo y en la de la Laguna de Maracaibo". Esta disposición de la Audiencia fue confirmada por el Rey, a petición de don Francisco Miguel Ordóñez, Procurador General de la ciudad de Nueva Segovia de Barquisimeto, en 30 de noviembre de 1680, y ratificada nuevamente en contra de una representación del Gobernador don Diego de Melo Maldonado, quien el 26 de diciembre de 1683, pretendió se le autorizara a nombrar Tenientes en todas las ciudades de su jurisdicción. El Rey mandó observar las Provisiones de la Audiencia y ordenó al Gobernador que "si por algún accidente, motivo o causa reconociera ser necesario poner Teniente en alguno de los otros lugares prohibidos en la ejecutoria de 1628, den noticia a la Audiencia para que con su orden y aprobación se pueda poner y no en otra forma, estando advertido él y sus sucesores que de lo contrario se les hará cargo en la residencia y serán castigados por ello con toda demostración". En años posteriores se alteró algunas veces esta disposición, pero siempre debía intervenir la Audiencia en los nombramientos al punto de que en el de Don Juan de la Vega Arredondo, que hemos citado, aquel Alto Tribunal ordenó al Cabildo, Justicia y Regimiento de la ciudad de Barquisimeto, desconociese la autoridad del agente del Gobernador, por no haber precedido su aprobación "y demás circunstancias que previenen las reales órdenes, las que deberá tener presente el Cabildo en lo adelante para que con ellas no admita al uso y posesión a ninguno que fuere nombrado por el Gobernador de aquella Provincia".[84]

IV

Se ve claramente el empeño que tomaban, tanto las Audiencias como la Corte, en restringir las facultades de los Gobernadores, aumentando, por consiguiente, las autonomías municipales; y por más que no fuese éste su propósito primordial, es lo cierto que todas esas disposiciones resultaban en provecho de aquella independencia y de la autoridad de sus Alcaldes, que la ejercían en toda la amplitud que era posible en la vida precaria de nuestras ciudades coloniales.

En 1780, el Gobernador y Capitán General de Caracas, que ya ejercía jurisdicción, aunque muy restringida, sobre las otras

Provincias, ocurrió al Rey, solicitando le otorgase la facultad de nombrar Tenientes en todas las ciudades de la Capitanía General, alegando que así lo practicaba el Virrey de Santa Fe de Bogotá en todas las ciudades del Virreinato. Los Gobernadores provinciales, que ejercían en todo lo relativo al gobierno, excepto en lo militar, las mismas atribuciones que el Gobernador de la de Caracas, protestaron contra aquella pretensión, que les arrebataría una de sus más importantes atribuciones, e invadía el radio de su autoridad[85].

El Rey resolvió el punto a favor de los Gobernadores, confirmando las disposiciones legales y ordenando que como éstos ejercían en sus respectivas urisdicciones el Vice Patronazgo Real, sin que el de la Provincia de Caracas pudiese impedírselos, tenían asimismo el derecho de nombrar tenientes en las ciudades que se hallaban bajo su autoridad conforme a las leyes[86].

Pero ni aun en esta época, en que ya habíase arraigado hondamente en España la tendencia centralizadora importada de Francia, y cuyo pernicioso influjo, como bien dice un notable historiador y sociólogo canario, "ha traído aquí, como en toda la Península, el aniquilamiento del antes grande y vigoroso espíritu nacional, así como el menoscabo de las virtudes patrióticas y del amor a la libertad", ni aun en esta época, decimos, obtuvieron los Gobernadores de las provincias venezolanas una amplia facultad en este punto[87], pues los Cabildos continuaban apegados a sus antiguas prerrogativas, y en ese estado los encontró todavía el General Expedicionario don Pablo Morillo, cuando en 1816, decía al Gobierno de España:

"Es preciso, Excmo. Señor, que se tenga presente de que los Cabildos de las capitales de Provincias mandan a los demás pueblos de ella, como podría hacerlo un Capitán General en su Distrito, a pesar de que haya pueblos de mayor centro que el de la residencia del Cabildo, de modo que no es un Cuerpo de Ayuntamiento para una población, sino un gobierno para todo un término o Provincia. Respeto demasiado las leyes para atreverme a pedir se destruya este sistema sólo por mi dicho, pero puedo asegurar a S.M. que desde que llegué a Caracas estoy temiendo fatales consecuencias de tanta autoridad en una corporación que todos los lunes puede juntarse sin que la presida el Jefe del Gobierno, y por tanto creo que es materia que debe ocupar la atención del Consejo de Indias, en razón de las novedades de América, y de que no son los primitivos pobladores los que forman hoy los Ayuntamientos, y menos tienen, aquellas ideas e intereses".[88]

Bien pudo recordar entonces el General español, que fue debido a aquellas amplias facultades, y a la autoridad que ejercieron los Cabildos por sobre los Gobernadores y Capitanes Generales, como aquellos cuerpos se hicieron perder la revolución emancipadora, y con rara facilidad desconocieron a las autoridades que representaban en América el predominio de los Reyes de España. Pero no nos adelantemos.

En 1784, el Cabildo de Margarita desconoció los nombramientos de Tenientes, que para algunos pueblos de la Isla había hecho el Gobernador, Don Juán Bautista Valdez de Yarsa, porque "aquellos pueblos habían estado siempre bajo la jurisdicción exclusiva del Ayuntamiento". La disputa duró largo tiempo, hasta que habiendo intervenido la Audiencia, resolvió el Rey, en 1786 y luego lo confirmó en 1795 — porque todavía resistían los cabildantes al cumplimiento de la real disposición— "que los Alcaldes Ordinarios de la ciudad de

La Asunción, sólo pudieran ejercer autoridad en la jurisdicción de la capital y los arrabales, dejando al Gobernador la facultad de proveer a los cargos de Teniente en las otras poblaciones".[89]

V

Desde el año 1793, la ciudad de Barcelona aspiró a elevarse a la categoría de Provincia, y con ese propósito su Ayuntamiento representó ante el Rey, solicitando "que su gobierno quedase en los términos establecidos por el artículo 11 de la Instrucción de Intendentes de la Nueva España, es decir: que constituyese una GobernaciónIntendencia, separando su distrito de la jurisdicción del Gobierno de Cumaná", a que pertenecía.[90]

Caso de que el Rey no accediera a esta petición, los barceloneses se conformaban con la creación de una Comandancia de Armas, a cargo de un oficial de la correspondiente graduación, "por ser una de las ciudades más circunstanciadas de la provincia y no bajar de sesenta mil pesos libres el ingreso de sus rentas en las reales cajas".

En apoyo de esta aspiración, exponía el Cabildo "los grandes perjuicios que habían experimentado sus vecinos en el tiempo que habían sido gobernados por los cumaneses en calidad de Tenientes de Gobernador; pues, como este empleo no gozaba sino de un corto sueldo de quinientos pesos al año, no podía ser apetecido sino de los muy necesitados que por lo regular no eran los mejores". Para aquella fecha hacía ya dos años que el empleo había sido suprimido por la Intendencia General (el Gobernador de la Provincia) y la ciudad se hallaba bien gobernada por sus Alcaldes Ordinarios, en quienes se hallaba refundida la Tenencia, del mismo modo que lo había estado antes, en virtud de una Real Cédula de 1702, que concedía al Alcalde de primer voto el distintivo de Teniente Justicia Mayor y Capitán a Guerra.

Esta cédula de 1702 estuvo en vigencia durante cuarenta años, en los cuales la ciudad de Barcelona y su jurisdicción estuvo gobernada únicamente por su Municipalidad, y gozando por consiguiente de completa autonomía. Pero como parece que los Alcaldes llegaron, naturalmente, a extender sus atribuciones a todas las cosas del gobierno, hasta el punto de pretender que el nombramiento de Corregidores de Indígenas fuese de su resorte —lo cual correspondía al Gobernador de la Provincia—, el Rey dio facultades a este funcionario, por cédula de 7 de octubre de 1742, para que nombrase en Barcelona "un Teniente de su satisfacción y lo enviase con veinticinco hombres de tropa".

Empeñado el Cabildo en que el mando de su territorio no recayese en ningún habitante de Cumaná, a los cuales consideraban no sólo como extraños, sino como enemigos, proponía que, "sin desposeer ahora al gobernador de la facultad de nombrar Tenientes, enviase con los veinticinco hombres, un oficial español que hiciese las veces de Comandante de Armas, en caso de que tuviesen motivos para no conferir el empleo a uno de los milicianos de la propia ciudad de Barcelona".

En la representación que hizo el Cabildo en 1793, se pedía que "quedase suprimida la Tenencia y que se crease y proveyese directamente por el Rey, con dependencia o no del Gobernador de Cumaná, una Comandancia con una completa dotación para que no fuese gravosa a los vasallos, y que se habilitase además su puerto parar el comercio con la metrópoli y con los demás dominios, por ser de los principales de la Provincia y no parecer de justicia hallarse en una situación inferior al de Cumaná".

Era ya para entonces GobernadorIntendente de la Provincia de Cumaná, el Brigadier don Vicente Emparan, el mismo que como Capitán General de Venezuela debía ser destituido por el Cabildo revolucionario de Caracas el 19 de abril de 1810; y noticioso de las pretensiones del Cabildo de Barcelona, se apresuró a informar a la Corte "que desde su ingreso en aquel Gobierno había encontrado la Administración dejusticia en manos de los Alcaldes Ordinarios, por haber suprimido su antecesor, el Brigadier Don Pedro Carbonell, los Tenientes Justicia Mayores, por quienes se administraba hasta entonces con el buen orden posible, en dos provincias tan dilatadas (como Cumaná y Barcelona), tan poco civilizadas y tan escasas de hombres de alguna instrucción y probidad, y por consiguiente tocó el lastimoso estado y desorden en que se hallaban, y que habiendo sido informado que dicha supresión de Tenientes fue efecto de una inducción interesada, trató de reponerlos, representando a la Real Audiencia de Caracas, cuanto le pareció conveniente al Real servicio; y persuadido aquel tribunal de sus razones, determinó la reposición consultando al Rey su providencia".

Pero al saber el Cabildo de Barcelona esia provisión de la Audiencia, representó al Gobernador pidiendo "la inhibición de todo cumanés a la Tenencia de su ciudad, por el desafecto que estos profesan a los vecinos de ella" y que al efecto recurrirían al Rey; y "a fin de persuadirlo de la verdad de su aserto, le presentaban tres testimonios sobre la mala conducta de los Tenientes cumaneses en la administración de Justicia de su Ciudad". Por su parte el Gobernaelor Emparan manifestó al soberano "que los Tenientes acusados por el Cabildo de

Barcelona habían dado oportunamente residencia, y que en ella, como en el concepto general del público, quedaron con reputación de buenos Ministros, e insistía por lo mismo en que subsistiese la Tenencia en la misma forma en que la había propuesto".

No se atuvo el Rey al testimonio del Gobernador, porque inmediatamente ordenó pedir su parecer a la Audiencia, sobre todos los puntos a que se refería la representación del Cabildo barcelonés indicando la necesidad de tener muy en cuenta "las circunstancias locales de la ciudad de la Nueva Barcelona, y lo prevenido sobre estos particulares por las leyes y demás reales disposiciones, informando igualmente cuanto considerase adecuado a mi mejor Real servicio, administración de justicia de la mencionada Ciudad y bien de aquellos vasallos".

Respecto a la Tenencia de Justicia, la Audiencia opinó por atribuir su ejercicio a un Comandante de Armas nombrado directamente por el Rey, como lo pedía el Cabildo, y ordenó al Superintendente de Hacienda "levantar un estado o demostración del ingreso y productos de la Real Hacienda en las Caas de la Ciudad de Barcelona en el último quinquenio, tanto por lo perteneciente a los ramos comunes y generales de ella, como a la renta de tabaco".

El informe del Superintendente fue del todo favorable, pues que la sola renta de tabaeco había producido en el quinquenio corrido de 1794 a 1798, la de ciento seis mil seiscientos ochenta y un pesos, tres reales y cuarto.[91]

Véase cómo no era únicamente por espíritu de rivalidad, que las ciudades pretendían asumir la categoría de Provincias; sus tendencias autárcicas buscaban por fundamento natural la demostración de su capacidad económica a fin de sacudir una tutela que hería sus sentimientos autonómicos tradicionaes. Al través de los años y de las grandes vicisitudes porque han atravesado nuestros pueblos, y a pesar de la centralización efectuada bajo el régimen republicano, se ve cómo persistieron por largos años las mismas tendencias y rivalidades entre aquellos pueblos, merced al aislamiento geográfico y económico que aquí como en otros países hispanoamericanos, dificultaban la creación de intereses comunes, de sentimientos colectivos, los únicos que sirven de base a la solidaridad social y política, que reclama la unidad nacional.

NOTAS

63   Este capítulo fue publicado en su versión definitiva en Cultura Venezolana (Año 1, T. I, N6o4 . 1, junio de 1918), pp. 2136.

64   Loria, Annalisi della propietá capitalista. II. 48. Demoor, Massart y Vandervelde, L'evolution régressive en biologie et en sociologie. p, 201.

65   C. Ellis Stevens, Les sources de la constitution des EtatsUnis, pp, 810.

66   Solórzano y Pereyra, Política Indiana, lib. V. ap. I, p. 252.

67   Depons, Voyage, T. II, p, 41.

68   Solórzano y Pereyra, ob. cit. lib. V, cap. I.

69   Id. id., p. 253. "Si muriese el Gobernador; quedan en ínterin por Gobernadores los Alcaldes Ordinarios, conforme a la ley 12, tit. 3, lib. 5", Recop. de Ind.

71   El Rey. Por quanto hallándome informado de los graves inconvenientes y excesos que se han experimentado de que los Alcaldes Ordinarios de la ciudad de Santiago de León de Caracas, hayan governado en ínterim la Provincia de Venezuela por falta de Governadores de ella en virtud del privilegio (sic)que se les concedió para ello por cédulas de ocho de diciembre del año de mil quinientos sesenta, y diez y ocho de septiembre de

mil seiscientos setenta y seis: he resuelto a consulta de mi Consejo de las Indias de 11 de agosto de mil septecientos y treinta y cuatro derogar y anular en todo y por todo como nocivo y perjudicial al buen govierno, paz y tranquilidad de la mencionada provincia de Venezuela y su buena administración de justicia, el enunciado privilegio v declarar que en todo caso de vacante de Gobernador por muerte u otro lexitimo impedimento deve recaer la superior jurisdicción guvernativa en el Theniente de Gobernador y Auditor de la Gente de Guerra que es o en adelante fuere y que tal sea obedecido, y respetado por todas las jurisdicciones y Ayuntamientos de la mencionada ciudad de Santiago de León de Caracas y demás Ciudades, Villas y Pueblos de la Provincia de Venezuela, y que se hagan con él y no con los Alcaldes Ordinarios todas las funciones y actos correspondientes a mi Patronazgo real y demás jurisdicciones propias y privativas del Govierno... Fha. en Sn. lldefonzo a catorce de Septiembre de mil Septecientos treinta y seis. Yo El Rey. Por mandato del Rey Nuestro Señor. —Dn. Juan Ventura de Maturana". Arch. Nacional, Reales cédulas.

72   Arch. Nacional, Reales cédulas. No. 105. Id. id. Información de Don Gerónimo de Uztáriz y Gandia y de su hermano Don José Ignacio. Exp. de limpieza de sangre No. 40, año de 1759. Depons, ob. cit. II, p. 45 "Doña Teresa de Tobar y Pacheco, hija de Don Manuel Felipe de Tobar y Bañes. Caballero de la Orden de Santiago, y de Doña Juana Pacheco, natural de la Ciudad de Trujillo".

73   Arch. Nacional, Reales cédulas, T. III, No. 65. —Todavía en 1796, no estaba bien determinada la sucesión del gobierno en caso de ausencia o muerte del Virrey, Gobernador o Capitán General, pues en esa fecha dictó el Rey una cédula ordenando que "en las ciudades dónde hubiese Audiencias Reales, recaería en éstas el mando político y militar. Donde no hubiese Audiencias sino Gobernadores políticos y militares recaería el mando militar en el Teniente Rey y a falta de este en el Oficial de mayor graduación; y el gobierno político en el Teniente Asesor, donde lo hubiere y donde no en el Alcalde Ordinario más antiguo, el cual procederá en los asuntos de policía con acuerdo de los Cabildos y Ayuntamientos" Arch. Nacio., Real Cédula de 2 de agosto de 1789.

75   Solórzano y Pereyra, ob. cit., Lib. V, cap. I, p. 252.

76   Id. id. id., p. 252.

77   Rec. 8, tít. 9, lib. 4.

77   Arch. Nac. Reales cédulas, año de 1790.

77   Id. id., p. 254.

78   Solórzano y Pereyra, ob. cit, lib. V, cap. I, p. 253.

79   Arch. Nac, Reales cédulas, 1797.

80   Ob. cit., p, 257.

81   Taine dice en sus notas preparatorias para los Orígenes de la Francia contemporánea: "Las características de la Francia, son las siguientes: I — Desde los orígenes, a través de Luis XI, Francisco I, Richelieu (creación de Intendentes), Luis XIV, pero sobre todo bajo la revolución y el Imperio, todas las pequeñas sociedades semiindependientes que suministraban un interés, una ocupación, un objeto de abnegación, fueron suprimidas... Consecuencias: el fastidio, la indiferencia por los negocios públicos, la extinción de una cantidad de fuerzas vivas, el agotamiento de la vida de provincia. Reunión en la Capital de los ambiciosos activos, de todos los fracasados (los ratés), los ávidos, quienes gracias al espectáculo del gobierno, empresario de la dicha universal, gracias a la falta de experiencia en cuanto a las pequeñas asociaciones naturales, y gracias al recuerdo de las insurrecciones violentas, reunidos, hacen las revoluciones: Sa vie et sa correspondance, T. III, p. 300. Gladstone decía en 1892, que es por las instituciones locales como se adquiere la inteligencia, el juicio y la experiencia política, que hace a los hombres aptos para el ejercicio de la libertad.

82   Op. cit. Lib. V. Cap. II, p. 257.

83   Op. cit. id. id., p. 262.

84   Archivo Nacional, Ayuntamientos, 1724. Estas cédulas y provisiones las reproduce *in extenso* y las comenta el señor Manuel A. Meléndez, en su interesante libro Orígenes larenses —que ya hemos citado— bajo el título de "Reales Cédulas sobre franquicias autonómicas de las ciudades de Venezuela". II, pp. XXXIV y ss.

85   Ley 56, tít. 2, lib. 3. Rec de Ind. Ley 12, tít. 14, id. id.

87   Manuel deOssunay Van den Heede, El regionalismo en las Islas Cananas, p. 47. El Teniente General Don Pablo Morillo. Estudio biográfico documentado, por Antonio Rodríg8u9ez Villa. Madrid, 1908, T. III, p. 166.

Morillo al Ministro de la Guerra.

88   Arch. Nac, Reales cédulas. Cédula fechada en San Ildefonso el 15 de agosto de 1784.

89   Arch. Nac, Reales cédulas 1784 a 1795. Como en todas o casi todas las ciudades de Venezuela han desaparecido los archivos coloniales y en Margarita fueron destruidos por los españoles durante la heroica resistencia de aquel pueblo contra el Ejército Expedicionario, apuntamos como dato curioso la composición del Cabildo de la Asunción en la época a que nos referimos: "Don José Itriago, Alcalde de Primera elección, Alférez Real y Regidor decano; Don Santiago de Guevara, Alcalde de Segunda elección; Don Francisco Javier Cedeño, Alcalde de la Santa Hermandad. Se agregaron al Cabildo para protestar contra la medida del Gobernador, Don Miguel Arismendi, Capitán de Milicias de Blancos; Don Cristóbal Arismendi, Cadete miliciano; Don Marcos Yanes, Don Pedro Coterel y Don Esteban Méndez". Uno de los Tenientes de Justicia nombrados por el Gobernador Yarsa, fue Don Pedro Arismendi, subteniente por S.M. de la Cuarta Compañía del Cuerpo de Milicias de Blancos.

90   Después del fracaso de Garcia González de Silva ante el valor indomable de los indios Cumanagotos, el territorio de la Provincia de Barcelona fue conquistado por Cristóbal Cobos, a quien la Audiencia de Santo Domingo condenó a servir a expensas propias en la conquista de Venezuela, para expiar el delito que su padre, Gobernador de Cumaná, había cometido en la persona de Francisco Fajardo, a quien había hecho asesinar villanamente. Cobos venció a los Cumanagotos después de una campaña sangrienta, a pesar de los miserables auxilios que con dolosa intención le dio el Gobernador de Venezuela; y por venganza sustrajo el territorio conquistado de la jurisdicción de aquel Gobierno y lo puso bajo la del de Cumaná, como una provincia que se incorporaba a otra. Los límites arcifinios de Barcelona contribuían a que se la considerara siempre como un territorio distinto, acentuándose así, por una causa geográfica, el espíritu autonomista que debía desarrollarse y fortalecerse bajo el régimen municipal. Véase Depons, Voyage & T. III, p. 188.

91   Arch. Nac. Reales cédulas. Barcelona, año de 1798.

Capítulo Cuarto

LA CIUDAD COLONIAL[92]

I

El hecho de que los Gobernadores provinciales estuviesen casi siempre sin facultad para nombrar sus agentes directos e inmediatos en las localidades es la prueba más evidente de la independencia de que gozaron nuestros Cabildos, lo cual contribuyó naturalmente a acentuar el espíritu localista que tanto había de dificultar más tarde la creación de la nacionalidad.

La vida entera de los pueblos tenía que girar alrededor de aquellos cuerpos a quienes estaban encomendadas todas las funciones del gobierno. Al estudiar las facultades que las Leyes de Indias pautaban a los Cabildos de América, ha que tomar en cuenta como, ya lo hemos hecho ver, las circunstancias especiales en que siempre se hallaron las Provincias de Venezuela respecto de casi todas las otras posesiones españolas donde las Audiencias tenían el derecho de intervenir en el ejercicio de la mayor parte de las funciones municipales; en el remate de los propios y rentas; en la imposición de sisas, derramas y contribuciones; en los repartos para gastos de pleitos del común y obras públicas, debiendo, para la ejecución de éstas, asociarse el Cabildo al Presidente o al Oidor más antiguo, etc. Pero como en Venezuela no hubo Audiencia sino en el último cuarto de siglo de la dominación, y su territorio estuvo alternativamente sometido a las lejanas Audiencias de Santo Domingo y Santa fe de Bogotá, se explica fácilmente que las facultades coercitivas que sobre los

Cabildos pudieran ejercer aquellos altos cuerpos, resultaban casi nulas en los precarios asuntos de nuestras Provincias, que lo eran casi todo. ¿Cuáles negocios podían llevarse a Bogotá o a Santo Domingo, tomando en cuenta las grandes distancias, las dificultades y el costo de las comunicaciones? De tantas prerrogativas había gozado el Cabildo de Caracas, que nada sublevó más el sentimiento de los nobles criollos que lo componían y que estaban habituados a obrar con cierta independencia, como el establecimiento de la Audiencia de Caracas, que vino a limitar sus facultades y en muchas ocasiones amparó las clases bajas de la colonia contra el exclusivismo de casta y la tiranía a que estaba habituado el mantuanismo.

En 1796 decían al Rey los nobles de Caracas: "...fuera de las reales intenciones de S.M. y contra las esperanzas bien fundadas de esta Provincia, que creyó como era regular colmarse de felicidad con la creación de la Real Audiencia, se ha visto y experimentado que por casualidad y desgracia se han multiplicado las disenciones y discordias; han crecido los costos de los pleitos; se han hecho más osados los escribanos, procuradores y subalternos; se van ocupando estos puestos por sujetos tachados por su calidad y conducta; hormiguean los chismes, enredos y cuentos entre los vecinos y Magistrados... después que se estableció la Real Audiencia, se ha hecho Caracas un semillero de disgustos, pesares y sobresaltos...". Agregaban los nobles que se acusaba "al Ayuntamiento de omiso en el cumplimiento de sus obligaciones, cuando es cierto que cualquier desaliento proviene, no de la falta de aplicación, sino del desafecto con que los Ministros de la Real Audiencia miran este cuerpo, contrariando siempre sus proyectos y ultrajándolo con expresiones duras y tal vez indecorosas... ".[93]

II

Era una de las atribuciones más importantes de los Alcaldes Ordinarios la administración de justicia en primera instancia para los delitos que se cometían en poblado y para los negocios y causas contra los indígenas. Los Corregidores en España y los Tenientes Justicia Mayores entre nosotros, se sustituían a los Alcaldes en el ejercicio de estas atribuciones; pero como hemos visto que durante largos años no tuvieron los Gobernadores la facultad de nombrar estos agentes, los Alcaldes continuaron administrando justicia no teniendo como superior sino al Tribunal de la Real Audiencia que oía las apelaciones en los asuntos mayores; pues en los menores la apelación iba al Cabildo. Es de suponerse cuán contados serían los asuntos que iban en apelación a Santo Domingo o a Bogotá; de modo que el Gobernador don Gabriel de Zuloaga pretendió por el año de 1747, conocer en apelación de los autos y sentencias dictadas por los Alcaldes Ordinarios de Caracas. Al efecto obligó al Alcalde de primera elección, don Juan Félix Blanco de Villegas, a pasar a su Tribunal los autos de una causa en que una de las partes, que lo era una mujer de color de nombre María Emerenciana, se quejaba de haber sufrido agravio. Fuertemente se negó el Alcalde a atender la orden del Gobernador, apoyado en una provisión de la Real Audiencia de Santo Domingo en la cual, entre otras cosas se mandaba "que los Alcaldes Ordinarios de la Provincia, no otorgasen las apelaciones para ante el Gobernador, de conformidad con lo resuelto anteriormente por la misma Audiencia, y con las reales aprobaciones que habían intervenido". El Gobierno multó al Alcalde en quinientos pesos, ordenando al mismo tiempo "que todos los Alcaldes de la Provincia, sin embargo de lo dispuesto por la Audiencia, otorgasen libremente, arreglados a la costumbre, las apelaciones a su Tribunal, hasta tanto que el Rey se sirviese determinar lo que tuviese por conveniente".

No aprobó el Rey la conducta de Zuloaga, antes bien dictó una cédula fechada en Buen Retiro, el 4 de julio ele 1748, en la que después de considerar "que el Gobernador había procedido desarregladamente", ordenó "que se llevasen a puro y debido efecto las provisiones de la Audiencia, que debían observarse puntual e inviolablemente... y se volviesen los autos de la causa de la mencionada María Emerenciana, al Tribunal del Alcalde don Juan Félix Blanco de Villegas, quien hizo bien en resistirse a la remisión a que lo obligó el propio don Gabriel de Zuloaga, para que desde su Juzgado usen de su derecho las partes agraviadas recurriendo a la Audiencia del Distrito, que así es mi vo

III

En el año de 1590, por iniciativa del Gobernador Osorio, se reunió en Caracas el primer congreso de ciudades con el propósito de enviar a la Corte un procurador que obtuviere algunas ventajas para la naciente Colonia. Nueve ciudades, las únicas que entonces existían en la provincia, asistieron a la junta por medio de sus diputados. Estas ciudades fueron: Caracas, Coro, Tocuyo, Nueva Segovia de Barquisimeto, Valencia, Trujillo, Carora. San Sebastián de los Reyes y Nueva Zamora de Maracaibo, quienes acordadas en los puntos sobre que debía basarse la representación al Rey, nombraron por su embajador a don Simón Bolívar. Era el segundo embajador que llegaba a la Corte enviado la Provincia de Venezuela; el primero lo había sido Sancho de Briceño por los años 1556; y el tercero lo fue Don Juan de Arrechedera en 1675. De los dos primeros, dice la historia que fueron hombres de gran capacidad y lograron obtener en favor de la Colonia casi todas las dependencias que llevaron[95].

El segundo congreso se reunió ya en el último cuarto del siglo XVIII, para la resolución de un asunto fiscal y administrativo de la mayor importancia. En el año de 1777, quiso el Gobierno establecer un impuesto sobre el tabaco, cuyo cultivo y comercio había sido hasta esa fecha completamente libre,[96] sin embargo que desde hacía largos años estaba monopolizado en México y en el Perú. El autor citado encuentra muy singular el hecho de que la Corte dejara al arbitrio de los Cabildos venezolanos que representaban las poblaciones elegir entre el monopolio y una contribución equivalente, desconociendo el espíritu de las instituciones españolas y el derecho consuetudinario, que atribuía a los Concejos primero, y luego a las Cortes la facultad de votar los impuestos que se llamaban de servicio ordinario, y toda nueva contribución que el Gobierno tratara de introducir, no pudiendo cobrar legalmente estos tributos sin su consentimiento[97], del estanco; y de acuerdo con esta opinión distribuyó entre todas las ciudades, villas y pueblos una contribución, cuyo total alcanzaba a la suma de 195.084 pesos fuertes. La forma del impuesto daba lugar a suponer que el fisco no tomaba en cuenta el progreso del cultivo y que las provincias obtenían por aquella suma la absoluta libertad de cultivar y comerciar la especie, sin peligro de trabas y formalidades, ni de un derecho ulterior, lo cual resultaba ventajosísimo para la Colonia. Pero el Cabildo de Caracas, primero, y a su turno todos los demás, vieron este impuesto bajo la odiosa faz de un tributo que asimilaba los blancos a los indios, o de una capitación que confundía a todos los vasallos sin distinción alguna en la clase de pecheros, hiriendo así las perocupaciones de hidalguía de los mantuanos que componían los Ayuntamientos. "De los dos partidos —dice

Depons— se escogió el peor. Todo se sacrificó al amor propio y nada al interés, todo al despecho y nada a la razón. Se dio preferencia al monopolio antes que aun impuesto que se miraba como el sello del deshonor y de la servidumbre".[98] Este rasgo demuestra hasta qué punto se conservaban en los criollos la soberbia y el orgullo excesivo del pueblo español, y trae a la memoria aquella observación de un inglés citada por Forneron: "España, fuente de orgullo en un valle de miseria".[99]

Pero el monopolio, establecido con todo el rigorismo característico del fisco español, produjo tan enormes perjuicios, fue tal la tiranía con que los agentes fiscales trataron a los cultivadores que "más parecían una horda de bandidos". "Los desgraciados que hasta entonces habían vivido del producto del tabaco, fueron condenados a la más espantosa miseria y forzados a dividirse, según la edad y el sexo, entre el vicio y la mendicidad. Trece años duró aquel estado de cosas, y a tanto subió el clamor que el Rey resolvió, por cédula de 31 de octubre de 1792, la abolición del estanco, siempre que los habitantes pagasen como contribución una suma equivalente a la renta que producía".

El Intentende, que lo era ya para entonces el célebre financista don Esteban Fernández de León, envió esta cédula al Cabildo de Caracas el 15 de enero de 1793, invitándolo a designar las personas que debían intervenir en la liquidación del producto del estanco con el fin de calcular la distribución del impuesto equivalente. Pero considerándose el Cabildo de Caracas sin autoridad suficiente para imponer su determinación a las otras ciudades, las invitó a que enviasen a la capital sus diputados, para deliberar "en ayuntamiento" sobre lo que más conviniese al común. La reunión asumió el carácter de un verdadero congreso y las deliberaciones duraron largos meses. Todos estuvieron por la abolición del monopolio, a excepción del Cabildo de Barinas que votó porque se mantuviese y se abstuvo de enviar su diputado. Esta misma abstención comprueba la falta de unidad, de solidaridad social y económiica que colocaba por sobre todo interés colectivo los de la localidad.

Con tales antecedentes no es de extrañarse que el propio Cabildo de Caracas, al destituir quince años más tarde a las autoridades españolas, se considerase sin facultades suficientes para tomar de por sí ninguna determinación de interés general para todos los otros Cabildos, e invitara a los demás para que por medio de sus diputados constituyeran la Junta de Gobierno, primero, y luego el Constituyente, que no fue otra cosa que un Congreso de Ciudadesa usanza española. Algunos llamaron al Congreso de 1811, las Cortes Venezolanas lo mismo que los Granadinos.

IV

Otra facultad de suma importancia de que gozaban los Cabildos y de la cual hizo uso en muchas ocasiones el de Caracas, era la de suspender el cumplimiento de las órdenes reales si en su concepto perjudicaban los usos y costumbres establecidos o que pudieran alterar el orden público, apelando directamente al Rey para su supresión o modificación; importante privilegio análogo al fuero navarro denominado sobrecarta.

Recordaremos, por ejemplo, la Real Cédula llamada de gracias al sacar. sobre todo en los capítulos referentes a la dispensación de la calidad de pardos, según los cuales las gentes de color libres, como entonces se decía, y que eran las que notoriamente descendían de africanos, podían quedar habilitadas para gozar de todos los privilegios que según las leyes correspondían exclusivamente a los blancos criollos y peninsulares, mediante el pago de algunos centenares de reales de vellón. El Cabildo de Caracas se opuso fuertemente a dar el pase a la real cédula, alegando los graneles daños que originaría su sola publicación, y en varias representac1i0o0nes expuso ante el Rey las razones que tenía para impetrar su modificación.[100]

Igual cosa hizo el Cabildo de Maracaibo, negándose a publicar por bando el Real Arancel, por considerar que produciría hondos trastornos en el orden social y un peligro inminente para la paz pública; "pues el solo conocimiento por parte de las gentes de color, de que S.M. pudiese igualarlas con los limpios y blancos vasallos, elevaría sus pretensiones naturales a un punto inconcebible. El número de los individuos pardos, negros y mulatos libres en esta provincia, es tan grande —decía el Fiscal del Ayuntamiento— que excede en más de un doble al de blancos e indios, aunque se unan estas dos clases, como resulta de los estados de población". Como todavía estaban frescos los sucesos de la rebelión de los negros en la Serranía de Coro, creía el Cabildo que la disposición del Rey vendría a dar alas a aquella clase para que repitiese "los grandes daños, incendios y muertes, que se sucedieron durante la sublevación, y cuya mira principal era la destrucción de la clase blanca, virtiendo especies relativas a las ocurrencias sucedidas en las Islas y colonias vecinas (revolución de Santo Domingo en que los negros sublevados cometieron los más horrendos crímenes contra la población blanca) y a los graves rumores que se habían esparcido, así en esta capital (Maracaibo) como en otras partes con papeles introducidos que precisaron a que se tomasen precauciones extraordinarias".[101]

Tanto el Gobernador como la Audiencia convinieron en suspender el cumplimiento de la Real Cédula en lo relativo a la dispensación de la calidad de los pardos, en tanto que S.M., pensando las poderosas razones expuestas los Cabildos, resolviera lo más conveniente "a las especiales circunstancias de estas provincias".

Muy escaso de recursos el erario español, y privando en la política de la Corte el funesto Godoy, no se dio oídos al clamor de los Cabildos, y en virtud del curioso arancel se comenzó a dispensar a los pardos de Venezuela su baxa calidad. Sucedió en esos días que un Diego Mexías Bejarano, vecino de Caracas, de profesión curandero, hombre honesto y generalmente estimado en el vecindario, obtuvo del Rey, mediante el pago de quinientos reales de vellón, una cédula en la que dispensándole a él y a su familia la calidad de pardos, se les habilitaba para el ejercicio de todos los oficios de república y les abría las puertas de las comunidades religiosas, cerradas por completo a las gentes de su clase. El Ayuntamiento de Caracas, contra la disposición real, se apoderó de la cédula de Bejarano y vanas fueron durante largos meses las órdenes del Gobernador y de la Audiencia y las representaciones del curandero para devolverla al interesado, que la reclamaba en uso de su derecho. Alegaba aquel Cuerpo que ya había representado ante el Rey sobre el Asunto, y no entregaría la cédula "hasta tanto que informado S.M. de los perjuicios señalados, resuelva lo que sea de su Real agrado".[102]

Pero lo más curioso en aquel régimen llamado impropiamente de esclavitud, de despotismo y centralización, es que no sólo los Cabildos sino las clases libres, en general, tenían el derecho de protestar ante el Cabildo, ante el Gobernador y ante el Rey mismo, como acontecía en Castilla en el siglo XVI, contra las contribuciones municipales que les fueran impuestas, sin que se hubiese comprobado antes su utilidad y obtenido el previo consentimiento de los gremios sobre los cuales iba a recaer el impuesto. Esas protestas se hacían como hemos visto al hablar del municipio castellano, por medio de síndicos o procuradores generales elegidos por las diferentes clases del pueblo según las formas consagradas por la costumbre o por los estatutos de cada comunidad. Estos procuradores, especie de tribunos —dice Bovadilla hablando de los de España—, obrando en nombre del pueblo o de la corporación que los nombraba, supervigilaban la conducta de los regidores, asistían a sus deliberaciones con el derecho de protestar contra las resoluciones que les1 pareciesen perjudiciales al interés público y de apelar a la autoridad superior.[103]

Sucedió en Caracas, que a petición del Ayuntamiento había ordenado el Rey, por cédula fechada en San Ildefonso el 28 de agosto de 1733, la construcción de cinco archivos para las escribanías públicas, de dos puentes sobre los arroyos Caruata y Catuche, y de una carnicería, disponiendo, para la construcción de estas obras, la imposición de varios arbitrios, siendo los más importantes:

1° El de $25 a las pulperías establecidas en la ciudad y en el puerto de La Guaira, exceptuando las llamadas de composición, pertenecientes a la Real Hacienda.

2° El de medio real de plata como pontazgo sobre cada dos mulas que entrasen en la ciudad "cargadas o vacías"; e igual cantidad por cada cuatro cabezas de ganado. (Este derecho debía hacerlo efectivo el Ayuntamiento por medio de dos empleados situados permanentemente en los puentes). Lo mismo debía cobrarse por cada tres o cuatro yuntas de bueyes conduciendo maderas, entendiendo lo propio con las caballerías mayores o menores que condujesen maderas, tablones y cal, exceptuando las cargadas de leña, yerbas, piedras y otros artículos sumejantes.

3° Se concedía a la ciudad la facultad de monopolizar la leña "que entraba para su abasto y cuya utilidad ha sido hasta ahora en beneficio de los pulperos", y se imponía un real de plata "sobre cada carga que los particulares cortaran y condujeran para su gasto".

4° Se cobraría también $6 al año "por cada puesto de venta que ocuparan en la plaza principal y demás plazuelas de la ciudad las negras y mulatas que hacen el oficio de verduleras, fruteras y pescaderas".

Para el manejo de los fondos que produjeran estas contribuciones se ordenaba el nombramiento de una junta especial, sometida a las más minuciosas formalidades, restricciones y cortapisas, propias del fisco español, y en cuya composición entraba hasta un miembro del Cabildo eclesiástico.

El Gobernador y Capitán General de la Provincia, que lo era para entonces don Martín de Lardizábal, y el Ayuntamiento, compuesto por el Maestre de Campo don Pedro Míxares de Solórzano y don Juán Suárez de la Riva, Alcaldes Ordinarios; don Diego de Liendo, don Mauro de Tovar, don Pedro Frías, don Juan Ignacio Mixares de Solórzano, Regidores; y el fiel Ejecutor don Blas de Landaeta, ordenaron promulgar la Real Cédula por medio de "un bando y en los parajes más públicos". Esto se hizo el 30 de enero de 1734 "con la mayor solemnidad y produjo gran alarma en el vecindario".

Los diversos gremios sobre quienes recaían las nuevas contribuciones, se reunieron inmediatamente para protestar contra ellas y pedir se suspendiese la ejecución de la Cédula hasta tanto fuera informado el Monarca del perjuicio que sufriría el vecindario, y nombraron como apoderado general a Pedro García de Segovia.

El documento que éste produjo es de una gran importancia para quien desee estudiar la vida de nuestra capital en aquella época y la historia de muchas obras de utilidad pública que todavía existen. Nosotros nos limitaremos a extractar lo pertinente a nuestro asunto.

Comienza el Procurador por pedirse suspenda el cumplimiento de la Real Cédula alegando lo gravoso del impuesto, y mientras se instruyese el real ánide los graves daños que iban a producirse, pues el Ayuntamiento "había sorprendido a S.M. con una relación siniestra, falsificando los requisitos que eran necesarios para imponer nuevas contribuciones, no habiéndose cumplido previamente el precepto legal y de costumbre de citar a los vecinos que debían pagar los arbitrios para consultarles sobre su justicia y utilidad".

"Para que las nuevas imposiciones, tributos y contribuciones sean justas y se tomen por tales —decía Segovia—, se requieren muchas condiciones: es la pública utilidad y necesidad a juicio del vecindario, y que no haya de dónde socorrerlas; que las contribuciones y exoneraciones no deben ser demasiadas ni excesivas, sino proporcionadas a todos los que constituyen el cuerpo político de la república. Y siendo conveniente e importante a las repúblicas que los vasallos, lugares y ciudades se conserven y los subditos sean ricos; no verificándose las condiciones antedichas en las nuevas imposiciones, fue un involuntario asenso el de la Real Majestad". A este concepto esencialmente democrático del mecanismo subventivo del Municipio colonial, añade el Procurador esta doctrina que es la que hoy mismo preconizan los economistas más radicales en materia de impuestos: "Los tributos no se deben imponer en las cosas precisas y necesarias de la vida, las que sirven a las delicias, comodidades, ornato y pompa, con lo cual, quedando castigado el exceso, cae el mayor peso sobre los ricos y poderosos, y quedan aliviados los labradores, oficiales y demás personas miserables, que son la parte que conviene mantener en la república para su conservación".

Es el mismo criterio socialista fundado en la justicia aproximativa, que exige que el impuesto sea proporcional a la riqueza y por lo tanto recaiga sobre lo superfluo antes que sobre lo necesario. Es curioso observar cómo en aquellos tiempos en nuestra incipiente colonia, y conforme a la tradición española, se proclamarán principios que hoy defienden los partidos políticos más avanzados.

Continúa el Procurador haciendo cargos al Cabildo por la mala administración de los propios y arbitrios de la ciudad, y termina diciendo: "Que si se estimasen precisas y necesarias las obras (indicadas en la Real Cédula) se ejecuten a contribución de los vecinos por vías de derramas a proporción de sus caudales; y llegándose así al fin de la fábrica, cesarán todos los inconvenientes y efectos de la disposición Real".

Entre los que otorgaron poder a Segovia, se encuentra Juan Francisco de León, el mismo que quince años más tarde, habituado al ejercicio de sus derechos civiles, como que era natural de Canarias se levantara para protestar contra los excesos de la Compañía Guipuzcoana:[104] Juan de Orta y Francisco Guanches, también canarios, representantes del gremio de labradores; Capitán Luis de Nieves y don Marcos Carrasco, del de madereros; Capitán José Romero, José Núñez de Aguiar y Cristóbal Izquierdo, del de arrieros, y demás vecinos que se hallan en los contornos de la ciudad. Los pulperos estaban representados por Matías Rodríguez González, Luis Manuel Freitez, Juan Cardozo, Francisco Tomás Pad1rón, Simón García, Pascual Herrera, Domingo Marrero y Miguel Rodríguez.[105]

Lo más curioso de todo este proceso, que tan en falso deja la creencia tan generalizada hasta hoy de que la colonia fuera un régimen de absolutismo, es que el Rey se decidió en favor de las clases trabajadoras, ordenando que las obras indicadas por el Cabildo se llevasen a cabo con los recursos ordinarios de la ciudad sin nuevas contribuciones.

<h2 style="text-align:center">V</h2>

Si nuestro objeto fuera el de hacer un estudio minucioso del régimen colonial en todas sus fases, llegaríamos fácilmente a la conclusión de que los defectos, los vicios, el despotismo, en fin, que pesaba sobre ciertas clases, no dependía de ningún modo de las leyes, ni del gobierno metropolitano, sino de las condiciones étnicas, geográficas y económicas propias y peculiares de las provincias venezolanas.

En presencia de razas socialmente inferiores, sometida la aborigen por la conquista y la negra por la esclavitud, los instintos igualitarios del pueblo español tenían que modificarse profundamente en la Colonia. Aun en las sociedades fundadas sobre la desigualdad es siempre chocante ver coexistir diferencias jurídicas absolutas con semejanzas físicas sensibles. A la inversa sucede aun en aquellas mismas sociedades que tienen la igualdad por principio constitutivo;

los sentimientos antiigualitarios estallan violentos al entrar en contacto con razas totalmente diferentes de su raza.[106]

Al ordenar el Rey de España que en la elección de los miembros del Cabildo colonial se diese preferencia a los descendientes de los conquistadores y pobladores,[107] estableció un exclusivismo que bastardeó el espíritu democrático del Municipio, y dio fundamento a la oligarquía municipal que vino a acentuarse cuando los regimientos se hicieron vendibles y perpetuos como en España. Con una diferencia: que en la Península, como se ha visto, había ciudades en que los Ayuntamientos estaban en manos de los pecheros con absoluta exclusión de los hidalgos[108], en cuanto que en Venezuela los Cabildos fueron siempre el patrimonio de la clase noble, hasta el punto de que se pretendió excluir de ellos a los propias peninsulares, y naturalmente servían antes que todo a los intereses y a las preocupaciones de aquella clase que en cada localidad estaba constituida generalmente por una sola familia.[109]

Basta leer algunos documentos relativos a aquellos cuerpos, para convende que durante largos años estuvieron como los de Castilla en manos de un número limitado de familias poderosas. En el de Caracas no es raro encontrar en una misma época tres Mixares de Solórzano, dos o tres Tovar, tres Blanco, dos López Méndez, dos Toro, etc., y como todas estas familias estaban emparentadas muchas veces entre sí, el despotismo era completo. El cargo de Alférez Real perteneció durante largos años a la casa de Palacios y Sojo.[110] El último Alférez Real fue don Feliciano Palacios, tío del Libertador, quien fue siempre realista, y godos sus descendientes.

En 1748, figuraban en el Cabildo de Coro, don José Gregorio de la Colina, Alcalde Ordinario, don Juán de la Colina,

Provincial y Alcalde Mayor de la Santa Hermandad, don Martín de la Colina, Procurador General. En el Cabildo de Barquisimeto, hasta 1729, dice Meléndez[111] todos los Alcaldes y Capitulares eran de una sola familia. En 1723, figuraban en él "dos Parras y dos Galíndez, que eran parientes consanguíneos y afines de una misma familia".[112]

En la visita que hizo a las Provincias de Cumaná y Barcelona en 1780 el Oidor de la Audiencia de Santo Domingo, Don Luis de Chávez y Mendoza, encontró que todos los cargos municipales estaban ocupados por la familia Alcalá, sus consanguíneos y afines y su poder se extendía hasta los pueblos de misión. Don Diego Antonio de Alcalá, Corregidor de los Indios de Píritu, ejerció un despotismo tan absoluto sobre aquellos 1p13ueblos, que el Oidor se vio en el caso de enjuiciarlo, y acusarle ante el Rey113 Los apellidos Maíz, de la Cova, Bermúdez, Sucre, Vallenilla, Mejía, García de Urbaneja, estaban vinculados con el de Alcalá.

En Trujillo la oligarquía municipal estaba compuesta por los Briceño, Paredes, Pacheco, Mendoza, Uzcátegui, etc. En el Cabildo que inició la independencia de aquella provincia aparecen cuatro individuos de apellido Briceño.[114]

En Margarita, como hemos visto, hubo una época en que figuraban tres individuos de apellido Arismendi en el Cabildo de La Asunción, que era el único que existía en la Isla.

En Mérida venían sucediéndose en el Cabildo desde tiempo inmemorial los Picón, Dávila, Troconis, Ruiz, Aranguren. Manzaneda, Briceño y otros apellidos de gran distinción, que por causas étnicas, que han sido a la vez causas sociales y de las cuales hablaremos más adelante, han conservado por largo tiempo su preponderancia social en aquellas regiones.

No sólo en las ciudades sino en las villas prin1c1ipales, los Cabildos estaban en manos de cierto número de familias notables,[115] presentando el fenómeno de la especialización hereditaria de las funciones municipales que ayudada por la diferencia de raza, los constituía no en una clase sino en una casta superior, habituada a la supremacía local y dispuesta a defenderla contra toda invasión de las clases inferiores y de los advenedizos, por más que fuesen peninsulares, no sólo por el exclusivismo político sino por la jerarquización social más completa, por la endogamia y la repulsión respecto de lodo aquel que no pudiera comprobar su limpieza de sangre[116]. "Repulsión, jerarquía, especialización hereditaria, el espíritu de casta reúne estas tres tendencias... Decimos que una sociedad está sometida a este régimen, cuando está dividida en un gran número de grupos hereditariamente especializados, jerárquicamente superpuestos y mutuamente en oposición... si ella no tolera en principio ni advenedizos, ni mestizos, ni tránsfugas de la profesión; si ella se opone a la vez, que a las mezclas de sangre, a las conquistas de los rangos y a los cambios de oficio"[117].

VI

De los numerosos expedientes que bajo el título de Ayuntamientos existen en el Archivo Nacional, tomamos los siguientes datos correspondientes al año de 1794:

"El Cabildo de San Carlos olvidado de los principios (de alternabilidad en los oficios concejiles) indispensables al buen orden, no piensa en otra cosa que en ver cómo reasume toda la jurisdicción ordinaria, en la casa de los Herrera, que es la que con sus intereses y genio gubernativo quiere allí supeditar. Conocerá V. A. la opresión en que vive sepultado el público de San Carlos, cuando se haga cargo de que el

Justicia Mayor es Don Bernardo Herrera, que el Alcalde 1° es su cuñado y primo hermano, que el Fiel Executor es también su primo hermano y cuñado, que el Alguacil Mayor es su pariente, que el Depositario General es su íntimo amigo y que los escribanos no hacen otra cosa que lo que ellos les mandan. ¿Y será posible que un gobierno tan justificado como el nuestro, permita que el público de San Carlos, sacrifique sus derechos, sus intereses y aun su libertad al poder y dominio de una sola familia? ¿Será bien visto que toda la justicia de aquella jurisdicción esté pendiente de la voluntad de los Herrera?".

En el mismo año, don Juan José Navarro y don juán Antonio Zárraga, se oponen a la elección que hizo el Cabildo de Coro, en el doctor don Pedro Chirinos, en don Pablo Ignacio de Arcaya, en don Francisco Hidalgo y en el doctor don Diego de Castro por ser todos ellos de una misma familia. "Darán mayor fuerza a estas razones —dice el Procurador don Antonio Viso, apoderado de Navarro y de Zárraga ante la Real Audiencia— la consideración de que el doctor Pedro Chirinos y don Pablo Ignacio de Arcaya están ligados y enlazados con casi todas las familias blancas de la ciudad de Coro dentro del cuarto grado de consanguinidad, con parentescos dobles cuyos respectos pueden torcer la justicia y hacer gemir al pobre en quien no concurran iguales motivos de protección".[119]

"La Ciudad de Valencia —dice a la Real Audiencia el Procurador don Manuel Martínez— se compone de nueve o diez familias tan conjuntas y estrechas entre sí que están sus individuos con tan recíproco ligamen, que no hay uno que no sea pariente desde el primer grado hasta el cuarto, de otro; de modo que si se executa la Real Provisión (que impedía la elección entre parientes), no hay sujeto sobre quien recaigan las elecciones de oficios de justicia y concejiles porque los demás vecinos o son mulatos, o son mercaderes menúdos y de otros oficios mecánicos, o son forasteros transeúntes u ocupados en sus embarques y negociaciones y sobre todo son de aquellos que carecen de las circunstancias legales para el acierto y expedita administración de justicia".[120]

En 1798 el Procurador don Remigio de Ochoa decía ante la Real Audiencia, que en la ciudad de San Felipe, con motivo de ser elegidos los Regidores y parientes inmediatos para los oficios concejiles, "se formaban, sostenían y nutrían partidos escandalosos, que turbaban la quietud del público, encendían la discordia entre las familias, impedían la administ12r1ació m de justicia, molestando constantemente la atención de la Audiencia".[121]

El mismo Procurador Ochoa dice que el Ayuntamiento de la ciudad de Barquisimeto "había tomado el sistema de hacer votar entre sus individuos las varas de Alcaldes sin conferirlas jamás a otros habitantes que no fuesen capitulares o parientes inmediatos de éstos, de cuya política se quejaba con razón el vecindario viéndose privado del honor que produce el servicio de las plazas políticas".[122]

Ya en el siglo anterior, año de 1691, a consecuencia de que en la ciudad de Carora los oficios de república se hallaban en manos de una sola familia, lo cual ocasionaba "muchos pleitos, y alborotos en los Cabildos, haciéndose parcialidades y los parientes solo atienden del interés de sus familias y no del bien público", el Rey se dirige por Cédula del 19 de enero de aquel año al Gobernador y Capitán General de la Provincia de Venezuela Marqués del Casal, y le dice que "...hallándoos con crecidos cuidados de los tumultos y alborotos que cada día se ofrecen (en aquellas ciudades), diviertiéndoos al acudir a otras cosas tocantes a nuestro Real servicio, y no lo podáis remediar sin escribanos, porque (los cabildos) no los consienten y ellos por temor de los alborotos de los que se oponen, se apartan he dispuesto que: De aquí en adelante vos y vuestros sucesores y a quien tocase el cumplimiento de esta nuestra cédula, no conscientan que por ninguna causa, pretexto, motivo, práctica, ni costumbre no usen ni tengan en un Cabildo dos hermanos regimientos, padre, hijo, suegro, yerno y cuñado, sino solamente uno de ellos, porque desde luego es visto quedar como quedan, excluidos, suspendiendo a los que de presente exercieren dejando uno de ellos, que fuese más antiguo y para ello en adelante harán antes de oponerse a la venta y remate de dichos oficios informarse de no tener en el Cabildo padre, hijo, hermano, yerno, suegro o cuñado y también no ser parientes dentro del 4° grado, de los oficiales reales, sus tenientes y sus mujeres".[123]

Sin embargo de estas terminantes disposiciones para impedir que los oficios concejiles estuviesen en manos de una sola familia, sucedió que el Ayuntamiento de Caracas eligió el 1° de enero de 1797 a don Luis López Méndez, para Alcalde Ordinario de primera vara, siendo Regidor su hermano don Isidoro Antonio; y a la protesta formulada ante la Corte por el Gobernador, el Rey declaró expresamente, por cédula fechada en San Ildefonso el 20 de mayo del mismo año, que el Ayuntamiento tenía "el derecho y la libre facultad de elegir las personas que estime por más idóneas para los oficios concejiles sin que sea impedimento el parentesco de ellos con algunos de los capitulares"[124] y los hermanos permanecieron en sus puestos.

VII

En este punto de nuestro desarrollo histórico, el espíritu

municipal coincide y se estrecha íntimamente con la tendencia exclusivista de la aristocracia criolla, el mantuanismo, como se decía en Caracas, luchando siempre por perpetuar el predominjo a que estaba habituado en largos años de descentralización y aislamiento, en los cuales la autoridad del monarca estaba representada por gobernadores con facultades limitadísimas y sujetas a juicio de responsabilidad. En nuestro libro Cesarismo Democrático hemos tenido ocasión de señalar la gran influencia social y política que ejercían aquellas aristocracias municipales, "gozando para con el populacho de una consideración tan elevada cual jamás la tuvieron los Grandes de España en la capital del Reino"[125].

Cuando estalle la revolución y los Cabildos envíen sus representantes, primero a la Junta Suprema y luego al Congreso, se manifestarán más claramente las tendencias localistas de aquellos hombres, que por ningún respecto se hallaban dispuestos a ceder en favor de un gobierno central, cuya creación era de imprescindible necesidad, un ápice de su autonomía, y se agarrarán al federalismo como a la única doctrina constitucional que podría responder en cierto modo al espíritu cantonalista que los animaba.

Recuérdese lo que dijo más tarde Bolívar en el Manifiesto de Cartagena: "La subdivisión de la Provincia de Caracas, proyectada, discutida y sancionada por el Congreso Federal, despertó y fomentó una enconada rivalidad en las ciudades y lugares subalternos, contra la capital: 'la cual, decían los congresales ambiciosos de dominar en sus distritos, era la tirana de las ciudades y la sanguijuela del Estado".

Igual cosa sucedió en Nueva Granada, donde los magnates municipales se opusieron siempre a la centralización del gobierno, produciéndose, como entre nosotros, y quizás con mayor fuerza y persistencia por ser mayores las distancias y las dificultades de comunicación entre las ciudades capitulares, la anarquía federalista que ahogó las primeras manifestaciones de independencia, "Algunas ciudades y villas de nuestro reino —decía el doctor Ignacio Herrera, Procurador General de la ciudad de Bogotá— tienen bajaes que embriagados con el poder que se han buscado con sus riquezas, pretenden la independencia colocar en los empleos a los de su familia y continuar de este modo en la tiranía. Filos son los que la persuaden, porque están acostumbrados a tener pendientes de sus labios a los pobres del pueblo".[126]

Pero fue precisamente a esta transformación aristocrática o mejor dicho eugenocrática del Municipio, porque estaba en manos de las personas más distinguidas por su nacimiento, a la que se debió la conservación de su espíritu de independencia y dignidad, a pesar de todos los esfuerzos de la metrópoli por reducirlos[127] "a una débil sombra de lo que habían sido en los primeros años de la Conquista". Porque eran los mantuanos, descendientes más o menos de los conquistadores y pobladores, quienes podían conservar con mayor fuerza los instintos políticos de la raza hispana, fortalecidos por el hábito del predominio y por todas cuantas son prerrogativas de las clases elevadas en todos los tiempos y en todos los países. La intervención de los otros elementos libres que constituían la masa de la población colonial hubiera bastardeado seguramente y corrompido la esencia de la Institución. Así lo juzgó más tarde el propio General Páez, cuando resuelto a suprimir los Ayuntamientos, por atribuírseles erróneamente todos los movimientos tumultuarios que precedieron a la disolución de la Gran Colombia, escribía al Libertador: "Las Municipalidades en

Colombia son inútiles; los españoles las fundaron como una espeecie de representación nacional, (sic), encargándolas del abasto, aseo y salubridad de los pueblos; a fin de que llenasen estos objetos, se exigía que los miembros de los Ayuntamientos no pudiesen ejercer ninguno de aquellos oficios que no correspondiesen a un noble; en el día entran en las Municipalidades los carniceros, los tenderos, los bodegueros, los zapateros y todos aquellos de cuyos intereses, cargas y contribuciones va a tratarse...". [128]

Es curioso observar cómo el jefe de la democracia surgida de la revolución tuviera del Municipio este concepto puramente aristocrático; pero probablemente, ni él, ni sus consejeros comprendían entonces que aquel régimen, aquí como en España y donde quiera que se imponga la integración de los elementos que deben constituir la nacionalidad, centralizando el gobierno, tenía fatalmente que desaparecer.

¿Cómo podía funcionar además, el Municipio bajo el gobierno militar y necesariamente despótico surgido de la guerra y bajo la Dictadura impuesta y el desbarajuste político y administrativo de la Gran Colombia?

En julio de 1824, se ocupaba el General Páez, Comandante del Departamento de Venezuela, de organizar en Puerto Cabello una de las expediciones que debían marchar al sur del Continente a la conquista definitiva de la Independencia. La recluta se hacía, como de costumbre, sin reparo alguno de las garantías individuales, y el Cabildo se creyó en el deber de protestar contra actos que consideraba opuestos a la Constitución. Páez hace llamar a su casa a los Alcaldes, y a las objeciones que le hizo el segundo de ellos, Don Vicente Michelena, contestó el Comandante General "llamándole canalla, picaro, indecente, con otra porción de palabras denigrativas, ofreciéndole patadas y arrojándolo de su casa a empujones", hechos que asombraron a todos cuantos conocían "las virtudes políticas y morales del señor Michelena... honrado ciudadano, padre tierno y virtuoso, magistrado, en fin, excelente y sin más crimen que haberse opuesto y decir que se opondría a las providencias militares que fuesen contrarias a las instituciones que nos rigen". Son muy significativas las palabras del apoderado de la Municipalidad de Puerto Cabello: "...sería de desear —dice— que no nos estuviésemos jugando con las leyes escritas y los hechos: fíjese un orden de cosas: el que se conforme con él se quedara aquí; y el que no se irá. Dígase, por ejemplo, que toda plaza, ciudad o pueblo ocupado por las tropas de la República, es de la pertenencia de los jefes de estas tropas, y entonces no nos espantaremos de lo que quiera que hagan; aunque ya hayan pasado los tiempos en que había señores de horca y cuchillo, pendón y caldera, etc.[129] Pero nombrar Municipalidad y todo el aparato de actos populares de libertad, para que todo esto sea el ludibrio de unos cuantos militares, es la mayor burla que puede hacerse de un pueblo". Por su parte el Coronel Arguindegui, Jefe del batallón "Anzoátegui" decía en la defensa que hizo del General Páez: "...toda autoridad debe callar en presencia del primer jefe militar del Departamento".[130]

No está fuera de lugar esta digresión porque ella comprueba la imposibilidad de restaurar un régimen que ya no correspondía de ningún modo al nuevo orden de cosas que surgía de aquella revolución social y tendía fatalmente a la centralización del poder. Con la desaparición casi absoluta de las oligarquías municipales, que representaban las tradiciones y los instintos políticos de la española, debían desaparecer también, como órganos funcionales, las instituciones que constituían su más genuina representación. Durante algunos años más lucharán los Cabildos por sus antiguas prerrogativas; pretenderán asumir como antaño la representación de los intereses comunales y aun los generales del país, pero sucumbirán al fin ahogados bajo el poder avasallador del caudillismo que surgía por evolución regresiva del seno de la revolución; no quedando sino como supervivencias de un organismo social hondamente transformado, del modo como sucede con los órganos reducidos de los animales y vegetales colocados en distintas condiciones de existencia.[131] Varias veces hablaremos en el curso de estos estudios de evolución regresiva y desde luego debemos advertir que estamos muy lejos de tomarla en el concepto vulgar, sino en el estrictamente científico. "No se trata solamente de fenómenos excepcionales, anormales, patológicos —dicen los autores citados—. La regresión no es un accidente de la evolución; es el anverso de la evolución pro1 g2resiva, el complemento necesario de toda transformación, orgánica o social".[132]

VIII

Pero es indiscutible que durante toda la época colonial, como lo hemos visto, el municipio, la ciudad capitular, fue aquí como en Castilla "la división elemental y única" de aquel régimen. Y no solamente los de Venezuela, que, por las condiciones especiales que hemos apuntado, tuvieron necesariamente que gozar de mayor autonomía dentro de los precarios negocios inherentes a su pobreza, a su abandono, a la inmensidad de su territorio, a la dificultad de comunicaciones, y a las limitadas facultades de que gozaban los Gobernadores, sino los de otros países de América, sometidos desde los primeros años de la colonización a Audiencias y Virreyes que coartaban sus atribuciones.

"Si se estudia el espíritu de nuestros Cabildos —dice Ramos Mejía hablando de los argentinos— en sus actos mismos, en su acción durante el largo periodo de la colonia, y no en las descripciones que han hecho de ellos viajeros transeúntes que no pudieron penetrar su espíritu por lo rápido y aun diré por lo superficial de sus observaciones, ni en las de los juristas aun cuando éstos haya an fundado sus conclusiones en las leyes que los regían, se verá, que si fueron orgánicamente imperfectos, no fueron administrativamente serviles.

"Porque hay que tomar en cuenta que el Río de la Plata y mucha parte del país argentino permaneció (como el de Venezuela) desconocido y menospreciado por su falta de riquezas, que en el concepto de entonces la constituían únicamente las minas y el trabajo servil, llevándose toda la atención de los viajeros e historiadores españoles y extranjeros México y el Perú, con sus virreyes y su nobleza, con sus pompas y solemnidades.

"Ninguno de estos viajeros más o menos observadores, ninguno de estos juristas consultos o inconsultos que han estudiado los cabildos americanos han tenido presente la hoy República Argentina ni se han penetrado de su funcionamiento real sino en México y en el Perú: no han penetrado al país argentino para ver cuál era el espíritu de las poblaciones y cómo ejercían sus escasísimas facultades comunales esos oscuros Cabildos perdidos en las soledades del desierto".[133]

Del mismo modo superficial han sido estudiados hasta hoy los Cabildos venezolanos por falta de documentación, que por fortuna existe hoy salvada del abandono, de la incuria y de la devastación, por la creación del Archivo Nacional, una de las obras de más trascendencia debidas a la progresista administración actual de la República. Por eso hemos podido basar nuestra tesis en algunos documentos desconocidos hasta el presente, y que dicen elocuentemente cómo fue de vivaz entre nosotros el espíritu municipal, sirviendo de escuela a los hombres que iniciaron el movimiento emancipador, sin tener necesidad, como se ha afirmado por ignorancia de los hechos, de ir a copiar leyes extrañas ni a imitar senilmente las instituciones de otros países para asumir desde luego el gobierno propio, para declararse en posesión de sus derechos autonómicos al desaparecer el Monarca, "centro común del Reyno", lazo de unión de todas aquellas ciudadescabildos enclavadas en el territorio de la propia Península y esparcidas en la vasta extensión del continente americano. Es una verdad demasiado sabida que los Concejos Municipales son la escuela primaria del derecho federal representativo.

"La desconfianza metropolitana —dijo Don Andrés Bello— había puesto particularmente esmero en deprimir estos cuerpos (los cabildos) y en despojarlos de toda importancia efectiva; y a pesar de este prolongado empeño que vino a reducirlos a una sombra pálida de lo que fueron en el primer siglo de la conquista, compuestos de miembros en cuya elección no tenía ninguna parte del vecindario, tratados duramente por las autoridades y a veces vejados y vilipendiados, no abdicaron jamás el carácter de representantes del pueblo, y se les vio defender con denuedo en repetidas ocasiones los intereses de la comunidad. Así el primer grito de independencia y de libertad resonó en el seno de estas envilecidas municipalidades".[134]

Los sucesos del 19 de abril de 1810, la destitución de las autoridades españolas y la autonomía que inmediatamente asumieron las ciudades-cabildos erigiéndose en Provincias, no fueron hechos singulares, ni extraños a la índole y la tradición de los cuerpos municipales; y las doctrinas en que basaron sus derechos, fueron puramente españolas.

¿Y qué otra cosa representó las provincias confederadas en 1810 y los Estados Federales de 1811 sino las ciudades-cabildos fundadas por los Conquistadores "constituyendo cada una con su jurisdicción una entidad independiente? Los que guiados por una ligereza impropia al estudio de estas materias han afirmado que los federalistas venezolanos por puro diletantismo "dividieron lo que tradicionalmente estaba unido", desconocen por completo que esos Estados, esas entidades que casi todas llevan los nombres antiguos, son exactamente los mismos Distritos Capitulares constituidos por los conquistadores desde la fundación de las ciudades, que desde entonces hasta hoy han venido siendo cabeza de los territorios cuyos límites les fueron asignados por el Conquistador, ya fuesen arcifinios, ya demarcados por la tribu conquistada, ya impuestos por las vicisitudes de la conquista.

Con una que otra excepción, todos nuestros Estados derivan su nombre (nos referimos a su nombre tradicional, no al oficial) del de la ciudad en que estaba constituido su Ayuntamiento. Al estallar la revolución, cada Cabildo asumió la representación y gobierno político en sus respectivas ciudades metropolitanas "constituyéndose en entidades independientes por la fuerza de las cosas y la acción de las tendencias particulares que constituían su tradición".[135]

Tan hondos arraigos tuvo esa tradición en los instintos políticos de nuestro pueblo que ninguno de los partidos históricos, por más que se titularan el uno centralista y el otro federalista, negó jamás esas autonomías; dándose el curioso fenómeno de que bajo el régimen central de 1830, las provincias gozaron de mayor descentralización política y administrativa que bajo el régimen llamado federal, en virtud de una evolución necesaria y que ha venido conduciendo al país desde la disgregación municipal y caudillesca producida por la revolución y por la guerra de Independencia, hacia la integración política y administrativa que reclama la consolidación de la individualidad nacional.

NOTAS

92   Este capítulo fue publicado en su versión definitiva en Cultura Venezolana (Año 1, T. II, No. 4, septiembreoctubre 1918), pp. 121.

93   Blanco y Azpurúa, Doc. T. I, pp. 2Ó7275. Informe que el Ayuntamiento de Caracas hace al rey de Fspaña, etc.

94   Arch. Nac., Reales cédulas. No. 106.

95   Depons. ob. cit., 111, pp. 46 y ss.

96   El Ayuntamiento de Caracas pretendió en el año de 1904 acreditar un Agente permanente ante la Corte. El Síndico Procurador General, don Juan Nepomuceno de Rivas en nombre del Ayuntamiento ocurrió al Rey solicitando concediese a aquel cuerpo la facultad de disponer de los fondos necesarios (trescientos pesos) con aquel objeto. "Acaso sea sólo el Cabildo de Caracas —decía el Sindico— quien no tenga una persona situada y competentemente dotada en esa Corte, fuente de la administración de justicia, dispensación de gracia y mercedes, que lo represente cerca de V.M. para el más feliz, pronto y justificado decreto a sus informes y recursos". El Rey se dirigió a la Audiencia pidiendo informes y manifestando su deseo de atender a la solicitud de la ciudad de Caracas. Archivo Nacional. Reates cédulas. No. 339 1805.

97   Recop. lib. VI, tit. 7, L. 1.

98   Ob. cit., III, p. 49.

99   Ob. cit., p. 47.

100   Véase nuestro libro Cesarismo Democrático. "Los prejuicios de

casta.Heterogeneidad y Democracia", pp. 85 y ss. [Se refiere a las páginas de la edición de 1919].

101   Sobre la sublevacicin de los negros de Coro, véase el discurso de recepción del Dr. Pedro Manuel Arcaya en la Academia Naciemal de la Historia, en que con admirable claridad se hallan expuestos no sólo los hechos, sino el odio de castas que produjo aquel movimiento, y que tanta trascendencia debía tener en las futuras conmociones del país.

102   Arch. Nac. Reales cédulas. Expediente que comprende la Real Cédula sobre dispensación de la calidad de pardo a favor de Diego Mexías Bejarano.

103   Bovadilla, ob. cit., lib. III, e. 7.

104   Puede consultarse sobre las libertades municipales de que gozaron siempre los canarios, que en gran parte fueron los pobladores de Venezuela, el precioso libro Regionalismo de don Manuel de Ossuna y van den Heede, Santa Cruz de Tenerife, 1904.

105   Arch. Nac. Ayuntamientos, 1734.

106   Bouglé. Les idées égalitaires, pp. 129130.

107   Por cédula de 1565 se ordenó que para Alcaldes Ordinarios y Regidores se prefiriesen los primeros Conquistadores y pobladores y sus descendientes. Solórzano. ob. cit., p. 253.

108   Véase, entre otras, la petición 86a. de las Cortes de 1552: "Muchas veces ha sido suplicado V.M. mande que los hidalgos tengan la mitad de los oficios de sus pueblos, y en el Consejo Real se da provisión para que por ser hidalgo no le dexen de echar por suerte de oficios. Y con esta como son más los pecheros que los hidalgos, quedan excluidos de oficio", —cit. de Loubens, ob. cit., p. 227.

109   Lo mismo sucedió en Francia, donde las Comunas —según Acliille— "a pesar de su origen popular, cayeron en poder de una casta, la cual se mostraba tan exclusivista, tan hermética, tan celosa de sus privilegios, y algunas veces tan dura para con el bajo pueblo, como la propia clase feudal". Citada por D'Auriac. —La nationalité française p. 109.

110   Depons, ob. cit., II. p. 53.

111   Ob. cit., p. 31.

112   Ob. cit., p. XXXVI, en nota.

113   Arch. Nac. Visitas públicas.

114   Actas de Independencia de Mérida, Trujillo y Táchira en 1810, halladas y publicadas por Tulio Febres Cordero, etc., etc.

115   En el informe que en 1915 presentamos al Ministerio de Relaciones Interiores, en nuestro carácter de Director del Arciiivo Nacional, al hablar de la organización de aquel Instituto, puesto hoy bajo la experta y laboriosa dirección del Doctor Vicente Dávila, Académico de la Historia, dijimos refiriéndonos a las aristocracias municipales: "En esta serie de expedientes, que hemos agrupado bajo la denominación de Ayuntamientos, se ve que aquellas aristocracias u oligarquías municipales eran sumamente benéficas para las localidades: como los Herrera, Orta, Figueredo, Sanojo, Paz, Illaramendi, en San Carlos de Austria; los Chírino, Carrera, Zárraga, Navarrete, Colina, Arcaya Tellería, Carcés en Coro; los Alvarado, Garmendia, Yépez, Anzola en El Tocuyo; los Galíndez, Alamo, Perera, Planas, Parra Andrade, Alvarado, Mujica en Barquisimeto; los Alvarez, Riera, Oropeza, Aguinagalde, Zubillaga, Montes de Oca, en Carora; los Alcalá, Mexía, de la Cova. Bermúdez, Sucre, Maíz, Rojas, Urbaneja, Martínez, Rodríguez de Astorga, Carrera, Centeno, Vallenilla, Freites, Luces de Guevara, Bastardo, Hernández. Isturde en Cumaná y Barcelona; los Guerra, Arismendi, Marcano, Guevara, Silva, Narváez, Maneiro en Margarita; los Pumar, Méndez, Briceño, Villafañe, Pulido en Barinas; los Carrillo, Gabaldón, Pimentel, Mendoza, Chuecos, Saavedra en Trujillo; los Bescanza, Bustillos, Fajardo, Unda, Andueza, en Guanare; los Moya, Nadal, Elizondo, Lizarraga, Alvarez de Lugo, Domínguez en San Felipe; los Picón, Uzcátegui, Ruiz, Paredes, Dávila, Manzaneda, Aranguren, Cordero en Mérida; los Sánchez, Usechi, Casanova, Maldonado, Colmenares, Cárdenas, Chacón, Nucete, Angarita, Vivas en San Cristóbal y otras cillas del Táchira; los Malpica, Párraga, Páez Escorihuela, Hernández de Monagas en Valencia; los Ugarte, Andrade, Carrasquero, Baralt, Delgado González, Urdaneta, Celis, Troconis en Maracaibo; y en Caracas el mantuanismo todo, tan opulento en riquezas como en virtudes: los Bolívar, Herrera, Tovar, Palacios, Pacheco, Blanco, Mixares de Solórzano, Plaza, Rivas, Montilla, Obelmexía, Ribas, Ibarra, Toro, etc., todas ellas llenaban a cabalidad las funciones sociales de la élite, su papel de clase dirigente y protectora de la comunidad; fundando pueblos, erigiendo iglesias, casas consistoriales, puentes, mercados, fuentes públicas, cárceles, mataderos; velando por la seguridad pública, persiguiendo

bandidos del llano, fomentando la agricultura, abriendo caminos, limpiando ríos, casi siempre del propio peculio, como puede verse en los volúmenes de Gastos Públicos, porque nunca fueron pingües los arbitrios de las comunidades, y defendiendo los dominios de la corona contra las invasiones de los filibusteros con tropas sostenidas a su costa, como los señores castellanos de las behetrías en contra del moro o del godo invasor".

116   Humboldt.T. IV, p. 168. "...Pequeño número de familias que en cada comuna, sea por una opulencia hereditaria, sea por hallarse establecidas de muy antiguo en las colonias, ejercen una verdadera aristocracia municipal. Gustarían más verse privados de ciertos derechos antes que dividirlos con todos; preferirían una dominación extranjera a la autoridad ejercida por americanos de una casta inferior; aborrecen toda constitución política fundada sobre la igualdad de derechos, temiendo sobre todo la pérdida de esas condecoraciones y de esos títulos que les han costado tanta pena adquirir y que, como hemos dicho antes, constituyen una parte esencial de su dicha doméstica". Id. id. "El reposo ha sido el resultado del hábito de la preponderancia de algunas familias poderosas y sobre todo del equilibrio que se establece entre fuerzas enemigas", p.

117   Bouglé, Essais sur le régime des castes, Introduction. Passim.

118   Archivo Nacional. Ayuntamientos. San Carlos. Representación del Procurador Ochoa a la Audiencia.

119   Id., id. Coro, 1794.

120   Archivo Nacional, Ayuntamientos. 1794. Pleito entre los Párraga y Malpica.

121   Archivo Nacional, id., 1799.

122   Id., id., id.

123   Id. id., año de 1794, Carora.

124   Id. id. Caracas, 1797.

125   José Domingo Díaz, Recuerdos sobre la rebelión de Caracas.

126   Blanco y Azpurúa, doc. II, pp. 663.

127   Fritot, L'esprit du droit, p. 194.

128   O'Leary, T. II, p. 151.

129   No se daban cuenta de que nos hallábamos ya en pleno feudalismo caudillesco a pesar de la Constitución del Rosario de Cúcuta.

130   Blanco y Azpunáa. Doc. T. IX, pp. 373399.

131   Demoor, Massart et Vandervelde, L'évolution régressive en biologie et en sociologie, pp. 22 y 143.

132   Ob. cit., p. 163.

133   Francisco Ramos Mejías, El federalismo argentino, pp. 152153.

134   Andrés Bello, Obras completas, T. VII.

135   Léase la obra citada del Dr. F. Ramos Mejías. El federalismo argentino, donde está admirablemente expuesta la evolución de los Cabildos en la revolución de independencia, y que parece escrita para Venezuela. Lástima que el autor atribuya únicamente la anarquía federalista de su país a la tradición española, prescindiendo de otros factores importantísimos y desconociendo el axioma de que todo hecho social procede de causas complejas.

Capítulo Quinto

LAS OTRAS RAZAS

I

No incurriremos en el error en que desgraciadamente han caído algunos escritores extranjeros e hispanoamericanos, de arropar a todas estas nacionalidades en una sola clasificación sociológica, tomando en cuenta la composición étnica, es decir, nuestra mezcla de españoles, indios y negros, y la poderosa influencia de la civilización que trajeron a estos países los conquistadores y colonizadores.

Muchas son las causas que influyen poderosamente a determinar diferencias profundas entre pueblos de la misma procedencia étnica. Una de las principales es la que Boutmy y otros sociólogos llaman el clima.

En los Estados Unidos —y tomamos este ejemplo por ser un pueblo de reciente formación— "está sucediendo una cosa particular —observa Hellward— y es que a consecuencia de las condiciones climatológicas y especialmente a la sequedad de la atmósfera, estamos presenciando, por decirlo así, física y moralmente un proceso de selección, es decir, la formación de una nueva raza.[136] Todos los observadores están de acuerdo en afirmar que el americano del norte se distingue notablemente en todo su aspecto exterior de su hermano celtagermánico de Europa, y que cada vez se va acercando más al tipo indio. El tipo de anglosajón ha sufrido ya una alteración determinada que le hace semejarse al indígena, y en los demás inmigrantes europeos se ha efectuado también un cambio de color y de líneas que se pretende observar asimismo en las personas que han vivido algunos años en los Estados Unidos".

"Pruner Bey opina, que en el caos de la mezcla de razas que vemos en América, está en vías de formación una nueva raza humana. Ya en la segunda generación el yanqui presenta indicios del tipo indio". Y Carl Vogt señala tanto en el hombre como en la mujer las profundas modificaciones somáticas que sufre la raza indoeuropea en los Estados Unidos. "Si la fisonomía del americano del norte —agrega Hellward— adquiere con esto una expresión muy particular, también en su porte y sus modales se observa algo de presuroso y de febril que contrasta de un modo notable con la seriedad y la calma de su progenitor inglés".[137]

¿Qué motivos hay para suponer que el clima de Norteamérica sea más poderoso que el nuestro para determinar ese acercamiento al tipo autóctono?

Y como en Hispanoamérica existen todos los climas y tocias las variedades geográficas, está fuera de lugar la pretensión de considerar a todas estas naciones como formando una sola familia, por el simple hecho de que todos hablamos español, y tengamos progenitores españoles, indígenas y africanos, en más o menos proporción.

Hay además la circunstancia muy importante de que el inglés no se mezcló con el indio, mientras que el español, a los muy pocos años de haber pisado estas tierras ya contaba con numerosa prole mestiza, y muchos adoptaron el guayuco como traje más cómodo, según afirma Fray Pedro Simón en sus Noticias historiales. Algo parecido les sucedió a los franceses en la propia América del Norte: que lejos de civilizar a los indios terminaban ellos mismos por salvajizarse.

Hay, pues, que convenir en que los hispanoamericanos, a pesar de nuestra mezcla, estamos muy cerca del autóctono por la influencia poderosa del medio. Y como se halla perfectamente averiguado que entre los indígenas habitadores de la América existían profundas diferencias físicas y sociales, tenemos una razóm más para que no podamos ser estudiados todos los habitantes actuales de este Continente, como si perteneciéramos a una sola familia y hablar en sentido general de una evolución política y social de la América Latina, cuando cada uno de estos países posee una individualidad distinta.

Ya hemos dicho muchas veces que Solórzano en su Política indiana, abogaba ante la Corte de España en contra de quienes se oponían a que "los criollos participaran del derecho y estimación de los españoles, tomando por achaque que degeneran tanto con el cielo y temperamento de aquellas Provincias, que pierden cuanto bueno les pudo influir la sangre de España y apenas se les quiere juzgar dignos del nombre de racionales. Porque aunque no ignoro que las retumbres de los hombres suelen, como las plantas, responder al hábito y temperamento de las Regiones en que se crian y que hay vicios que parecen estar particularmente repartidos en los más de ellos, como el de las mentiras en los cretenses... bien se puede negar que los americanos tengan tan común y absolutamente los muchos que les imputan, pues abrazando en sí tanto o más lo restante del Orbe, como en otra parte lo tengo probado, no pueden tener todos iguales constelaciones, ni deben ser medidos por un rasero o pesados con una misma balanza todos los criollos que en ellas nacen".

Y así es la verdad. ¿Qué igualdad puede existir entre los venezolanos, granadinos, quiteños, peruanos, etc.? Sería largo y difícil establecer en qué nos parecemos y en qué diferimos. Pero es el caso que desde hace ya largos años, antes de nacer Venezuela a la vida independiente, ya se nos atribuían algunos rasgos muy característicos que, desarrollados en el curso de nuestra vida de agitaciones, pueden servir de base para realizar un estudio más profundo de nuestra psicología, para explicar las causas de muchos fenómenos sociales y políticos particularísimos y los cuales diferencian profundamente nuestra evolución nacional de la de casi todos los otros pueblos de nuestro mismo origen.

II

Es ya un axioma de psicología social la influencia del medio físico y telúrico en los instintos, las ideas y las tendencias de todo género que caracterizan a cada pueblo en particular tomando el concepto de medio en su más amplia aceptación. La constitución geográfica, que impone las relaciones sociales y económicas de los hombres colocados en una región determinada, el régimen político y administrativo, la mezcla de razas originada por la conquista y por laintroducción de elementos extraños en calidad de esclavos, produciendo la disgregación de los caracteres somáticos y psicológicos de las razas originarias, todos esos factores fijados luego por la herencia en el transcurso del tiempo, han dado origen a los distintos conglomerados humanos que pasando de la familia al clan, del clan a la tribu, han llegado, atravesando por las múltiples vicisitudes que forman la historia particular de cada pueblo, hasta constituir las naciones modernas, que son actualmente la última expresión de las sociedades.

Aplicando este criterio aceptado hoy como el más científico, y por consiguiente como el mejor fundado en la realidad de los hechos, puede afirmarse que en nuestra América, por muchas que sean las causas que han contribuido a darle cierta homogeneidad psicológica, se incurre en un grande error, sólo imputable a falta de observación y a la carencia de datos ciertos, cuando se considera como un solo y mismo pueblo a todos los que forman las diversas naciones que hace un siglo surgieron a la vida independiente.

Si muchas son las causas que determinan aquella homogeneidad, son mucho mayores las que lógicamente dieron lugar a que se constituyeran las Colonias en naciones distintas, y a que fueran ineficaces las pretensiones, puramente políticas, de unir bajo constituciones centralistas o por pactos de federación, a las circunscripciones administrativas del antiguo régimen.

El hecho de que fuese España la nación conquistadora y nos dejara, junto a la lengua, ciertas tendencias éticas y políticas que son comunes a todas las naciones hispanoamericanas, está contrarrestado por otras causas que son particulares a cada región y que al correr el tiempo, produjeron diferenciaciones profundas. En primer término hay que tomar en cuenta que la raza indígena pobladora de la América no podía considerarse como una sola comunidad étnica. Sin discutir sus orígenes, que es asunto de etnólogos, es el hecho que la época de la Conquista española, la población indígena se hallaba en diversos grados de civilización: desde la sociedad perfectamente constituida, hasta la horda primitiva, hasta el hombre de las cavernas, "el lobo inquieto, hambriento y errabundo". Entre los Imperios de los Incas y los Aztecas y las tribus errantes de los llanos de Venezuela, podía observarse toda la escala de la evolución humana.

Por esta causa la conquista, la colonización, la evolución étnica y la evolución social, tuvieron una faz distinta, de acuerdo con el estado de la población indígena en cada región.

Si en la evolución de la raza indígena había tenido que influir de manera poderosa el medio físico, pues está generalmente aceptado que no ha sido igual el carácter ni el desarrollo social de los habitantes de las cordilleras y el de los que vagaban por las extremas llanuras, ni los de los climas templados, respecto de los que vivían bajo los trópicos, hay que pensar que estas mismas causas físicas debieron influir en el desarrollo de las sociedades coloniales, determinando en los propios peninsulares y mestizos, caracteres psicológicos especiales, aun en el supuesto negado de que la fusión se realizase por todas partes en la misma proporción entre conquistadores y conquistados.

En las regiones donde los españoles encontraron sociedades constituidas, la fusión se realizó inmediatamente, "de pueblo a pueblo" como en el Perú, México, Nueva Granada, Quito y otros lugares, porque las poblaciones se sometieron casi sin lucha. En tanto que donde existían pueblos salvajes y belicosos, la fusión comenzó por ser "individual y continuó efectuándose con extrema lentitud". Puede asegurarse que la facilidad de la conquista, y la rapidez de la fusión de las dos razas, estuvo en razón directa del grado de civilización de cada pueblo indígena.

Era casi imposible establecer un dominio pacífico donde para conquistar un territorio se hacía necesario vencer un gran número de tribus que vivían guerreando entre sí, y que "se reputaban por distintas naciones", reconociendo cada una un jefe y hablando un dialecto distinto. Los establecimientos que los españoles fundaron en estas regiones de tribus guerreras fueron muy precarios, a lo que se agrega que no podían vivir del trabajo de los indios, que apenas habían salido del estado cazador. Como pueblo de una civilización superior el español necesitaba de la agricultura para subvenir a sus necesidades. Fue ésta otra de las causas para que se mezclara más pronto con los indígenas ya agrícolas y sedentarios y por tanto más civilizados que habitaban las altas regiones.

Esta necesidad de la raza conquistadora determinó al mismo tiempo la introducción de negros destinados exclusivamente al cultivo de la tierra, quienes hallaron en las regiones bajas y costaneras un clima propicio a su reproducción. La presencia de este nuevo elemento étnico, que fisiológicamente no podía aclimatarse en las alturas, donde tampoco era necesario, produjo una diferenciación somática y social de la mayor importancia. Los españoles se mezclaron con los negros, y es fácil observar que la presencia de la gente de color dio una fisonomía especial a las regiones donde ésta llegó a formar una gran mayoría. La psicología del mulato y sus derivados era absolutamente distinta a la del mestizo, partiendo del hecho material de que en la mezcla del español con el indio no se realizaba una disgregación tan profunda de los caracteres somáticos, como en la mezcla del español con el negro. En las regiones mulatas, si cabe expresarse así, surgió naturalmente desde los primeros tiempos la aristocracia del color. Ya se ha dicho que la palabra sánscrita varna significa a la vez casta y color, y con el nombre genérico de castas, designaron las Leyes de Indias a los hombres de color.

El hecho de que la gente de color descendiera de esclavos arrojaba una mancha indeleble sobre todo el que tuviera algún rasgo que denunciara su origen servil, lo cual no sucedía con los descendientes de indígenas que según las leyes se hallaban en la misma condición que los blancos del estado llano. Era natural que donde existía mayor número de gente de color, los criollos blancos fueran más celosos de sus prerrogativas y lucharan por constituir una casta completamente cerrada a las aspiraciones de las clases inferiores. Los sociólogos que han escrito sobre el régimen de las castas en la India, encontrarían en la constitución de la clase elevada de ciertas colonias de Hispanoamérica, los mismos rasgos de endogamia, repulsión, especialización hereditaria que caracterizan aquel régimen. En perjuicio de la casta dominante, pero a favor de la fusión, la endogamia no se fundaba sino en el matrimonio regular, porque la unión sexual clandestina continuaba produciendo constantemente elementos que se acercaban cada vez más al blanco, hasta borrar por completo en muchos descendientes de esclavos, al correr de algunas generaciones, los caracteres del ascendiente africano, y haciendo por tanto insostenible respecto de ellos la repulsión que los mantenía en un rasgo de inferioridad.

Desde que el blanco logró por el acaparamiento de la tierra y el trabajo esclavo, apoyar la superioridad de su raza en la superioridad económica, la distancia que lo separaba del hombre de color se hizo más grande. Con la compra de títulos y de prerrogativas, con el uso de prendas y de trajes que no estaban al alcance de los pobres, se distanció también de los aventureros españoles y de los inmigrantes canarios que venían en busca de fortuna; y cuando la sociedad llegó al máximum de su organización, los descendientes de conquistadores-colonizadores constituían una verdadera aristocracia, que no estando reconocida por las leyes, se veían en el caso de sostener una lucha constante con las autoridades que venían de España y que no reconocían otra división que la de blancos y pardos; sin darle mayor importancia a los títulos nobiliarios, acostumbrados a observar en España una gran diferencia entre la nobleza otorgada y la nobleza heredada, pues los juristas mismos establecían entre una y otra "la distancia que separa la esencia del accidente".

El desprecio por las artes manuales y por el comercio, concentró éstos en manos de un grupo de isleños, de vizcaínos y de catalanes que especulaban con el monopolio, pugnando siempre con los nobles cosecheros.

Existía, como es fácil adivinarlo, una sorda anarquía entre las clases sociales de las colonias a que nos venimos refiriendo, en donde el orden social estaba necesariamente sostenido por la ley que los sociólogos llaman de inmovilismo o misoneísmo, la única posible en sociedades compuestas de elementos heterogéneos, "trabajadas por hostilidades latentes o declaradas en las cuales toda sacudida y aun las medidas más útiles, si éstas pueden traer alguna conmoción, deben ser evitadas". De este modo se explica que la revolución de Independencia asumiera en estas colonias los caracteres de una lucha de razas, que hicieron aún más sangrienta otras causas que apuntaremos adelante.[138]

Obsérvese por el momento el hecho histórico de que la guerra de Independencia no asumió los mismos caracteres en colonias como Chile, donde la población era completamente homogénea y no existía, por consiguiente, la lucha de castas. Por esta razón se conservó en ellas la aristocracia colonial, que sin grandes alteraciones, reemplazó en la dirección del país a las autoridades españolas. En Venezuela, por ejemplo, la clase aristocrática desapareció por completo, destruida por la guerra y dispersa por la emigración.

La conformación geográfica influyó también poderosamente a diferenciar los pueblos de Hispanoamérica, por la obligada distribución de las poblaciones. En Venezuela, la civilización española propiamente dicha, no pudo desenvolverse sino a las faldas de las montañas y en los valles cálidos, vecinos al mar, en tanto que el salvaje cazador continuó viviendo en los bosques del Orinoco y las extensas llanuras, con la introducción del ganado vacuno y caballar, se desarrolló en poco tiempo, como ya veremos, la vida pastoril.

Todo cuanto hemos dicho sobre la organización colonial, con sus cabildos, su administración de justicia, su sistema rentístico, la Iglesia y su influencia, la milicia, las clases sociales, etc., etc., se refiere únicamente a la zona agrícola, la más pequeña de las tres en que el Barón de Humboldt dividió nuestro territorio.

Fuera de allí, a pocos pasos, comenzaba la vida pastoril, el nómade, el beduino, el tártaro, el turcomano, con los mismos instintos, los mismos hábitos, los mismos vicios, las mismas virtudes... que todos los pueblos colocados en medios semejantes. Nada prueba de manera más cabal la influencia poderosa del medio físico en los pueblos semibárbaros, como esta igualdad de caracteres psicológicos y de organización social entre los habitantes de los llanos de Venezuela, de las Pampas argentinas, de los campos geraes brasileros, de las tribus de beduinos que recorren los desiertos de Arabia, los de las estepas del Asia y del norte de Africa, los nómadas del Corassan, los calmucos de las estepas. Lo que se ha escrito de cualquiera de esos pueblos en particular puede aplicarse a cada uno de los otros, sin tener que modificar ni un solo rasgo.

Trataremos de demostrar cómo estas circunstancias mesológicas, han obrado en la evolución histórica de Venezuela.

Son numerosos los hombres de ciencia que asignan una gran influencia al medio físico y telúrico y a la herencia de los caracteres adquiridos, según la tesis sostenida por Matteuzi; por esa misma razón creemos imposible prescindir del estudio de las razas, que mezclándose con la conquistadora, entraron en la composición étnica y psicológica del pueblo venezolano y tratar de inquirir los efectos de nuestro medio geográfico.[139]

La indígena, continuando en el propio medio, debió conservar necesariamente en toda su fuerza sus caracteres típicos: pues las vicisitudes originadas por las luchas de la Conquista y por el sometimiento en las encomiendas y en las misiones, no fueron tan poderosas —como se verá más adelante— para producir hondas modificaciones en la psicología de nuestros aborígenes.

En cuanto al negro, radicado en un medio físico tan semejante al nativo y viviendo en la comunidad del repartimiento, continuó siendo en Venezuela más o menos lo que había sido en Africa, y como la mezcla con el blanco no se realizaba sino por la madre esclava en uniones clandestinas y el hijo seguía la condición de la madre, mayor tenía que ser la influencia de los caracteres psicológicos del africano en los descendientes inmediatos: sin tomar en cuenta las modificaciones que en el transcurso del tiempo debían producir los cambios radicales de la constitución social, impuestos por la revolución de la Independencia y por la rápida evolución igualitaria realizada en la vida nacional.

III

Mientras que en Mexico y el Perú los conquistadores se encontraron con gobiernos centralizados, bajo regímenes esencialmente autocráticos, con nobleza y clero que constituían una oligarquía avasalladora —lo que en cierto modo facilitó la dominación—, en Venezuela del mismo modo que en otras regiones del Continente, no existían sino tribus guerreras que hicieron de la Conquista de Tierra Firme la más sangrienta y difícil de toda la América[140]. "Todo lo que fue conquistado durante el primer siglo que siguió al descubrimiento, se debió únicamente al poder de las armas. La persuasión y la moral hubieran economizado mucha sangre si se las hubiese empleado sistemáticamente; la sabia pero cortísima administración de Ampúes en Coro, es una prueba irrefragable. Pero las irrupciones de los Agentes de los Welsers, sus devastaciones, sus actos de crueldad y sus perjurios, despertaron en los indios tal aborrecimiento por el nombre español, que todo propósito pacífico tuvo que ser desechado, y el terror les hizo capaces de todos los esfuerzos que puede inspirar la desesperación. La experiencia de quince o veinte años les había persuadido de que los europeos no tenían otra intención que la de exterminar a los indios, ni otro medio que el pillaje para satisfacer su ardiente sed de oro. Con tales disposiciones, demasiado justificadas por todo cuanto se les había hecho experimentar, ninguna moral habría tenido éxito, ni ningún trato, fidelidad y consistencia. Era, pues, necesario renunciar al país o establecerse en él por la fuerza. No siendo lo primero compatible con las ideas de la época, se optó por lo segundo, y a torrentes corrió la sangre de españoles y de indígenas. Todos los caciques defendieron sus territorios con una tenacidad de que no se les creía capaces, y jamás los españoles llegaron a hacer el más pequeño establecimiento, sino después de haber vencido a la nación india que ocupaba el territorio".[141]

"En el común sentir de los indios —dice el Padre Caulín— se reputan por diversas naciones subordinadas cada una a un caudillo que la gobierna para su mejor conservación y defensa; y éstas tomaron desde sus principios el régimen de intitularse con el nombre de sus grandes caciques o con los del país que más frecuentemente habitan, al modo que en nuestra España nos explicamos con los nombres provincianos de andaluces, gallegos, extremeños, manchegos y otros muchos partidos de que se compone nuestra nobilísima y católica nación española".[142]

"Los indios —dice Depons— viven en tribus, cada una con su territorio circunscrito, obedeciendo, en caso de guerra, a un jefe llamado cacique, quebí, tiva o guajibo, según el idioma de la nación. Cada cacique estaba tan celoso de los límites de su parroquia, que la menor violación daba lugar a guerras sangrientas. Nada prueba mejor la poca comunicación que existía en estas tribus o naciones, que la diversidad de sus dialectos. Era raro que quien no supiese sino una sola lengua indígena pudiese hacerse entender por más de una nación. Existía una especie de espíritu nacional que impedía aprender el idioma de la nación vecina y que llevaba a devolver a las palabras el tipo que el tiempo o las comunidades fortuitas les habían hecho perder".[143]

En Venezuela sucedió que ciertas tribus, sobre todo las de las regiones del centro fueron más prontamente exterminadas y sometidas, y el cruzamiento con los españoles se efectuó con suma rapidez; en otras regiones, como en las antiguas provincias de Maracaibo, Nueva Andalucía, Guayana y Barinas, la lucha continuó aún por largos años, y la fusión no llegó a efectuarse sino con gran lentitud, debido t1a4m4 bién en gran parte a la influencia del sistema adoptado por los misioneros.[144]

Humboldt observó, ya a fines del siglo XVIII, que tales habían sido los efectos de aquel sistema, que los indios habían quedado en una situación poco diferente de la que tenían cuando sus habitaciones no estaban todavía reunidas en torno al misionero.

Y estas afirmaciones que se refieren especialmente a las provincias de Cumaná, Barcelona y Guayana, pueden extenderse a todas aquellas en que se empleó el mismo sistema de catequización y reducción. De modo que, conservándose en toda su pureza la organización primitiva de las tribus, ya que la política de las misiones era la soledad y la incomunicación, no sólo de los indígenas con las otras razas, sino de los indígenas de diversas tribus entre sí, "resultaba que el caribe, el chaima, el tamanaco, conservaban su fisonomía moral, su lengua, sus hábitos, con mayor fuerza y tenacidad que si hubieran sido prudentemente mezclados y confundidos".[145]

IV

Otra causa emanada de disposiciones legales contribuyó con igual fuerza a conservar en los indígenas los hábitos de separación y los instintos de antago fue la institución conocida con el nombre de Resguardo de Indígenas, una de las más notables creaciones del Código de Indias, que tendió a modificar el primitivo sistema de encomiendas, el más infame, sin duda, de cuantos medios de explotación han podido practicar los pueblos conquistadores; y por el cual se habían convertido en cómitres, como muy bien dice Baralt, los valerosos dominadores de América.

Véase como juzga un notable escritor colombiano aquel nuevo sistema: "El Gobierno español quiso amparar a esos millones de parias, devolverles su propiedad o una compensación; en lo posible asegurarles derechos, garantías, administración propia y la seguridad de vivir en tierra suya. Con tal fin, se organizó a las tribus de indios en comunidades agrarias, formando pueblo dentro de la sociedad, independiente casi en todo de las autoridades comunes. Cada tribu o aglomeración de indígenas, tuvo su globo de tierras propias al derredor o en la vecindad de los pueblos o lugares, globo demarcado con la mayor precisión posible y más o menos extenso según las proporciones de la tribu.

"El terreno que constituía el resguardo era inenajenable a perpetuidad; cada jefe de familia tenía derecho a cultivar una porción de tierra y a establecer y mantener su casa y labranza; los derechos eran iguales proporcionalmente, es decir, según el número de indios; el derecho no era de propiedad de mero usufructo en los individuos, pues la propiedad no pertenecía sino a la comunidad entera con el carácter de proindivisa. Esos derechos usufructuarios eran hereditarios, por cabeza de familias, siguiendo la línea materna, como la prueba de tener sangre indígena;[146] y en caso de faltar herederos legítimos, el derecho personal de usufructo volvía a la comunidad. Cada tribu de resguardo tenía un Cabildo compuesto exclusivamente de indígenas, padres de familia, renovable conforme a ciertas reglas; y a ese Cabildo le correspondía la administración interior del resguardo, resolviendo las cuestiones que se suscitaban en cuanto no afectasen el derecho de tercero o los principios comunes de las leyes civiles y penales a reservar de superior aprobación.

"Como se ve —agrega el autor— cada resguardo restablecía en su esencia la organización primitiva de las tribus indígenas anterior a la conquista".[147]

Este sistema dio por resultado en Venezuela, que para 1810

existieran en toda la Capitanía General alrededor de ciento veinte mil indios de raza pura, que representaban el 15 por ciento de la población total, conservando en toda su fuerza el exclusivismo característico de la tribu, o para valernos de la gráfica expresión de Gumplowicz, la organización federalista, propia de todos los pueblos en vías de formación.

En este estado va a sorprenderles la revolución de Independencia; y muchas de esas tribus, sobre todo en las provincias orientales, donde existían 42.000 indios puros, casi en su totalidad de la raza caribe,[148] tomarán parte en la guerra bajo las órdenes de sus caciques, uniéndose a uno y a otro bando, del mismo modo que lo hacían en la época precolombina, cuando luchaban entre sí, o en los días de la Conquista, cuando se aliaban a los holandeses o a los españoles.[149]

V

Debemos advertir desde luego y para ulteriores conclusiones, que nuestros indios no pueden compararse a los de algunas otras regiones de América. Regularmente se comete el error, fundado en aquella primitiva observación de que "quien ha visto a un indio los ha visto a todos"[150], de atribuirles iguales caracteres físicos y psicológicos a la gran variedad de naciones que habitaban el Continente a la llegada de los europeos.

Humboldt encontró en las regiones de Venezuela, una nación belicosa y dominadora, que ofrecía en sus facciones y en su constitución física los vestigios de un origen extranjero, que aunque sometida al régimen de las misiones, y habiendo formado villas populosas, conservaba tradiciones y rasgos que demostraban su antiguo poderío. "La dominación que los Caribes han ejercido durante tanto tiempo en la mayor parte del Continente y la memoria de su antigua grandeza —dice a la letra el ilustre viajero— les ha inspirado un sentimiento de dignidad y de superioridad nacional que se manifiesta en sus maneras y en sus discursos. "Nosotros solos somos una nación, dicen ellos proverbialmente, los demás hombres (aquili) son hechos para servirnos". Este menosprecio de los caribes para con sus antiguos enemigos es tan decidido, que he visto a un niño de diez años que echaba espuma de rabia cuando se le llamaba cabre o cavere, no obstante que en toda su vida no había visto a ningún individuo de aquella desgraciada nación que ha dado su nombre a la villa de Cabruta y que después de una larga resistencia, ha sido casi completamente exterminada por los Caribes. En las hordas medio salvajes y en la parte más civilizada de Europa, hemos encontrado estos odios inveterados, estos nombres de pueblos enemigos que el uso ha hecho pasar a las lenguas como las más crueles injurias".

Aquellos hombres se diferenciaban de todos los otros indios que había visto hasta entonces el sabio viajero, no sólo por su fuerza física e intelectual y su elevada estatura sino por la regularidad de sus facciones. "Tienen la nariz menos ancha y aplastada, las mejillas menos salientes, la fisonomía más regular. Los ojos más negros que los de las otras tribus de Guayana, revelan inteligencia y aun el hábito de la reflexión. Tienen cierta gravedad en sus maneras y la mirada triste que es un rasgo general en la mayor parte de los primitivos habitantes del Nuevo Mundo". Humboldt se admiraba de ver aquellos hombres que en medio de su vida rudimentaria, poseían "la misma mesurada compostura, el mismo aire de importancia, las mismas maneras frías y desdeñosas que se encuentran a veces entre los altos funcionarios en el antiguo Continente".

En sus Ayuntamientos los Alcaldes y Fiscales discurrían durante horas enteras. "La entonación, la gravedad y compostura, la acción y el gesto que acompaña a la palabra, todo anunciaba un pueblo espiritual y capaz de alcanzar un alto grado de civilización". Un fraile franciscano que poseía el caribe hasta el punto de predicar a veces en esta lengua, le hizo observar a Humboldt que "aunque los períodos del discurso eran largos y numerosos, nunca resultaban em151 mbarazosos, incómodos ni oscuros".

Respecto al Occidente de Venezuela, dice el doctor Arcaya, quien ha hecho profundos estudios sobre los aborígenes del Estado Falcón, "que si en Caracas y Aragua quedaron destruidas las tribus guerreras de cualidades superiores, en Coro se conservaron restos de Caquetíos, la raza indígena más alabada por los cronistas. Por ser en sus costumbres más sincera, con cierta presunción de hidalguía, como dice Castellanos, y restos suficientes para formar el elemento principal de la raza mixta actual de varios de los Distritos del Estado Falcón. En la misma región coriana, en la serranía, habitaban los Jirajaras, gente belicosa, que se extendía por varias comarcas de Venezuela y que sufrió infinito por las persecuciones de los españoles; sus restos, sin embargo de que estuvieron sujetos al régimen de las Encomiendas, quedaron hasta formar el fondo étnico de la población de nuestros actuales Distritos Federación y Bolívar".

Continúa el autor enumerando algunas otras naciones indígenas que se escaparon del exterminio español y que formaron la base de numerosas poblaciones del Centro y de Occidente, para demostrar el error en que incurren algunos historiadores, quienes al tratar de la raza indígena se han fijado únicamente en las tribus que continuaron incultas, o no completamente reducidas, las regiones de Guayana y el Zulia, para deducir por el pequeño número de éstas que la raza indígena de Venezuela "fue casi totalmente destruida por los españoles", sin poner "atención en el gran número de indios que, desde la conquista, entraron a habitar las ciudades fundadas por los blancos, o que tenidos en Encomiendas en las haciendas de éstos formaron con el tiempo diversos pueblos, ni en los que fueron reducidos por los misioneros, de todos los cuales quedó numerosa descendencia, perpetuada en las más de las comarcas venezolanas, aunque mezclada con las otras dos razas blanca y negra".[152]

En cuanto a las naciones indígenas habitadoras de las regiones altas de nuestra cordillera andina, el señor José Ignacio Lares en su interesante opúsculo titulado "Etnografía del Estado Mérida", demuestra que tampoco fueron exterminadas por los españoles, sino que éstos se mezclaron con ellas, para constituir al fin la población homogénea de aquellas regiones y cuyos caracteres psicológicos están muy distantes de asemejarla a los pueblos degradados y estúpidos, presentados por los etnógrafos como tipo perfecto del autómata; estado moral que Pierre Janet llama "la miseria psicológica" y que García Calderón señala como la característica del peruano aborigen.[153]

En Venezuela no existió jamás aquel indio de las altiplanicies bolivianas que con fuertes rasgos pinta Arguedas: "Su carácter tiene la dureza y la aridez del yermo. Es duro, rencoroso, egoísta, cruel, vengativo y desconfiado. Le falta voluntad, persistencia de ánimo y siente profundo aborrecimiento por todo lo que se le diferencia. De ahí su odio al blanco".

"Receloso y desconfiado —dice más adelante—, feroz por atavismo, cruel, parco, miserable, rapiñesco, de nada llega a apasionarse de veras. Todo lo que personalmente no le atañe lo mira con la pasividad sumisa del bruto, y vive sin entusiasmos, sin anhelos, en quietismo netamente animal. Cuando se siente muy abrumado o se atacan sus mezqu1i5n4 os intereses, entonces protesta, se irrita y lucha con extraordinaria energía".[154]

Ni aun en nuestros indios sometidos de los últimos años de la Colonia se encuentra un tipo semejante. Humboldt halló en los Valles de Aragua alrededor de cuatro mil indios tributarios: "Los de Turmero y Guacara son los más numerosos; son de pequeña estatura, pero menos rechonchos que los Chaymas; sus ojos anuncian más vivacidad e inteligencia, lo que quizás se debe menos a la diferencia de raza que a una civilización más avanzada. Trabajan al jornal, como la gente libre, son activos y laboriosos el poco tiempo que se dan al trabajo; pero lo que ganan en dos meses, lo derrochan en una semana comando licores fuertes en las pequeñas tabernas, cuyo número crece desgraciadamente de día en día"[155]. Este rasgo de imprevisión y de intemperancia, ha perdido por completo en nuestras regiones del centro.

En la mayor parte de las tribus de Venezuela, sobresalían los instintos guerreros; y Depons, que como otros muchos escritores de su época exagera la crueldad de los salvajes, sin recordar el encarnizamiento con que los hombres civilizados se destrozan en sus guerras, cometiendo los mismos o mayores crímenes que en las épocas más remotas de la Historia, dice de nuestros indios: "Abandonados a sus instintos, tales hombres no podían conocer, como efectivamente no conocían otros medios de zanjar sus diferencias que por medio de las armas. Privados por la clase de sus relaciones y de sus intereses de los motivos que encienden el fuego de la guerra entre las naciones civilizadas, se lanzaban a ella por los más frivolos pretextos, por los más ridículos motivos. Vengativos y feroces, la guerra tenía para ellos atractivos desconocidos al hombre civilizado y se destruían con un encarnizamiento más semejante al furor de la bestia que al valor del guerrero. La traición, la perfidia, estaban colocadas en el rango de las primeras virtudes militares".[156]

El hecho de haber permanecido divididos en tribus contribuía naturalmente a conservar estos instintos guerreros, pues como lo observa Humboldt, "era el régimen que convenía más al espíritu de libertad de estas hordas guerreras, que no encuentran ventajosos los vínculos de la sociedad sino cuando se trata de la defensa común".

VI

Pero no basta a nuestro propósito el considerar la raza indígena en sí misma para demostrar la influencia de sus instintos políticos en nuestro desenvolvimiento histórico. Hay que considerarla también y principalmente, por su gran contribución a la formación de la raza mestiza, que necesariamente debía dominar en el país desde antes de la Revolución.

Si se compara, como ya lo han hecho algunos escritores, el número de indígenas que se salvaron de los furores de la Conquista con el de los españoles, canarios y africanos que llegaron al país durante toda la época colonial, se deducirá fácilmente que fue la sangre autóctona la que entró en mayor cantidad en la composición de nuestro pueblo, no sólo en la llamada gente de color sino en la inmensa mayoría de los blancos y hasta de los propios mantuanos, que sobre todo en los últimos años de la colonia, se consideraban como descendientes puros de los conquistadores. No es de ninguna manera aventurado afirmar, que absorbidas las razas blanca y negra por la indígena, fuera ésta la que preveleciera en la psicología de nuestro pueblo, con sus instintos disgregativos, y con el indomable valor de que tantos ejemplos han dado en nuestras luchas civiles.

¿Dónde sino en la tribu, podemos ir a buscar las raíces de las tendencias de disgregación y de antagonismo que han constituido uno de los motores más poderosos de nuestra evolución histórica? Esa persistente inclinación a subordinarse a un jefe, con prescindencia de todas las teorías democráticas y constitucionalistas proclamadas y sancionadas por los ideólogos desde hace cien años; ese patriarcalismo creciente que no es en definitiva sino "la absorción de la vida pública y privada por una sola voluntad", ¿dónde encontrar sus gérmenes sino en la organización de la tribu, y cómo explicarlo sino por un lógico movimiento de retorno hacia los hábitos aborígenes impuestos por el medio así como por la preponderancia de elementos surgidos de las masas populares por cien años de continuas revueltas?[158]

Para darnos cuenta exacta de la supervivencia de esos instintos, basta recordar nuestros viejos bandos políticos locales, desde la parroquia y el distrito, hasta la provincia y la región y resaltará claramente su semejanza con la organización autóctona[159]. Observemos por el momento, a reserva de insistir sobre estos puntos, que en nuestras luchas políticas, cuando un partido local se hallaba en el gobierno, el partido contrario estaba presto a lanzarse a la primera revuelta que se presentara, cualquiera que fuese el jefe y la bandera. Era con esos grupos disidentes de las localidades, como se formaban esos llamados partidos y prestigios nacionales. Cada cacique local concurría con su grupo a sostener al caudillo que se hallaba en el poder o al caudillo que se lo disputase. Podía existir, como siempre, en los grupos directores, una idea, un principio, una palabra prestigiosa, que halagara los instintos populares y sirviese de bandera nacional a la revolución; pero en el seno de los grupos locales no prevalecían nunca sino los mismos antagonismos de la tribu, la misma lucha por la preponderancia parroquial, en que para nada entraban los intereses colectivos ni la idea noble y generosa del bien público, que no surge sino cuando el sentimiento de la nacionalidad y de la Patria llega a ser algo más que una simple abstracción.

Destruida la organización colonial fue también la disgregación, el antagonismo y el localismo de la tribu sustentando el espíritu municipal que nos legó la Colonia, lo que debía surgir por encima de todas las transformaciones políticas y de todas las ideas importadas de Europa, gracias al vehículo de la lengua castellana, que permitió a toda nuestra América bautizar con nombres de significación civilizada, los bárbaros instintos que heredamos de nuestros aborígenes.

Y hay que hacer notar que ha sido en las regiones donde las razas indígenas prevalecieron en el mestizaje y el elemento africano entró en menor cantidad en el cruzamiento, donde se ha destacado con mayor fuerza el caciquismo con todos los atributos de autocracia y de sumisión absoluta por parte de su grupo; a lo cual contribuía nuestro estado permanente de revueltas. En algunas de estas regiones el caciquismo llegó a asumir formas dinásticas y el jefe de la Nación se veía obligado, como los reyes de la Edad Media, a reconocerle derechos exorbitantes y perdonarles rebeldías a aquellos modernos señores feudales, a cambio de la adhesión que le prestaban. El Federalismo, proclamado por los teóricos, debía necesariamente encontrar fuertes arraigos en ese sistema dispersivo, transformándose por otras causas aún más poderosas en lo que se ha llamado muy propiamente por los argentinos el federalismo de la caudillocracia o la federación caudillesca, que estudiaremos más adelante.

Es bueno observar, que a pesar de la rivalidad de grupos, todos los hombres que habitan una región están apegados a ella por sus hábitos individuales; en medio de sus odios tradicionales, todos ellos tienen algo de común: la costumbre de vivir sobre el mismo suelo, que los induce a considerar como extraños a los que no son nativos de la misma comarca. Es ésta una condición propia de todos los pueblos que se hallan en vías de evolución, del clan de la tribu hacia la integración nacional.

VII

Del mismo modo que los indios, los negros que los españoles introdujeron en Venezuela en calidad de esclavos no procedían sino de tribus diferentes y antagómicas.

No es posible calcular el número de negros introducidos al país durante la época colonial. Para 1812, según cálculos transmitidos al barón de Humboldt por D. Andrés Bello, D. Luis López Méndez y don Manuel López Fajardo, existían en toda Venezuela 62.000 esclavos, de los cuales se contaban 40.000 en la sola provincia de Caracas y 22.000 en Cumaná, Nueva Barcelona, Barinas, Maracaibo y Guayana.[160]

Por el cruzamiento con los blancos y con los indios existía para fines del siglo XVIII, un número de gentes de color libres, que representaba el 51 por ciento de la población total de la Capitanía General.[161] Ya un escritor francés ha sentado como regla general en la introducción a un estudio sobre La condición de las gentes de color libres bajo el antiguo régimen, que cuantos entraban en esta clasificación, eran manumisos o descendientes de manumisos: si ellos mismos no habían sido esclavos, había fatalmente entre sus ascendientes quien lo hubiera sido.

Inquirir la procedencia de los negros que dieron nacimiento y origen a una porción tan numerosa de nuestra población en la época a que nos referimos, es de suma necesidad para darnos cuenta de los instintos políticos transmitidos a sus descendientes, conformándonos, como ya lo hemos expresado, "a las leyes de la continuidad histórica y de los instintos políticos debidos a la herencia"; y concretándonos por el momento al asunto de este trabajo, veremos qué fundamentos de sociabilidad podía existir en ellos.

Los esclavos traídos a América procedían de las diversas tribus que habitan en la parte Norecuatorial del Contine1n6t3e africano, en una porción de la gran faja que Letourneau llama zona servil.[163] Estas razas negras o negroides están consideradas como de distinta procedencia antropológica, no sólo por su diversa somatología, dentro de ciertos rasgos que les son comunes, sino por la diversidad de sus dialectos. "Los negros embarcados como esclavos para América —dice Tylor— fueron sacados de multitud de tribus, y carecían hasta tal punto de un idioma indígena común, que llegaron a entenderse en la lengua de sus amos los blancos, dándose ahora el curioso espectáculo de familias de negros con cabellos de pasas, que hablan dialectos desusados del inglés, del francés y del español".[164]

Algunos de aquellos pueblos se hallaban en materia de organización política un poco más avanzados que las tribus indígenas de Venezuela. Nuestra historia colonial registra el episodio del negro Miguel, quien sublevado en San Pedro, en la jurisdicción de Barquisimeto, reunió un gran número de negros y de indígenas y pretendió reproducir el mismo sistema de monarquía a que seguramente estaba habituado en sus regiones nativas. "Muy ladino en lengua castellana y resabido en toda suerte de maldad determinó nombrarse rey, a una negra su amiga llamada Guiomar la hizo reina; y a un hijuelo que tenía de ella, lo hizo jurar como príncipe heredero. Dispuso su casa Real, creando todos los ministros y oficiales que él tenía en memoria había en la casa de los Reyes, y adjudicándose también la potestad espiritual, nombró por Obispo a uno de sus negros compañeros que le pareció más hábil y suficiente y de mejores costumbres para ello, el cual en eligiendo (usando de su prelacía), mandó a hacer lo primero Iglesia, donde hacía recoger aquellas sus negras y roñosas ovejas para predicarles…"[165] ¿Quién asegura que Miguel no fuese él mismo uno de aquellos reyezuelos africanos vencido por algún rival y vendido luego a los negreros europeos?

En Africa, "la organización de cada tribu es una grosera jerarquía feudal, dominada por un monarca absoluto, cuya autoridad parece estar atemperada por representaciones. Cada hombre es el jefe de su familia, dueño absoluto de sus mujeres que él compra y dueño de sus hijos hasta el momento en que el hijo es bastante grande para compartir la autoridad paternal. Cada padre de familia depende inmediatamente de un señor feudal, cerca de la cotla (foro cafre), en que ha levantado su rancho. Este mismo señor feudal obedece al jefe de la tribu, que es el jefe supremo. A él toca repartir la tierra según las necesidades de cada uno de sus subditos: y conduce los hombres a la caza y a la guerra, que decide a su leal saber y entender". Este reyezuelo, que a veces domina sobre poblaciones de ocho a diez mil habitantes, no toma sin embargo ninguna decisión sin llenar la fórmula de convocar una asamblea, que Letourneau, no sabemos por qué causa llama nacional, y que los cafres nombran pitsho. Los oradores hablan en ella con la mayor libertad. El rey debe oírlos sin irritarse; pero se consuela con el derecho que tiene de no hacer caso absoluto de la oposición que se le hace. El poder y el rango social son hereditarios; y en ciertas tribus el servilismo es tan extremo que el infe1r6i6or debe saludar al superior diciéndole: "Tú eres mi amo y yo soy tu perro".[166]

Pero este régimen es sin embargo un progreso respecto a la anarquía primitiva, del mismo modo que lo ha sido en casi todos los pueblos, en donde el despotismo ha surgido como una suprema necesidad social. Entre los Mandingas, de los cuales tuvimos muchos representantes en Venezuela, hasta el punto de que todavía se conserva el calificativo de mandinga para designar a los malvados y a los revoltosos, "el despotismo estaba un poco mitigado, porque para declarar la guerra, concluir la paz, o decidir un negocio de alguna importancia, el rey mandinga debía consultar antes a u1n67 consejo compuesto de los notables y de los ancianos de su pequeña nación".[167]

"También existen asambleas deliberantes entre los Timanis, asambleas que en toda el Africa negra llevan el nombre de palavers y que no son sino de pura forma, pues los oradores cuando hablan respecto de un asunto cualquiera, tienen buen cuidado de espiar la fisonomía del rey para adivinar su opinión y conformarse a ella. Cuando el rey no se halla presente existe un agente suyo que indica con gestos a la asamblea los asuntos que debe aprobarse o negarse, según el querer de su majestad".[168]

Todos estos reyezuelos, del mismo modo que nuestros caciques precolombinos, vivían en una guerra continua, y "constantemente se veían esos rápidos cambios de fortuna, en que el jefe omnipotente de hoy venía a ser el esclavo de mañana".

VIII

Motivo de un largo estudio, ajeno al objeto primordial de este trabajo, sería hallar en nuestra vida política y social los rastros que hayan dejado estos elementos africanos, cuya sangre entró en tan gran cantidad en la composición étnica de nuestro pueblo, sobre todo en las regiones bajas y costaneras; pero no podemos menos que señalar como legado indiscutible la fortaleza física que desafía y vence las inclemencias del trópico, el espíritu de revuelta, la ferocidad en la guerra, la ligereza, el capricho, la imprevisión, la volubilidad, la inteligencia a la vez viva y limitada, que se observa en ciertos individuos y aun en ciertas poblaciones en que el elemento africano fue numeroso, con las naturales modificaciones emanadas del medio social y económico y de los cruzamientos sucesivos con la raza blanca, se desarrolla rápidamente y a veces con una gran brillantez hasta cierta edad. En ese lapso asimilan intelectualmente de manera prodigiosa y hasta llegan a producir obras de pura imaginación muy apreciables, sobre todo en el género poético y por lo regular su prosa es exuberante y empenachada. Pero estas facultades no se desarrollan más allá de los treinta años, lo cual pudiera atribuirse a que en ellos prevalecen los caracteres psicológicos del negro, a lo que se agrega, por razón de la misma herencia, una enorme pereza por todo lo que reclame un esfuerzo intelectual continuado. Pero como la herencia psicológica no está sometida a leyes exactas, en una gran mayoría, como se ha observado en el Brasil, prevalecen los caracteres de la raza blanca, y entonces se producen tipos de una efectiva superioridad en todos los ramos del saber humano, y de ningún modo inferiores a los europeos".

Permítasenos recordar de paso aquel bellísimo pasaje en que Alejandro de Humboldt, describe la vida de los esclavos en la época colonial: "Cuando al descender el río nos acercamos a algunas plantaciones, vimos las hogueras que los negros habían encendido: un humo ligero se levantaba sobre las cimas de las palmas y daba un color rojizo al disco de la luna. Era un domingo por la noche, y los esclavos bailaban al son desapacible de una guitarra monótona y ruidosa. Los negros de raza africana tienen tal superabundancia de actividad y de alegría en su carácter, que después de haber desempeñado las penosas tareas de la semana, se entregan en los días festivos al placer de la música y la danza, prefiriéndolo a un sueño sin cuidado. No reprobemos —exclama el sabio viajero— esa mezcla de abandono y liviandad que dulcifica la amargura de una vida llena de penas y tristezas".[170]

"En toda el Africa negra se danza con furor, dice Letourneau. Desde que los negros oyen el tamtam, observa Du Chaillu, pierden todo imperio sobre sí mismos.[171] Es una verdadera furia coreográfica, que hace olvidar en un instante todas las miserias públicas y privadas".[172]

"El carácter del negro de pura raza —dice F. Hellward— es pendenciero y apasionado aunque también es verdad que se sosiega con la misma facilidad con que se exalta; jovial y comunicativo como un niño, indolente cuando tiene satisfechas sus necesidades más estrictas, desconoce por completo el valor del tiempo. La miseria y la opresión le han corrompido, aunque su degradación proviene principalmente del inicuo comercio que no tan sólo le ha hecho avaro, egoísta y desnaturalizado hasta el punto de vender a su mujer y a su hijo con tal de poder lucir un lienzo de vistosos colores rodeado a la cintura y un collar de cuentas de vidrio, sino también perverso y cruel. Lo que nunca pierde, aun en los momentos en que acaban de arrebatarle su familia, es su expresiva jovialidad; entre músicas y cantos, entre bailes y algazaras, pasa el negro la noche sin tener para nada en cuenta el porvenir; sin pensar en que quizás el día siguiente[173] será asesinado con brutal indiferencia o vendido como una bestia de carga".[173]

En las poblaciones bajas y costaneras de Venezuela se ve cómo resalta aquella misma ligereza, aquel mismo abandono, aquella misma furia coreográfica en medio de los vaivenes, de los peligros y de las tristezas producidas por nuestras guerras civiles, y por la ruina económica, en que hasta hace pocos años habíamos vivido.

Un notable diplomático y escritor brasilero, quien estuvo acreditado ante nuestro Gobierno por los años de 1850, antes de la emancipación de los esclavos, dejó escritas las siguientes observaciones: "El bajo pueblo de Caracas que hace pocos años cuando se declaró la Independencia, se componía casi exclusivamente de esclavos, se resiente aún en su carácter de las cualidades inherentes a esta condición, más o menos pronunciadas, según que los individuos estén más o menos próximos a ella por su origen. Obsérvase en ellos cierta confusión de ideas y de sentimientos, cierta mezcla de sumisión y de altivez, de deficiencia y presunción, de fidelidad y desconfianza; cierta falta, en fin, de fijeza en el carácter, que es la consecuencia natural de su origen servil, modificado ya por la influencia de la revolución y la subsecuente libertad, pero que aún lo hace incapaz de obrar por sí solo en ningún caso, constituyéndolo en una simple máquina que sólo se mueve a impulsos de los ambiciosos que la emplean en provecho propio... No vacilo en repetir que en Venezuela, la población baja de las ciudades es dócil y fácil de gobernar. Excitada, engañada o seducida hace bulla, vocifera, comete excesos; pero naturalmente no tiene aquella ferocidad que le atribuyen algunos observadores apasionados".[174]

Ya hemos hecho observar en otros estudios, que es a la mezcla con el negro a lo que en mucha parte se debió la anarquía, al mismo tiempo que la violenta evolución que ha realizado Venezuela hacia la efectividad del ideal igualitario, al empuje de las revoluciones. La disociación de los caracteres antropológicos del blanco y del indio producida por la intervención de la sangre africana y determinando una población polícroma, correspondió a una disgregación social y política que durante largos años debía también dificultar la creación de los vínculos necesarios para unir a nuestros pueblos en un ideal común de nacionalidad y de patria.

IX

Pero la procedencia étnica nada explica por sí sola. Sujeta como se halla a sufrir modificaciones esenciales bajo la influencia poderosa del medio, no es sino uno de tantos factores en la evolución social de los pueblos. Ni las naciones, ni los individuos, son más o menos inteligentes, ni más o menos valientes, ni más o menos aptos para la civilización porque pertenezcan a esta o aquella raza.

La teoría fundada exclusivamente sobre el factor raza está completamente desechada por la ciencia. Según el Conde Gobineau, el precursor de una pseudociencia titulada

Antroposociología,[175] el único factor que genera las sociedades es la raza. No hay otro medio de explicar la historia de la humanidad que por la mezcla de razas, o para valernos de una expresión más característica, por la química de las razas. El hombre primitivo que Gobineau llama adamita nos es absolutamente desconocido. Un período secundario de la humanidad es el que se caracteriza por la distinción de las tres razas diferentes y permanentes: la blanca, la amarilla y la negra. Otra división se produce por la formación de grandes variedades en el seno de estas tres razas y, por último, en una cuarta división, se distinguen las formaciones de tipos que resultan de las combinaciones más o menos complejas de esas grandes razas. La historia no se refiere sino a las formaciones de este cuarto grado de la evolución humana. "En tanto que la raza permanezca por largo tiempo pura, la mentalidad constitutiva de los miembros de un pueblo permanece uniforme e inmutable. La mezcla de los elementos étnicos de un pueblo con elementos extraños determina la degeneración de ese pueblo. La mezcla de sangre (la panmixtia) engendra

la diversidad de las ideas y en las creencias, la aparición de las teorías revolucionarias y la ruina, en fin, de la sociedad adulterada por elementos extranjeros". En una palabra, según Gobineau, lo que reúne a los hombres y funda las sociedades debe ser la comunidad y la pureza de sangre.

Por fortuna para la Humanidad, la experiencia y la historia destruyen por completo la teoría de Gobineau. La frase célebre del Libertador, refiriéndose a los pueblos hispanoamericanos: "No sabemos a qué raza humana pertenecemos", es perfectamente aplicable a la humanidad toda entera, y está dentro de un concepto absolutamente científico. "Cualquiera que fuese la pretensión del mundo antiguo a la pureza de raza, ésta no podía existir sino muy raramente, dice Bagehot.[176] La mayor parte de las naciones históricas vencieron a naciones prehistóricas; y aunque destruyeran a una multitud de vencidos, no los mataron a todos. Por lo regular reducían a la esclavitud a los hombres de la raza vencida y fecundaban a las mujeres". Esto fue lo que hicieron los españoles en América con las indias y después con las negras. Ya se ha dicho que en las historias sangrientas, como en las comedias, todo termina en matrimonio. El amor sexual se encarga siempre de resolver los más profundos antagonismos sociales.

Nada sería más arbitrario ni más en oposición a la verdad y a la historia que la aplicación de la teoría de las razas al desenvolvimiento de las naciones hispanoamericanas. Es seguro que al considerar la proporción en que han entrado los elementos indígenas, españoles y africanos en la composición de cada uno de estos pueblos y aun en la de los diversos grupos enclavados en distintas regiones donde el medio geográfico y telúrico ha sido propicio al desarrollo de una de las tres razas con detrimento de las otras (decimos siempre razas por la facilidad de la clasificación), sobresalgan ciertos caracteres que le son propios a la raza dominante; pero sería absurda la pretensión de practicar científicamente un análisis semejante. "Es necesario decirlo de una vez por todas —ha escrito Novicow—, en la ciencia social las afirmaciones decisivas y geométricas son imposibles. Las sociedades son seres de una complejidad sorprendente, siempre en movimiento, siempre cambiantes. Y todo cuanto de ellas se diga debe entenderse de un modo aproximativo".[177]

Hay hechos desconcertantes para los que se apegan con ceguedad a una teoría cualquiera. Si fuéramos a aplicar a nuestros pueblos, los más mestizos de que hay ejemplo en la humanidad, las teorías de Gobineau y de sus discípulos, destruiríamos las más brillantes páginas de nuestra historia, desconoceríamos el valor de muy altas personalidades que ha producido la América Latina; y poseídos del más tenebroso pesimismo nos cruzaríamos de brazos ante esa fatalidad irredimible que nos condenaría sin remedio a la degradación y a la muerte.

Gobineau dice que "cuando la raza superior se une a la raza inferior, se rebaja sin elevar a ésta". "En los mestizos, dice Otto Ammon, se combinan las cualidades discordantes de los padres y se producen retornos hacia los más lejanos antepasados; las dos cosas tienen por efecto común, que los mestizos son fisiológica y psicológicamente inferiores a sus razas componentes". Vacher de Lapouge asegura que "el mestizaje produce no sólo la regresión sino la infecundidad". Según estos señores, los efectos mentales y morales del mestizaje no son menos desastrosos que los efectos fisiológicos. Darwin afirma que: "todos los viajeros han observado la degradación y las disposiciones salvajes de las razas humanas mezcladas", "No se comprende —asegura por su parte el gran viajero Livingstone, hablando del Zembezé— por qué los mestizos son más crueles que los portugueses, pero es una verdad". En portugués, decía al mismo viajero: "Dios hizo al hombre blanco. Dios hizo también al hombre negro, pero al mulato lo hizo el diablo".[178]

Según Gustavo Le Bon, es a la mezcla de raza a lo que exclusivamente se debe el estado anárquico en que hemos vivido los hispanoamericanos, y llega en sus conclusiones hasta las más negras profecías. Efectos del dogmatismo. Para reconocer después los rápidos y efectivos progresos realizados por el Brasil y la Argentina, que otros atribuyen exclusivamente a la inmigración europea; y proclamar, como lo hace el doctor Ingenieros, la superioridad de la raza blanca, cayendo también en el error de considerar como pertenecientes a una misma raza a todos los pueblos de Europa, que en forma aluvional están poblando las desiertas regiones del Río de La Plata: desde el mulato meridional de Italia y de España, hasta el escandinavo y el croata; elementos étnicos y culturales a quienes es arbitrio arropar en una sola clasificación, porque existe mayor diferencia entre un calabrés o siciliano, y un polaco, originario de Polonia o de Ucrania, que entre ese mismo italiano meridional y cualquier mestizo hispanoamericano. Las afinidades entre estos dos tipos han producido el fenómeno observado por los propios argentinos, y del cual es un ejemplo el mismo Ingenieros, de la adaptación completa, de la fusión rápida del italiano con el criollo. "El italiano triunfa, individual y colectivamente en la Argentina"... "y es de los elementos de aluvión, quien da más hijos argentinos". "De los españoles no se diga, porque el hecho mismo de pasarlos en silencio, comprueba que se les tiene, y no debe tenérseles en Hispanoamérica, como a extranjeros".

En cambio, los italianos en Norteamérica permanecen aislados, formando colonias completamente extrañas hasta al movimiento económico, porque sólo acaparan las pequeñas industrias, desdeñadas por el yankee. En el seno de la gran metrópoli americana, existe una ciudad puramente italiana constituida por muchos millares de habitantes. No es este un fenómeno que pudiera relacionarse con las reglas de la zootecnia, es decir: que la fusión de diversos grupos étnicos obedezca únicamente a semejanzas fisiológicas determinadas, pues con los italianos sucede en Norteamérica casi lo mismo que con los negros; son más bien afinidades psicológicas las que no sólo facilitan el acercamiento y la fusión de las diversos pueblos, sino que los productos de esa fusión resultan de una superioridad mental indiscutible. Algunos autores aseguran que "cuando las razas del padre y de la madre se avecinan físicamente, pero a causa de haber estado sometidas a formaciones históricas divergentes se hallan psicológicamente distanciadas, los resultados del mestizaje son entonces los mismos que si se tratara de razas completamente alejadas en la escala etnológica".[179]

Es seguramente por esa causa que en Venezuela los italianos y los corsos se han mezclado y confundido con la misma facilidad que los españoles peninsulares y los isleños de Canarias con los elementos más diversos de nuestra población, produciendo tipos de altísimo valor intelectual. Ya en otra ocasión hemos hablado de estas afinidades, sobre todo con el elemento corso, estudiado el estado social de aquella Isla célebre, de acuerdo con el informe presentado a las Cámaras francesas por Clemenceau, como Presidente del Consejo de Ministros en 1909.[180]

Ya se ve cómo la sociología no puede absorberse de ningún modo en la llamada filosofía de las razas. Contra estas teorías que toda la evolución intelectual de estos países contradice elocuentemente, existen muchas otras sustentadas por grandes hombres de ciencia, que pudieren solicitar en el pasado y el presente de nuestra América la comprobación más completa de sus afirmaciones.

"Las formas sociales que algunos miran como el efecto de diferencias étnicas, son regularmente un factor importantísimo de esas mismas diferencias. Un pueblo presenta diferencias intelectuales o morales con otro pueblo.

Pero estos rasgos distintivos son más bien el producto de los medios que él ha atravesado, de las formas sociales que ha sufrido, en una palabra, de su evolución sociológica antes que de las conformaciones anatómicas".[181]

Tarde pregunta, comparando los días brillantes de Grecia con su decadencia posterior, si los griegos antiguos eran más dolicocéfalos que los griegos modernos. "Difícil es decirlo, pero en todo caso no es permitido atribuir la decadencia de aquel pueblo a la disminución de la dolicocefalia; es casi seguro que el índice cefálico no ha cambiado bruscamente a partir de la conquista macedonia". El mismo autor invoca, contra la absoluta diferencia psíquica de las razas, "la prodigiosa transformación del Japón realizada en menos de una generación, por la facilidad con que se ha asimilado la civilización europea, desde los armamentos y los trajes hasta las industrias, las artes y las costumbres".

Aún es más explícito el eminente autor de las Leyes de la imitación cuando habla de las consecuencias del mestizaje: "Lejos de ser proporcionado el grado de genialidad de una raza a su grado de pureza, se halla más bien en proporción con su grado de complejidad, de variabilidad, con la amplitud de sus oscilaciones alrededor de su tipo medio. Desde hace tres o cuatro siglos, las razas europeas se mezclan más y más cada día, y lejos de debilitarse, sus facultades inventivas se desarrollan extraordinariamente... A medida que la evolución se desarrolla, va decreciendo el factor raza. Mientras más remontamos en el pasado vemos a cada gran raza nacional hacerse su civilización, y descendiendo hacia el porvenir, nos parece que a la inversa la civilización moderna trabaja en hacerse su raza, en elaborar por la fusión de muchas razas distintas, nuevas razas en condiciones de adaptarse mejor a su desenvolvimiento. Lejos de mirar la panmíxtiaia (la mezcla de razas) como una causa de degeneración, se puede en cierto sentido considerarla como un beneficio. La mezcla de razas, como la interferencia de culturas y de influencias sociales en un mismo cerebro, produce individualidades más complejas, más ricas y más delicadas".[182]

"El hecho es —dice el Profesor Bouglé— que allí donde la opinión no pesa sobre ellos, se ha visto a los mestizos elevarse con tanta facilidad como las llamadas razas puras. Algunos viajeros han encontrado en una pequeña isla de Oceanía, una población mestiza descendiente de marineros ingleses y de mujeres polinesias. Según su testimonio, esta población era tan notable por sus cualidades morales, por su inteligencia vivaz, por su deseo de instruirse, como por su fuerza y su agilidad. En el Brasil, continúa diciendo el eminente profesor de la Universidad de Tolosa, donde la opinión no ha sido jamás tan ruda para con la gente de color, casi la totalidad de los pintores y de los músicos pertenece a la raza cruzada, que cuenta también con muchos médicos notables. En Venezuela, (y esta cita la toma de Ribot), multitud de mulatos se han distinguido como oradores, como publicistas, como poetas, las razas mezcladas —concluye diciendo— son, pues, tan capaces como las razas puras para llenar las funciones intelectuales de una sociedad".[183]

XI

Regístrese la historia de Venezuela y se verá que desde los tiempos coloniales fue este pueblo uno de los más inteligentes, de los más enérgicos y también, hay que decirlo, de los más revoltosos de la América entera. Ya en el año de 1742, el Rey de España juzgaba necesario reforzar la autoridad del Gobernador y Capitán General de Caracas, "pues cualquiera que tuviese noticia del caviloso genio de los nativos de la Provincia de Venezuela, viendo a su gobernador sin las facultades necesarias para conservar la quietud e imponerles respeto, esto les serviría para fomentar con más libertad sus quimeras".[184]

Arístides Rojas, en uno de sus más interesantes estudios titulado Retozos caraqueños, donde relata las luchas que ocurrieron durante la colonia entre el Gobernador y el Cabildo, dice con mucho fundamento: "Y no se crea que nuestros retozos vienen desde 1810, que ya durante los siglos que precedieron la revolución del 19 de Abril, los caraqueños se metían en el bolsillo a los Gobernadores que de España nos enviaban".[185]

El Barón de Humboldt, quien naturalmente daba ya una enorme importancia a la influencia geográfica en la evolución de las sociedades, observaba que "hallándose la mayor parte de la población de Venezuela, sus numerosas ciudades y su agricultura situadas cerca del litoral y con más de 200 leguas de costas bañadas por el pequeño Mar de las Antillas, especie de Mediterráneo, sobre cuyos bordes casi todas las naciones europeas han fundado colonias, que se comunican por muchos puntos con el Océano Atlántico, esto ha influido sensiblemente, desde la conquista, en el progreso de las luces en la parte Este de la América equinoccial. Los reinos de Nueva Granada y de México no tienen relaciones con las colonias extranjeras y por ende con la Europa no española, sino únicamente por los puertos de Cartagena de Indias y de Santa Marta, de Veracruz y de Campeche. Estos vastos países, por la naturaleza de sus costas y el aislamiento de sus poblaciones sobre el dorso de las cordilleras, ofrecen pocos puntos de contacto con el extranjero. En tanto que Venezuela, la gran extensión de sus costas, su desenvolvimiento hacia el Este, la multiplicidad de sus puertos y la seguridad de sus fondeaderos en todas las estaciones, se aprovecha de todas las ventajas que le ofrece el mar interior de las Antillas. En ninguna parte pueden ser más frecuentes las comunicaciones con las grandes islas y aun con las de Barlovento que por los puertos de Cumaná, Barcelona, La Guaira, Puerto Cabello, Coro y Maracaibo; y en ninguna parte, por lo tanto, ha sido más difícil restringir el contrabando. ¿Quién puede entonces sorprenderse de que esta facilidad de relaciones comerciales entre la América libre y la Europa agitada, haya aumentado en las provincias reunidas hoy bajo la Capitanía General de Venezuela, junto con la opulencia, las luces, y aquel inquietante deseo por tener un gobierno propio, que se confunde con el amor a la libertad y a las formas republicanas?"[186]

"Aunque yo haya tenido la ventaja, que muy contados españoles pueden compartir conmigo —dice más adelante—, de haber visitado sucesivamente a Caracas, La Habana, Santa Fe de Bogotá, Quito, Lima y México y que en estas seis capitales de la América española, mi posición me haya permitido ponerme relación con hombres de todos los rangos, yo no me permitiría emitir opinión sobre los diferentes grados de civilización a los cuales se ha elevado la sociedad en cada una de estas colonias. Más fácil me es indicar los diversos matices de la cultura nacional y el fin hacia el cual se dirige de preferencia el desenvolvimiento intelectual, comparando y clasificando lo que no puede considerarse desde un solo punto de vista. Me ha parecido que existe una tendencia marcada por el estudio profundo de las ciencias en México y en Santa Fe de Bogotá; más gusto por las letras y por todo lo que puede halagar una imaginación ardiente y movible en Quito y en

Lima; pero muchas más luces sobre las relaciones políticas de las naciones y nociones mucho más amplias sobre el estado de las colonias y de las metrópolis, en La Habana y en Caracas. Las múltiples comunicaciones con Europa y ese Mar de las Antillas que ya hemos descrito como un Mediterráneo con muchas salidas, han influido poderosamente sobre el progreso de la sociedad en la isla de Cuba y en las bellas provincias de Venezuela. No hay en toda la América española otros lugares donde la civilización haya alcanzado una fisonomía más europea. Los indios cultivadores que tan en gran número habitan a México y el interior de Nueva Granada, dan a estos vastos países un carácter particular, que yo casi diría más exótico. Pero no obstante el aumento de la gente de color, el viajero se cree en La Habana y en Caracas mucho más cerca de Cádiz y de los Estados Unidos, que en cualquiera otra de las colonias españolas del Nuevo Mundo ".[187]

Y cuando la Revolución rompió el ínmovilismo y el misoneísmo colonial, ¿cuál fue el pueblo de América que llevó un aporte mayor de inteligencia y de energías a la obra de la emancipación del Continente? "La capital de la Provincia de Venezuela (escribió el español Torrente, el terrible enemigo de la independencia, y hubiera podido decir con más propiedad, Venezuela entera) ha sido la fragua principal de la insurrección americana. Su clima vivificador ha producido los hombres más políticos y osados, los más emprendedores y esforzados, los más viciosos e intrigantes, y los más distinguidos por el precoz desarrollo de sus facultades intelectuales. La viveza de estos naturales compite con su voluptuosidad, el genio con la travesura, el disimulo con la astucia, el vigor de la pluma con la precisión de los conceptos, los estímulos de gloria con la ambición de mando y la sagacidad con la malicia"[188].

Otro español, otro enemigo, el General Don Pablo Morillo, el Jefe del Ejército Expedicionario, que en casi cinco años de titánica lucha conoció muy de cerca estos pueblos, estampa estas frases, que son de extraordinaria trascendencia para estudiar nuestra psicología: "Los venezolanos son los franceses de América, y con la misma veleidad e inconstancia que aquéllos, pero con mucha menos ilustracióm, son susceptibles de todos sus defectos e incapaces de ninguna de sus virtudes; dispuestos a alborotos y tumultos y de una variedad ilimitada en sus opiniones, que los lleva a ser tan pronto de un partido code otro... Con esta gente encuentran abrigo todas las novedades que pueden alterar el orden y las conmociones aquí con cualquier pretexto, serán eternas". Más adelante agrega: "La continuación de los sucesos militares, y la clase de guerra que han hecho desde el principio de la revolución los ha instruido, y puede asegurarse, con toda verdad, que se hallan en el mismo grado de instrucción y conocimientos, que lleg1 aron a alcanzar nuestros Ejércitos al fin de la última campaña con la Francia".[189]

El General Ducoudray Holstein, en un libro mendaz y calumnioso contra Venezuela y contra el Libertador, titulado Historia de Bolívar, hace el siguiente paralelo entre los granadinos y los venezolanos, con el propósito especial de deprimir a nuestro pueblo; pero dentro del fárrago de injurias con que nos regala aquel aventurero despechado, surgen algunos rasgos psicológicos muy peculiares:

"El venezolano —dice— es mucho más vivo, más petulante que el hombre de la Nueva Granada; es también más inteligente; pero es también más falso, más corrompido, más celoso, más vengativo que el granadino. Este será fiel a su palabra; el venezolano dará prontamente la suya, agregará mil protestas, y aun juramentos y despés de haberos engañado, se reirá de vuestra credulidad. El venezolano lo sacrifica todo a la pompa y la ostentación; el granadino es más modesto, más contenido en sus gastos y mucho más ordenado en sus asuntos particulares. El venezolano siempre que puede llamar la atención tirará puñados de oro a un mendigo; el granadino dará en secreto, pero sin profusión, y mostrará interés y compasión por el desgraciado.

"La antipatía y el odio entre los habitantes de Venezuela y de Nueva Granada, son fuertemente expresados aunque no haya ninguna razón que lo explique. Lo que se tiene como cierto es que esos odios existen desde hace siglos y que hoy mismo se hallan en toda su fuerza. Es triste agregar que la enemistad entre estos dos pueblos ha sido funesta a la causa de la Independencia. El caraqueño, vano y orgulloso, no ha cesado jamás de despreciar y de ridiculizar la sencillez y la ignorancia del granadino; y éste se halla más vivamente herido cuanto que él conoce su inferioridad y profesa secretamente un odio mortal por este rival soberbio y burlón. El nativo de Venezuela se conoce a leguas en su gesticulación exagerada, en su charla inagotable, en su fanfarronería y en sus amargos sarcasmos. Profesa el más soberano desprecio por todo aquel que no haya nacido en su provincia. Se dice con razón que el venezolano tiene todos los vicios del Español sin una sola de sus virtudes".[190]

Nosotros quisiéramos traer aquí a todos esos dogmáticos de la teoría de las razas para que descubrieran la causa de esa desproporción que ha existido siempre entre la calidad y la densidad de la población yel progreso intelectual de Venezuela. Sería de saber si sólo con la herencia española, la indígena y la africana, había elementos para que Venezuela diera a la América, junto con Miranda y el Libertador, al "primer hombre de letras" como dijo Menéndez Pelayo, refiriéndose a Andrés Bello, al primer hombre de Gobierno en el General Antonio José de Sucre y a la pléyade de estadistas y de guerreros que figuraron en primera escala en todo el Continente. Y a pesar de todas las tremendas vicisitudes porque hemos atravesado en una centuria de anarquía y de miseria, ese germen fecundo de intelectualidad y de energías ha continuado dando sus frutos.

Nuestro eminente historiador Eloy G. González, observaba hace ya algunos años: que "el único progreso palpable, positivo, en el desenvolvimiento venezolano desde la Independencia, ha sido el progreso intelectual. En cualquier época de la historia del país se observará de pronto que ese adelanto es siempre superior a la población, a nuestra importancia política y a los progresos materiales; todo ha sido siempre muy atrás de los hombres eminentes por su cerebro o por sus conocimientos, aun cuando en algunas épocas sean esos mismos hombres quienes gobiernen, administren, legislen y tengan y mantengan la prensa. Para el tiempo a que hemos venido refiriéndonos, (los primeros años de la República) los Vargas, los Santos Michelena, los Fermín Toro, eran para el extranjero hombres inesperados y sorprendentes en una ciudad de esclavitud y de manumisión, de procesiones y de toros coleados, de calzadas rotas y de acequias descubiertas".

Y después ¿no hemos continuado produciendo estadistas, poetas, literatos, oradores, publicistas, historiadores, médicos, jurisconsultos, ingenieros, pintores, escultores, toda una legión de hombres distinguidos, que representan la Patria con honor entre los pueblos cultos? Y no sabemos quién se atrevería a registrarles la prosapia a todos esos hombres representativos, para encontrea arles la proporción de sangre azul que los haya predispuesto a los triunfos de la intelectualidad.

XII

No hablemos, pues, de raza, término antropológico, que no corresponde a ninguna realidad sociológica y que nada explica cuando se pretende aplicarlo a la evolución de los pueblos. Hablemos de Sociedad, Pueblo, Nación, y estudiando el valor científico y la significación histórica de cada uno de estos términos, llegaremos a la conclusión de que, sea cual fuere nuestra formación étnica, Venezuela constituye una entidad social, psicológica y política perfectamente definida, aun comparándola con las otras naciones de Hispanoamérica. Existe un tipo venezolano, como existe una sociedad, una Patria, una nación venezolana. Y podemos afirmar, que el sentimiento de nacionalidad y de Patria, la "solidaridad orgánica", se hallan ya entre nosotros tan fuertemente arraigados y tan sólidamente establecidos, como en cualquiera de las viejas nacionalidades que son la resultante de un proceso secular, a pesar de nuestro mosaico étnico y de nuestra corta edad. Lo que Boutmy dice de los Estados Unidos puede aplicarse con muchos más sólidos fundamentos a Venezuela entre todos los demás pueblos de su mismo origen, y allí está la historia para comprobarlo: "El período de la guerra de Independencia es de aquellos en que los años se cuentan decuplicados por la energía y la incandescencia de las pasiones, lo trágico de los acontecimientos, la grandeza de los resultados. En el recuerdo y en la huella que deja la vida superior del alma humana, la intensidad de las emociones y de los esfuerzos produce en un sentido, el mismo efecto que su duración... Aquellos grandes fastos son en realidad lo que puede haber de más propicio para extender el horizonte detrás de los espíritus y hacer aparecer como muy antigua esta tierra y ese pueblo cuya historia reciente, tan cargada de acontecimientos, tan llena de peripecias, que no parece pudieran haber ocurrido en un intervalo tan corto, tiende por sí misma a espaciarse en el tiempo, a multiplicar los planes en la perspectiva, a simular una antigüedad". [191]

Los venezolanos no sólo trabajaron por su propia independencia, como lo hicieron las colonias inglesas de Norteamérica, sino que sus Generales y sus ejércitos realizaron y consolidaron la de todas las Repúblicas Hispanoamericanas, Por eso Bolívar y sus conmilitones hubieran podido, con mayor razón que Washington y los suyos, parodiarla célebre frase de Boissy d´Anglas en 1795: Nous avons consommé six siècles en six années. Por lo demás, la teoría de la raza tomada en la amplitud que han pretendido darle sus partidarios, ha conducido naturalmente a conclusiones completamente erróneas, y cuya refutación cae dentro de los límites de un razonamiento sumamente sencillo.

Se dice que cada raza o cada pueblo, tiene caracteres psicológicos tan invariables como los caracteres físicos. Nosotros mismos hemos estado durante mucho tiempo apegados a esta teoría, que halagaba ciertas preocupaciones y prejuicios. Culpa también de la enorme influencia que ejercen ciertos espíritus superiores. A creer en Gustavo Le Bon, "mientras los negros conserven el color de la piel, la mandíbula saliente, y todos los rasgos que los diferencian de los blancos, no podrán jamás adoptar las ideas que se consideran como patrimonio exclusivo de éstos. Esta irreductibilidad mental, afirma el sabio sociólogo, será una causa eterna de antagonismo entre las dos razas, que las conducirá a exterminarse sin tregua ni respiro".[192]

"¡Encantadora perspectiva! —exclama Novicow—. Pero felizmente para la humanidad, hay multitud de hechos que demuestran del modo más concluyente, que no existe ninguna relación necesaria y fatal entre ciertas ideas y ciertos tipos antropológicos. Los blancos han tenido en los siglos pasados ideas difieren poquísimo de las que se atribuyen a los negros, en tanto que éstos adquieren hoy las mismas ideas de los blancos.

"La difusión de las ideas no es de ninguna manera una cuestión de raza sino un hecho de orden social y psíquico. Establecer una analogía absoluta entre el color de la piel o la sección de los cabellos y la rapidez de los movimientos intelectuales, es un procedimiento anticientífico. Entre las cosas movibles, nada es más movible que el pensamiento humano".[193]

Otro hombre eminente, uno de los más altos espíritus que ha producido la humanidad, Renán, "el filósofo de las dudas sutiles", ha servido de apoyo a esas preocupaciones de raza. En casi todas sus obras y muy particularmente en ese estudio sobre las lenguas semíticas, considera la humanidad dividida en razas de un valor intelectual y afectivo muy desigual. "Existen razas superiores y razas inferiores, razas nobles y razas innobles. Esta desigualdad es original y parece por consecuencia irremediable. Las aptitudes y las incapacidades de cada raza tejen la trama de su historia y preparan su destino".

"Desde este punto de vista —dice Paul Lacombe, el ya célebre analista y crítico de Taine— nada es más cómodo que la historia filosófica. Pregúntese por qué el pueblo hebreo concibió la idea de un Dios único antes que el pueblo ateniense, que le era tan superior bajo todos respectos. La explicación cabe en una sola palabra: el genio semítico era monoteísta, ¿Por qué Atenas llegó a la perfección en el arte de la escultura? Porque el pueblo ateniense poseía el genio de la escultura. La aplicación de estas teorías ha llegado hasta la creación de lo que se ha llamado el genio de las razas, entidad puramente imaginaria que se destruye con el simple hecho de inquirir por qué razón, si en todo ateniense existió siempre un buen escultor posible, sólo hubo una época y una época muy corta, relativamente a su historia, en que el pueblo ateniense produjo sus obras maestras. A esto se contestará, que no basta el genio sin las circunstancias que le sean favorables a su revelación. Luego, entonces, si ciertas circunstancias hacen que el genio no aparezca o lo anulen, si otras concurren a que se revele modestamente y otras lo hacen surgir con brillantez, sucede lo mismo que si el tal genio no existiera, y sólo las circunstancias lo hiciesen todo".[194]

Las circunstancias. Concepto vago e impreciso, en donde caben multitud de factores que han dado lugar a muchas otras doctrinas, algunas de las cuales analizaremos más adelante. Para estudiar un pueblo tan heterogéneo como el nuestro, en cuya composición han entrado tres razas tan distintas, situado en un país de grandes costas y de inmensas llanuras, que abarcan la mayor parte del territorio, habría necesidad de ejecutar, y los adelantos de las ciencias sociales no lo permiten, una operación semejante a la del químico que, después de haber estudiado la procedencia y las propiedades de varios cuerpos, emprenda la tarea de combinarlos entre sí para descubrir las nuevas propiedades que surgen naturalmente de esta combinación.

NOTAS

136   El autor olvida que en Inglaterra, probablemente a causa de la humedad de la atmósfera, sucedió lo mismo. Todos los pueblos de diversas razas que al través de largos siglos de invasiones y conquistas llegaron a constituir la nación, se fundieron para formar una raza social inconfundible. Véase Boutmy, Essai d'une psychologie potilique du peuple anglais au XIXème siècle, pp. 81 y ss.

137   F. Hellward. La tierra y el hombre. Descripción pintoresca de nuestro globo y de las diferentes razas que lo pueblan, T. I, pp. 53 y 69.

138   Véase en nuestro libro Cesarismo Democrático. El capítulo titulado: "Los prejuicios de casta Heterogeneidad y democracia".

139   Matteuzzi, Los factores de la evolución de los pueblos. Rignano, La Transmisibilidad de los caracteres adquiridos.

140   Robertson, Historia de America. Refiriéndose a la conquista del Perú, dice el notable historiador Doctor Prado Ugarteche: "Cuando llegaron los hombres blancos, Atahualpa y su corte los recibieron con cariño, hospitalaria v generosamente. Los españoles aprisionaron al Inca, y le cortaron la cabeza. Ante semejante conducta, los indígenas se aterrorizaron; el cielo no se había desplomado en venganza de la mayor profanación; sintieron miedo, tristeza profunda, incurable; se encontraron desorientados, sin rumbo y sin guía; su resistencia fue completamente débil. Estaban vencidos por su carácter, por el temor y por la superstición. Los españoles, acostumbrados a luchar con pueblos viriles, experimentaron a su vez, pena v desprecio por estos hombres que se rendían, sin resistir, sin protestar, sin quejarse". Estado social del Perú durante la dominación española, p. 135.

141   Depons, Voyage á la partie oriéntale de la TerreFerme dans l'Amérique Meridionale, T. 1, pp. 19422 93.

142   Caulín, Historia de la Nueva Andalucía, p. 277.

143   Depons. ob. cit. Esa organización federal de nuestras tribus no es nueva en la historia. En la antigüedad los pueblos conquistadores no formaban un todo homogéneo ni eran simples unidades étnicas. Las tribus de Israel cuando conquistaron la Palestina tenían una organización semejante; España aparece en la historia como un conjunto heterogéneo de pueblos distintos e independientes entre sí, y no es sino con el carácter de tribus confederadas

que los germanos "por el hierro y por el fuego se crearon más allá de los Alpes y14 d4 e los Pirineos una nueva patria". V, Gumplowicz, Lucha de razas, p. 412.

144   Véase el informe del Gobernador de Guayana D. Manuel de Centurión. Blanco y Azpurú14a5, Doc. I, p. 192.

145   Humboldt. Voyage aux régions équinoxiales du nouveau continent, París, 18091825. Baralt, Historia antigua de Venezuela.

146   Obsérvese cómo hasta individuos de sangre mezclada, mestizos o mulatos, entraban probablemente en la comunidad de indígenas, participando de la misma separación y aislamiento.

147   . M. Samper, Ensayo sobre las revoluciones políticas y la condición social de las repúblicas hispanoamericanas. París, 1861.

148   Adoptamos el cálculo de Humboldt; 785.000 habitantes para todo Venezuela: 51 por ciento de castas mixtas (mulatos, zambos y mestizos); 25 por ciento de españoles americanos (blancos criollos); 15 por ciento de indios; 8 por ciento de negros y 1 por ciento de europeos. Ob. cit., T. IV, pp. 184185.

149   Los Caciques Tupepe y Manaure, en la Provincia de Barcelona, fueron patriotas, y obtuvieron del Libertador el grado de Coronel. En las filas realistas en la misma Provincia, fueron TenientesCoroneles D. José María Chauran y don Benito Guayta, Caciques de los indios de Caigua, de San Miguel, y de Clarines. Los indios de Coro fueron todos realistas y a la cabeza de los Siquisique se distinguió por su pertinacia en favor del Rey, el Cacique Coronel don Juan de los Reyes Vargas. Véase O'Leary, Narración, T. I. Rodríguez Villa. Biog. del General Morillo. T. III, p. 418. Sevilla, Memorias de un militar.

150   Morton, citado por Topinard, L 'homme dens la nature, p.346.

151   Obs. cits.. T. IV, passim.

152   P. M. Arcaya. Los aborígenes del Estado Falcón. V. además los interesantes estudios etnológ15i3cos del Doctor Julio César Salas.

153   Le Pérou contemporain.

154   Alfides Arguedas, Un pueblo enfermo.

155   Ob. cit., T. IV.

156   Depons, ob. cit. En las naciones llamadas indoeuropeas, que son actualmente las más civilizadas, los instintos sanguinarios de la bestia, aunque más amortiguados se manifiestan todavía de mil maneras y se revelan con gran frecuencia. Sin duda alguna que ya no se abandonan ni se devora a los ancianos como lo hacían todavía los tracios en la antigüedad clásica, pero aun en las naciones en apariencia más civilizadas, todos los días se están cometiendo los hechos más horribles de salvajismo y de fría inhumanidad. El doctor Bordier llegó a comprobar estudiando cráneos de asesinos, cómo se reproducen todavía por atavismo en la Europa contemporánea, un gran número de salvajes de la edad de piedra, y cuántos de los que no han caído bajo la acción de la justicia pudieron presentar los mismos caracteres. No de otro modo se explica que en las grandes crisis sociales —y la gran guerra lo comprobó hasta la saciedad— aquella ferocidad mal apagada estalle violenta cuando se aflojan los frenos sociales, y más aún cuando por un interés más o menos legítimo las fluctuaciones de la moral pública hacen necesaria la apelación de los instintos sanguinarios contra el enemigo extranjero o intestino. En el mundo civilizado como entre nuestras tribus salvajes el moderno concepto de humanidad está más en los labios que en los corazones. Apenas hace unos pocos años se vio que ella no es estricta ni obligatoria sino para los pueblos unidos por un mismo interés, como lo era antes para los de una misma raza o de un mismo país. Y realmente que, a pesar de la persistencia de aquellos instintos primitivos, la idea o el sentimiento de humanidad va ensanchando cada día más su radio de acción. Cuando se estudia con criterio sereno la historia de la Conquista de América, se ve claramente que los españoles no fueron ni más humanitarios, ni menos crueles que los indios. Al hablar Letourneau de las costumbres guerreras en América, dice que "los indígenas del Brasil en general (e igual cosa sucedía en Venezuela) vivían en un estado de guerra perpetua, 'enemigos hereditarios', según una expresión puesta en moda por un gran pueblo europeo". La aproximación resulta hoy de una actualidad palpitante. V. Letourneau, La sociologie d'après l'etnographie.

157   Ob. cit., T. IV.

158   Cuando se ve que los hombres de ciencia hallan, por ejemplo, en las primeras tribus teutónicas las raíces de muchas de las instituciones que hoy rigen los pueblos a que ellas dieron origen, es natural que nosotros, salidos ayer de la fusión, de las tres razas que poblaron nuestro territorio, y bajo la influencia poderosa del mismo medio, tratemos de explicarnos las causas no de nuestra constitución escrita, que demasiado sabemos de dónde la copiaron

nuestros sedicentes legisladores, sino de la constitucicín efectiva a la cual vivimos sometidos desde hace cien años, y de muchos hábitos y costumbres que pugnan con las leyes im159portadas.

159   En el actual Estado Anzoátegui, hasta hace un cuarto de siglo, los indígenas estaban aún divididos en partidarios y adversarios de los Monagas, como en la Guerra de Independencia.

160   Humboldt. Voyage, etc. IV, p. 183

161   Id. id., p. 185.

162   Auguste Lebeau, De la condition des gens de couleur libres sous l'ancien régime París,

163   La sociologie d'après l'ethnographie, pp. 456 y ss.

164   Fray Pedro Simón, Noticias Historiales, p. 235.

165 Edward B. Tylor, Antropología, p. 172.

166   Letourneau, Id. id., p. 458

167   Id. id., p. 459.

168   Pero aun siendo la personificación más completa del despotismo, el monarca africano no es el único amo. Por debajo de él se escalona toda una jerarquía de tiranía y de servilismo, existen una o muchas castas de tiranuelos aristocráticos, que se echan boca abajo delante del rey, pero ponen el pie brutalmente sobre el cuello del esclavo. Con algunas variantes sin grande importancia, es esa la organización social de la zona servil de que venimos hablando". Id. id. id.

169   Letourneau, ob. cit.

170 Viaje a las regiones equinocciales. T. IV.

171   Voyage dans l Afrique équatoriale, p. 226.

172   Id.id.

173   F. Hellward, ob. cit., T. I, p. 284.

174   Conselheiro Lisboa (Miguel María Lisboa), Relaçao de uma viagem a Venezuela, Nova Granada e Equador, pp. 697. Editado en Bruselas en 1866.

175 Essai sur l'inégalité des races humaines. Bouglé. La démocratie devant la science.

176 Lois scientifiques du développement des nations, cap. sobre "L'origine des natifs". Conscience et volonté sociales.

178   Anné sociologique, I a IV. Bouglé, La démocratie devant la science. Vacher de Lapouge, Les sélections sociales (1896). Race et milieu social (1909).

179   Dr. Albert Reibmeyer, Inzucht und Vermischung hein Menschen. Cit. de A. Constantin, Le rôle sociologique de la guerre, Paris, 1907.

180   Véase además el interesante libro de Demolins, Le français d'aujour d'hui, lib. Il, cap. IV.

181   Palantes, Précis de sociologie.

182   Tarde, Les lois de l'imitation, (1890)... L 'action intermentale. (1905), p. 152.

183   Bouglé, ob. cit. Ribot, L'hérédité psychologique.

184   Arch. Nac., Cédula fechada en BuenRetiro a 12 de febrero de 1742.

185   Leyendas históricas de Venezuela. Segunda serie,

186   Se refería a la libertad de comercio con motivo de la guerra entre España e Inglaterra.

187   Humboldt. Voyage, etc., T. IV, pp. 152, 205206.

188   Torrente, Hist. de la revolución hispanoamericana.

189   Rodríguez Villa, El Teniente General don Pablo Morillo. Morillo al Ministro de la Guerra1.90Cumaná, 28 de Agosto de 1817. T. III, pp. 433437.

190   Histoire de Bolívar, par le général Ducoudray Holstein; continuée jusqu'à sa mort par Alphonse Viollet. Paris, 1831. Introducción del autor.

191   Psychologie politique du peuple américain, pp. 7980.

192   Lois psychologiques, p. 166.

193 Novicow. Conscience et volonté sociales, p. 195.

194 Paul Lacombe, De l'histoire considérée comme science, cap. XVIII.

Capítulo Sexto

LA INFLUENCIA DEL MEDIO

I

Hemos querido estudiar en los capítulos anteriores aunque someramente, los instintos políticos de las tres razas que han entrado en la formación del pueblo venezolano, pero esto no basta para darnos cuenta de las tendencias que han prevalecido en nuestra evolución política y social y en la constitución de nuestra individualidad nacional, hasta diferenciarla de los demás países de nuestro mismo origen.

La raza es la expresión del medio. Y hoy no es posible comprender la evolución histórica de un pueblo sin comenzar por el estudio del medio físico y telúrico en que ese pueblo ha evolucionado y de la herencia de los caracteres adquiridos, siendo estos factores los más simples y los más generales de la civilización.

Hasta ahora son muy pocos los escritores hispanoamericanos dedicados a esta clase de estudios, que hayan tomado en cuenta el medio geográfico para explicar las diferencias profundas que existen entre nuestras nacionalidades a pesar de las grandes similitudes de raza, de lengua y de religión, sobre las cuales, como ya lo hemos señalado, se ha querido fabricar una psicología de los pueblos hispanoamericanos, en general, incurriendo en el mismo error de algunos sociólogos europeos, que como Fouillée han pretendido trazar una Esquisse psycbologique des peuples européen, calificada, en el estado actual de las ciencias, como una "tentativa temeraria".

Desde Montesquieu y Buckle, que dieron un empuje maravilloso a la historia concibiéndola como un efecto de las acciones físicas y telúricas, hasta nuestros días, en que se han hecho estudios profundos sobre la formación de la raza por el medio, "la geografía ha dejado de ser una árida nomenclatura de nombres o un cuadro más o menos pintoresco del relieve del suelo, para explicar la naturaleza y el papel social de las diversas rutas que ha seguido la humanidad y por consiguiente el origen de las diversas razas. Ella viene a ser verdaderamente el factor principal de las sociedades humanas".[195]

Según esta teoría, que parece indiscutible, no puede dejar de establecerse una distinción entre los pueblos situados en países donde prevalece la llanura o la montaña; entre los que habitan las selvas o las costas, o se hallan sometidos a diversos grados de temperatura. La influencia etológica del medio es todopoderosa, sobre todo en las etapas primitivas de la sociedad, en que el hombre no ha creado aún los elementos necesarios para modificar esa influencia y ella se confunde naturalmente con la formación de la raza.

Un gran número de filósofos de la historia y aun de historiadores, observa Henri Berr,[196] han caído en el error de no hacer distinción entre esta ciencia, que Stuart Mill ha concebido claramente bajo el nombre de etología política, y la teoría de las razas. Sobre todo en Alemania, se ha confundido frecuentemente la raza con la individualidad colectiva. Taine recoge una idea familiar a los alemanes desde Herder, cuando habla de "la tenacidad extraordinaria" de este genio de raza cuya expresión son los genios individuales. Pero si Taine ha dado brillo a esta teoría, ha hallado entre los propios franceses más contradictores que partidarios. Paul Lacombe, por ejemplo, lo ha criticado magistralmente: "Si en los comienzos ha habido efectivamente razas distintas, cuando la humanidad se componía de grupos esparcidos sobre la superficie del Globo, y por consiguiente en condiciones físicas muy diferentes, hace ya mucho tiempo que la guerra y la paz, han cernido y amasado la pasta humana, a lo menos en los países que son justamente más interesantes para la historia; invasión sobre invasión, penetración pacífica, asociación política y trasplante de vencidos, esclavitud, matrimonio, infiltraciones individuales, veinte causas han mezclado y confundido en estos países a los miembros de diversas poblaciones. Id a reconocer en Francia quién tiene del Celta, quién tiene del Romano, quién del Germano, del Ibero, del Vasco, del Arabe, sin contar las poblaciones innominadas anteriores a la Historia y que los primeros invasores históricos hallaron seguramente en el país".[197]

Existe sin embargo una etología colectiva, que estudia el carácter de los grupos históricos determinados, en cierto modo tangibles —pueblos antiguos y naciones modernas—, organizados en sociedades políticas, ligados a un suelo, constituyendo una individualidad y que se conocen por manifestaciones variadas y documentos precisos.[198]

Sobre estas ideas, preconizadas por un grupo selecto de sociólogos que ha establecido en importantes trabajos las estrechas relaciones de la geografía y la historia, nos atrevemos a afirmar la existencia de una nación venezolana como expresión del medio geográfico y de las vicisitudes históricas.[199]

II

La influencia poderosa del medio se comprueba observando cómo pueblos de una misma raza evolucionan de un modo distinto, colocados en diversas condiciones de existencia debidas "al ambiente natural".

Los sociólogos que admiten esta preponderancia mesológica en la evolución humana, presentan, entre otros ejemplos, el de la raza mongol tan profundamente diferente en China y en el Japón. Observación semejante hace el Barón de Humboldt respecto a los habitantes de Venezuela: "Echando una mirada general sobre las siete Provincias reunidas de TierraFirme, se ve que ellas forman tres zonas distintas, que se extienden de Este a Oeste. A lo largo del litoral y cerca de la cadena de montañas costaneras, se encuentran primero los terrenos cultivados, después las sabanas o región de los pastos; y en fin, las florestas, más allá del Orinoco, en donde no se penetra sino por medio de los ríos que la atraviesan. Si los indígenas, habitantes de estas florestas, vivieran exclusivamente de los productos de la caza, como los del Missouri, podríamos decir que las tres zonas en que acabamos de dividir el territorio de Venezuela ofrecen la imagen de los tres estados de la sociedad humana: la vida del salvaje cazador en los bosques del Orinoco; la vida pastoral en las sabanas o llanos, y la del agricultor en los altos valles y al pie de las montañas costaneras...

"En esta zona de las florestas era donde se hacía sentir con mayor intensidad el régimen de la fuerza y el abuso del poder que es su consecuencia necesaria, ejercido por los monjes y por los militares que los protegen. Allí se encuentra el indígena en el estado primitivo, haciéndose una guerra cruel, "comiéndose algunas veces los unos a los otros". Los frailes se aprovechan de las disensiones de los indígenas para aumentar sus pueblos de misión.[200] En la segunda región, la de los llanos y los pastos, la alimentación no es variada pero es muy abundante. Más avanzados en la civilización, y fuera del recinto de algunas ciudades esparcidas en aquellos desiertos, los hombres no permanecen menos aislados los unos de los otros. Al contemplar sus habitaciones medio cubiertas con cueros de res, se diría que lejos de estar fijos, se hallan apenas acampados en estas vastas praderas que tienen por límite el horizonte. La agricultura, que es la única capaz de solidificar las bases de la sociedad y estrechar los lazos entre los hombres, ocupa la tercera zona en el litoral venezolano y sobre todo en los valles cálidos y temperados de las montañas vecinas del mar.

"Pudiera objetarse —continúa diciendo Humboldt— que en otras partes de la América española y portuguesa y donde quiera que pueda seguirse el desenvolvimiento progresivo de la civilización, se encuentran reunidas las tres edades de la sociedad; pero se debe recalcar, y esta observación es de suma importancia para aquellos que quieran conocer a fondo el estado político de las diversas colonias, que la disposición de las tres zonas: la de las selvas, la de los pastos y la de las tierras cultivadas, no es la misma en todas partes y que en ningún país se hallan tan bien demarcadas como en Venezuela".[201]

De las tres zonas en que el sabio alemán divide el país venezolano, la más importante por su influencia decisiva así en la guerra de Independencia, como en la evolución social y política de la nación, es sin duda alguna la de los pastos, tanto por su extensión, como por las condiciones características de sus habitantes.[202]

Preparadas para la vida pastoral, estas extensas planicies se hallaban habitadas antes de la Conquista por pueblos más salvajes que todos los de las otras regiones, como lo comprobaron los primeros misioneros que en ella se internaron: "más embrutecidos, más alejados de la cultura que los habitantes de las costas y sobre todo que los montañeses de las Cordilleras".

Mas apenas introdujeron los españoles ganados y caballos, junto con los hábitos de la vida pastoral que durante siglos habían adquirido en la Península, pues es bien sabido que después de la reconquista, España entera se hizo ganadera y la Mesta fue una de las más fuertes instituciones de aquellos tiempos[203], los Llanos de Venezuela y las Pampas argentinas se convirtieron como en dos grandes crisoles donde se fundieron los hombres de todas las razas y colores, para producir un tipo único, que con las inconfundibles características de los pueblos pastores en todos los tiempos y todas las latitudes, debía entrar ruidosamente en la Historia de la América española al estallar la guerra; y a caballo como las hordas de Atila, como los tártaros y los árabes nómadas, llevar por todas partes el terror y la devastación, arrastrados por sus instintos depredadores a las órdenes de cabecillas tan bárbaros como ellos mismos, para convertirse más tarde en los más esforzados defensores de la Independencia y recorrer en triunfo el Continente, cuando Bolívar en el Norte y San Martín en el Sur, los hicieron tramontar las Cordilleras para llevar la guerra de emancipación a los países vecinos, que a excepción de Chile, se hallaban habitados por indígenas y mestizos indolentes, pacíficos, sedentarios, con todos los hábitos que engendra la montaña.

La historia de la Independencia de América se ha encargado de demostrar la genial intuición del Barón de Humboldt, cuando en presencia de las llanuras venezolanas y argentinas, formuló estas observaciones que tienen el carácter de una profecía: "Si después de la varia distribución de los animales sobre la superficie del Globo, la vida pastoral hubiera podido existir en el Nuevo Mundo, si antes de la llegada de los españoles, los Llanos y las Pampas hubieran estado pobladas por estos rebaños de vacas y de yeguas que allí pastan al presente, Colón habría encontrado la especie humana en un estado muy diferente. Pueblos pastores nutriéndose de leche y de queso, verdaderos nómadas, recorrerían estas vastas planicies que se comunican entre sí. Se les hubiera visto, en la época de las grandes sequías, y aun en la de las inundaciones, combatir por la propiedad de los pastos, subyugarse mutuamente, y reunidos por un lazo común de costumbres, de lenguaje y de culto, elevarse a aquel estado de semicivilización que nos sorprende en los pueblos de raza mongola y tártara. Entonces la América, como el centro del Asia, hubiera producido conquistadores, que elevándose desde las llanuras hasta las altiplanicies de las cordilleras y abandonando la vida errante, hubieran sometido a los pueblos civilizados del Perú y de la Nueva Granada, derribando el trono de los Incas y del Zaque[204] y reemplazando el despotismo que infanta la teocracia, con el despotismo que nace del gobierno patriarcal de los pueblos pastores. El género humano en el Nuevo Mundo no había podido experimentar estos grandes cambios morales y políticos, porque sus estepas, aunque más fértiles que las de Asia, habían permanecido sin rebaños. Ninguno de los animales que ofrecen leche en abundancia es propio de la América Meridional; y en el desenvolvimiento progresivo de la civilización americana había faltado este eslabón intermediario que liga los pueblos cazadores a los pueblos agrícolas".[205]

III

De todos los animales introducidos por los españoles en las estepas de nuestra América, el que predomina, el que representa el papel más importante y sin el cual la vida pastoral sería imposible, es el caballo. Si el llano está esencialmente hecho para el caballo, es el caballo quien adapta el hombre a la llanura.

Las tradiciones históricas de muchos pueblos señalan las estepas asiáticas como la cepa de donde han salido todas las razas de caballos diseminadas actualmente por el mundo, pero son muy señaladas las regiones, fuera de aquellas de donde procede, en que el noble animal pueda desarrollar todas sus cualidades. Entre las que le son más propias se hallan las planicies de Hungría, de la Camarga y de la América Meridional...

Es por esta causa fundamental que los pueblos pastores de este Continente acusan una absoluta semejanza con todos aquellos que desde la antigüedad remota han ejercido la más amplia, la más profunda influencia en el desarrollo histórico de la humanidad. Si los caballos tártaros conquistaron a China y los caballos árabes fundaron el Imperio de la Medialuna, los caballos gauchos y llaneros destruyeron la dominación de España en el Nuevo Mundo, hicieron la Independencia y crearon las nacionalidades.

Gracias al caballo fue que pudo constituirse en ciertas épocas la gran unidad de los pueblos nómades bajo el mando de jefes como Atila, GengisKhan, Tamerlán, etc. "Los pueblos cazadores o salvajes no han podido nunca formar estas grandes unidades de soberanía, porque ellos no han tenido a su disposición el gran medio de concentración rápida que proporciona el caballo, que es además el único animal que puede plegarse a los movimientos de conjunto de un ejército, a la variedad de los climas y al tumulto de la guerra".

Gracias al caballo es que el nómade "ha podido realizar tantas invasiones formidables hasta los límites del antiguo Continente. Gracias a él ha podido atravesar los ríos sin necesidad de puentes, sin detenerse ante este obstáculo natural infranqueable para un ejército de sedentarios. Es así como pasaron el Dniéper en 1240 y el Danubio algunos años antes".

De tal modo comprendió Mahoma la importancia del caballo para la realización de sus conquistas, que elevó los cuidados que debían dársele a la altura de un deber religioso.

Las crónicas de la Edad Media expresan la admiración y el espanto causado por los caballos de los nómades sobre las poblaciones invadidas. "Durante la invasión de GengisKhan —afirman los contemporáneos—, los caballos casi no tenían otro alimento que las hojas, la corteza y las raíces de los árboles y20a6 pesar de esto se hallaban siempre llenos de fuerza, de ardor y de agilidad".206 Se ve fácilmente por lo expuesto, que la presencia o la ausencia del caballo, puede hacer posible o imposible, la extensión de una raza o la dominación de un pueblo sobre otro.

Suprimid el caballo y la conquista de América hubiera sido imposible. Los españoles no habrían tenido medios de penetrar en el interior del Continente, y desconocido como era el caballo entre los indígenas, su presencia les causó tal espanto "que huían despavoridos, cada uno por su lado, procurando salvar del mejor modo que podían". Todos los cronistas e historiadores de la Conquista hablan del terror de los indígenas por el caballo; y desde México hasta Patagonia fue el caballo el auxiliar más poderoso de la dominación española en América. [207] Y no sería aventurado afirmar que si una raza tan valerosa y tan fuerte como la raza Caribe hubiera dispuesto de caballos a la llegada de los españoles, muy otra habría sido la historia de la Conquista. De tal manera la comprendían los españoles, que entre las más importantes disposiciones tomadas por el Gobierno para asegurar su soberanía en América, estaba la de prohibir a los indios el uso del caballo. [208]

Los venezolanos —y no decimos especialmente los llaneros, porque en Venezuela aun los que nacemos en las cordilleras y las costas tenemos algo de llaneros[209]—podemos fácilmente darnos cuenta de la semejanza que el uso del caballo determina en los pueblos pastores del mundo entero. Existen páginas de multitud de viajeros sobre los tártaros, mogoles, calmucos, etc., que parecen escritas por nuestros llaneros:

"Apenas deja un niño el pecho de la madre y tiene fuerzas suficientes, se le monta a la grupa de un caballo que se pone al galope obligando al muchacho a agarrarse con las dos manos a la ropa del jinete. Así se habitúan los tártaros desde muy temprano al movimiento del caballo y a fuerza de costumbre terminan por identificarse con su montura.

"De tal manera acostumbra el mogol a andar siempre a caballo, que cuando echa pie a tierra, se siente como desorientado y lejos de su esfera. Su andar es pesado y tardo: la forma arqueada de sus piernas, el busto inclinado hacia delante, las miradas que sin cesar pasea a su alrededor, todo denuncia al jinete, al hombre que pasa la mayor parte de su vida sobre un caballo. Cuando los tártaros viajan durante la noche, no se toman por lo regular el trabajo de bajarse de sus animales para dormir". [210]

"En nada ceden los calmucos a los tártaros. Desde la cuna, ya el calmuco es un jinete. Su cuna es un cuero en el cual se halla colocado un pedazo de madera entre las piernas del niño, sobre el que está a caballo como un jinete sobre su silla. Este trozo de madera es hueco, para evitar a la madre el cuidado de cambiarle al niño las ropas y los cueros que lo envuelven. La cuna, suspendida dentro o fuera de la tienda, se halla colocada verticalmente. Inmediatamente que el niño comienza a gatear se monta sobre un carnero o sobre un perro; cuando tiene tres años se sube a la grupa de sus hermanos o de sus amigos de más edad: cuando llega a los ocho es un jinete perfecto y a los doce doma los caballos salvajes".[211]

IV

En ninguna de las sociedades humanas resalta con mayor claridad la influencia poderosa del medio como en los pueblos pastores, cualquiera que sea la raza y la situación geográfica. De ellos es de quienes puede decirse con más propiedad que "la raza es la expresión del medio".

La pintoresca descripción que de nuestro llanero hizo Baralt[212] es exactamente la misma que encontramos en un libro posterior del eminente argentino Sarmiento al estudiar el grupo social habitador de las Pampas, que produjo a Facundo Quiroga y a los grandes caudillos de la anarquía federalista y sirvió de escuela a Don Juan Manuel Rosas, el César Democrático, que tras largos años de absolutismo, llenó a cabalidad el papel que han representado en la historia de todos los pueblos los déspotas que unificaron la mayor parte de las nacionalidades modernas[213], y en los dos grandes escritores hispanoamericanos parece que se hubiera inspirado Gustavo Le Bon, por ejemplo, cuando traza los caracteres psicológicos de los árabes nómadas.[214]

Cometeríamos un gran error si fuéramos a considerar psicológicamente a nuestro llanero como la resultante de la mezcla del blanco, del indio y del negro. La herencia psicológica de las tres razas madres —según el primer postulado de la teoría tainiana— desaparece por completo ante la acción fisiopsicológica impuesta por el medio. En los habitantes de nuestras extensas llanuras, hoy mismo y con mayor razón en los años que precedieron a la guerra de Independencia, se encontraban todos los tipos: desde el peninsular, el isleño de Canarias, el criollo, el indio y el negro hasta los más variados productos de la panmixtia, sin que el análisis más prolijo —si fuese posible hacerlo— hubiera podido encontrar en ellos diferencias sensibles en los hábitos, en las ideas, en los impulsos inconscientes, en las aptitudes físicas, en los instintos guerreros y en el conjunto, en fin, de caracteres típicos del grupo entero, comprobando que "indirectamente la manera de vivir que el medio entraña, reacciona sobre la formación del carácter".[215]

Al estallar la guerra, los llaneros venezolanos entran en la Historia proclamando al Rey de España a las órdenes del asturismo Boves y del isleño Yáñez, figurando entre los comandantes de aquellas hordas formadas por hombres de todas las clases y colores, al lado del canario Morales y del español Sebastián de la Calzada, muchos criollos blancos como Rafael López, el presbítero Andrés Torrellas, Nicolás López de Arcaya, Narciso López, José María Correa, los Izquierdo, los Martí, los Llamozas, etc., y otros de las clases de color que se distinguieron en la lucha, como Facundo y Alejo Mirabal, Remigio y Antonio Ramos, Manuel González y tantos y tantos que después vinieron a servir a la Patria y a realizar hazañas inmortales, como Rondón el héroe del Pantano de Vargas. En las filas patriotas junto con Páez, que era el prototipo de toda nuestra evolución étnica, prevaleciendo en sus rasgos somáticos los caracteres de la raza blanca hasta hacerlo casi rubio (catire), figuraron los Monagas, criollos en el concepto preciso de la palabra, lo mismo que los Pulido, Nicolás Pumar, Fernando Figueredo, el padre Ramón Ignacio Méndez, futuro Arzobispo de Venezuela, y muchos otros de la misma clase social. P2edro Camejo el Negro Primero, era casi bozal; Leonardo Infante, dice Groot216 era negro de los más finos; y como hombres de color se reputaban Laurencio Silva, Aramendi, Rondón, Cornelio Muñoz, Juan Sotillo y la multitud de guerreros que ilustraron su nombre no sólo en Venezuela sino en el Perú y Bolivia, en las campañas finales de la Independencia de América.[217]

Prescindiendo por el momento de otros rasgos típicos de nuestros nómadas, diremos que así en ellos, como en todos los pueblos pastores, desde el beduino, el tártaro, el turcomano, el curdo, el cosaco, hasta el gaucho rioplatense, es el sentimiento de la independencia, el desprecio profundo por las poblaciones agrícolas, sedentarias y urbanas lo que prevalece en su carácter, al mismo tiempo que la tendencia a formar grupos aislados y antagónicos, que sólo llegan a unirse en determinadas circunstancias bajo la autoridad de un jefe, "en quien la fuerza es la causa principal de la superioridad".

"Los árabes nómadas —dice Le Bon—, lo mismo en Arabia que en Siria o en Africa, poseen todavía, como rasgo principal del carácter un sentimiento extraordinario de independencia, que difícilmente puede comprender un europeo. Los nómadas desdeñan profundamente a los habitantes de las ciudades, a quienes consideraran como esclavos, pues para ellos ligarse a la tierra es despedirse de la libertad, creyendo que cuando el hombre se hace dependiente del suelo, no tarda en someterse a un amo. Para el nómada no existe otra cosa que su libertad y la mira como superior a todos los bienes, habiendo sabido conservarla intacta hasta hoy, al través de las edades. Ninguno de los conquistadores que han dominado el mundo, lo mismo griegos que romanos, persas, etc., han podido nunca someterlos. Una dominación sobre los nómadas, además de ser siempre efímera, no podría nunca establecerse si no se combate a los nómadas con otros nómadas.

"El instinto del saqueo y el carácter batallador de los nómadas los convierten siempre en vecinos temibles para los países civilizados, los cuales no pueden menos que considerarlos como verdaderos bandidos... A estos arraigados instintos de guerra y de saqueo, se debe que los árabes nómadas llegaron a ser excelentes guerreros al mando de los sucesores de Mahoma, haciendo rápidamente la conquista del mundo. Pero hasta dentro de las nuevas condiciones de vida a que estuvieron sometidos, conservaron invariablemente sus instintos primitivos; pues el carácter de los pueblos apenas cambia; y los árabes los manifestaron convirtiendo el amor al saqueo en amor de conquistas y los hábitos de generosidad en origen de esas costumbres caballerescas que todos los pueblos de Europa imitaron en seguida... Los nómadas han despreciado siempre las conquistas de la civilización prefiriendo la vida del desierto... Esa gente, cuya arrogancia y noble actitud ha sorprendido a todos los viajeros, sabe bastarse a sí misma sin los recursos artificiales de la civilización y no cedería el paso al más altivo barón de la Edad Media... Si estos nómadas son verdaderos semibárbaros por sus costumbres, no lo son por su mentalidad y por su espíritu; y raro es que un nómada no sea a la vez un poeta...".

Le Bon señala como la cualidad más sobresaliente del árabe

nómada, "a pesar de su calma aparente, un carácter muy movible que le asemeja a la mujer y al niño. Como éstos, no tiene por lo general otro guía de sus acciones que la impresión del momento, juzgando siempre por las apariencias y dejandose alucinar por el ruido, por el brillo y la po2mpa exterior, de modo que el mejor medio de convencerlo es deslumbrarlo".[218]

Compárense estos conceptos del sociólogo francés sobre los árabes nómades con la descripción que del llanero venezolano hace nuestro historiador Baralt, y se comprenderá con qué poder obra el medio sobre la conformación de los pueblos pastores, siendo a la vez un poderoso "motor histórico" por la influencia que ejerce en las instituciones políticas y en la organización económica de las naciones de origen pastoral.

Baralt dice de nuestros llaneros: "mucho diferían de los habitantes de la región de los bosques y del litoral, los de las llanuras, que en el país decían por esto mismo llaneros: hombres cuyas costumbres y carácter por una singularidad curiosa, eran y son aún tártaros y árabes, más que americanos o europeos. El clima abrasador de sus desiertos y las inundaciones de su territorio los obligan a adoptar un vestido muy sencillo, y moran ordinariamente en cabañas a las riberas de los ríos y los caños en incesante lucha con los elementos y las fieras. Sus ocupaciones principales son la crianza y pastoreo de los ganados, la pesca y la caza; si bien algunos cultivan pequeñas porciones de terrenos para obtener raíces comestibles. Esta vida activa y dura, sus marchas continuas, y su necesaria frugalidad, desarrollan en ellos gran fuerza muscular y una agilidad extraordinaria[219]. Pobres en extremo y privados de toda clase de instrucción, carecen de aquellos medios que en las naciones civilizadas aumentan el poder y disminuyen los riesgos del hombre en la faena de la vida. A pie o sobre el caballo que ha domado él mismo, el llanero, a veces en pelo, casi siempre con malísimos aparejos, enlaza a escape y diestramente el toro más bravío, o lo derriba por la cola, o a usanza española lo capea con singular donaire y brío; un conocimiento perfecto de las costumbres y organización de los animales del de la tierra le ha enseñado, no sólo a precaverse de ellos, sino a arrostrar sus furores.

"Acostumbrado al uso constante de la fuerza y de los artificios para defender su existencia, contra lodo linaje de peligro, es por necesidad astuto y cauteloso; pero injustamente se le ha comparado en todo con los beduinos. El llanero jamás hace traición al que220en él se confía, ni carece de fe y honor como aquellos bandidos del desierto;220 debajo de su techo recibe hospitalidad el viajero, y ordinariamente se le ve rechazar con noble orgullo el precio de un servicio. No puede decirse de él que sea generoso; mas nunca por amor al dinero se le ha visto prostituirse como raza proscrita, a villanos oficios. Igualmente diestros, sobrios y valerosos que las razas nómadas del Africa, aman como ellas el botín y la guerra, pero no asesinan cobardemente al rendido, a menos que la necesidad de las represalias o la ferocidad de algún caudillo no les haga un deber la crueldad. Tres sentimientos principales dominan en su carácter: desprecio por los hombres que no pueden entregarse a los mismos ejercicios y método de vida, superstición y desconfianza. En medio de esto tiene el llanero prontitud y agudeza en el ingenio: sus dichos festivos siempre y en ocasiones profundamente epigramáticos, participan del donaire y gracejo natural de los hijos de la risueña Andalucía. Como todos los pueblos pastores, son aficionadísimos a la música y al canto, e improvisan con mucha gracia y facilidad sus jácaras y romances. Lo más común es que dos de ellos canten alternativamente acompañándose con la guitarra; y así con frecuencia se oyen resonar sus trovas en los caseríos, en los hatos, en las riberas de los ríos, ora los días festivos, ora cuando en las noches de vela, al suave resplandor de la luna, rumia el ganado tranquilamente en la pradera. El llanero, en fin, ama como su verdadera y única patria las llanuras. A ellas se acostumbra fácilmente el habitador de las montañas; pero fuera de ellas, sus hijos hallan estrecha la tierra, el agua desabrida, triste el cielo. A semejanza de los árabes beduinos, un amor ardiente por la libertad y por la vida errante les hace mirar las ciudades como prisiones en que los señores encierran a sus siervos".

Y añade en seguida: "el influjo de la autoridad y de las leyes eran casi nulo en las llanuras, donde el hombre se sustraía fácilmente al freno de la sociedad; por eso en el llanero descubrimos los vicios y virtudes del estado natural".

Nuestro ilustre historiador califica esta semejanza entre llaneros y beduinos de "singularidad curiosa", pero los adelantos de las ciencias sociales han comprobado que la igualdad en la estructura del suelo y en las condiciones de vida; la influencia de un mismo medio ambiente, en el sentido más amplio de la palabra, sobre todo en cierto grado de la evolución social, producen los mismos caracteres psicológicos, así en Venezuela como en Arabia, en Siria, en Africa y en las pampas argentinas. [221]

Un historiador español de la guerra de independencia hispanoamericana hace iguales observaciones: "Los indios pastores que habitan en los países al norte de México y en las pampas del Río de La Plata, forman una raza peculiar de población, en la que se observa la mayor afinidad, a pesar de las grandes distancias que separan unos pueblos de otros: son todos ellos robustos, vigorosos, valientes, esforzados, toscos e indomables. Los llaneros de Venezuela, aunque de la clase mezclada y más próxima a la raza africana, son del mismo temple que los antedichos, con poca diferencia en su barbarie y ferocidad, aunque viven bajo el influjo de las leyes, (sic).

"Siempre ha sido inquieto el carácter de estos pueblos; la guerra es su elemento... Desde las edades más remotas han sido los pueblos pastores los más esforzados y belicosos; y esta misma índole se ha transmitido sin alteración a los habitantes de las Pampas de Buenos Aires y de los Llanos de Venezuela y Nueva España".[222]

V

La influencia de la llanura y del caballo en el desarrollo histórico de los países que los poseen, como Argentina, Uruguay y Venezuela, fue ya observada con genial intuición hace más de tres cuartos de siglo por el eminente Sarmiento, quien junto con el Libertador, deben considerarse como los precursores de la sociología hispanoamericana.

El caballo contribuyó a darle fisonomía especial a la revolución de la Independencia en estos países de llanuras, imprimiéndole rumbos completamente distintos a los que siguió en otras regiones de diferente estructura geográfica. El gaucho y el llanero, con la facilidad de invadir las ciudades litorales empujados por el odio instintivo de los pueblos pastores por los pueblos agrícolas, sedentarios y por consiguiente más civilizados, torcieron el rumbo de la revolución municipal y oligárquica de 1810, que sin ese elemento inesperado para los revolucionarios, hubiera sido en todas partes lo que fue en Chile, por ejemplo: una simple transición del predominio de España al de la oligarquía criolla constituida por la aristocracia territorial, que continuó gobernando aquella nación por más de una centuria; o en Colombia, donde persisten y subsisten las viejas oligarquías y la teocracia indohispana.

Tan hondo penetró Sarmiento con su genial intuición en el organismo de estos pueblos, que es axiomática su observación de que el caudillismo surgió de las patas de los caballos tanto en Argentina como en Uruguay y Venezuela. Suprimid de la historia de Venezuela las caballerías llaneras ¿Dónde hubiera encontrado aquel inmortal bandido que se llamó José Tomás Boves las hordas de bárbaros con que destruyó la civilización española representada por la aristocracia social e intelectual de la colonia, que inició la revolución? Si Venezuela hubiera conservado sus altas clases sociales, desaparecidas casi completamente en aquella espantosa borrasca del año 14, muy otra hubiera sido nuestra evolución política.

Y si bien es cierto que por una de esas relaciones "reversibles" que son casi una regla en materia histórica[223] fueron esas mismas hordas, sometidas más tarde a la autoridad de Páez y puestas a las órdenes del Libertador, las que decidieron el triunfo de la Independencia,[224] no es menos cierto que "el Caudillismo nacido de las patas de los caballos" empujó violentamente la evolución igualitaria e impuso al país su sistema efectivo de Gobierno por encima y siempre en contra de las constituciones importadas. Ya lo veremos.

Mientras que en las otras regiones, en las montañas sobre todo, pudo establecerse el inmovilismo, el quietismo colonial, que todavía persiste a pesar de toda la farándula republicanodemocrática de que alardean sus ideólogos en los periódicos y en los congresos, en los países de llanuras "el caballo rompió todas las amarras, y el jinete a campo raso, donde no hay cercos que los dividan ni montañas que lo estrechen, cuando aquel campo es la Pampa o los llanos sin límites, se siente libre en sus acciones; y daría rienda suelta a su pensamiento como a su caballo si alguien u otros en iguales condiciones, igualmente a caballo, tratasen de sustraerse a las penosas sujeciones del patrón, de la mita, de la encomienda o repartimiento.

"Se ha creado una edad de piedra y una edad de bronce que marcaría el paso de la vida salvaje a la bárbara, debiéndose al hierro el comienzo de la civilización. Ha debido haber una edad del caballo[225] que permita al hombre desligarse del suelo, respirar otra capa de aire más puro, mirar a los demás hombres hacia abajo, someter a los animales y sentir su superioridad por la dilatación de su horizonte, por la ubicuidad de morada, por la impunidad obtenida sustrayéndose a la pena. En América marca de tal manera una época la introducción del caballo, que puede decirse que suprime dos siglos de servidumbre para el indígena (el mestizo y el mulato), lo eleva sobre la raza conquistadora, aun en las ciudades, hasta que el ferrocarril y el teléfono devuelvan a la civilización del hierro su preponderancia".

En los países de montañas, donde el caballo pierde todos sus caracteres hasta convertirse en simple bestia de carga, los indios se hallan todavía en la misma situación que antes de la Conquista. Para ellos no ha habido Independencia, no ha habido Emancipación, no han hecho sino cambiar de amos, "conservando su carácter secular y su secular fisonomía". En esos países el problema indio es todavía una grave cuestión de actualidad,

"Por el contrario, en Venezuela y la República Argentina los llaneros y la montonera han ejercido suprema influencia en las guerras civiles, habilitando a las antiguas razas a mezclarse y refundirse, ejerciendo como masas populares de a caballo la más violenta acción contra la civilización colonial y las instituciones de origen europeo, poniendo barreras a la introducción de las formas en que reposa hoy el gobierno de los pueblos cultos".[226]

VI

Antes de estallar la guerra de Independencia, los habitantes de nuestras llanuras pueden clasificarse entre los tipos sin historia, de que habla Demolins. Pero estudiando las Reales Provisiones de las Audiencias de Santa Fe, Santo Domingo y Caracas, así como las relaciones de algunos viajeros, poder darnos cuenta de cómo se hallaban preparados nuestros nómades, al través de una larga evolución, para irrumpir en la historia de Venezuela y de la América, una vez roto el equilibrio colonial.

El clamor secular de los hacendados y dueños de hatos de la Provincia de Venezuela, obligó muchas veces al gobierno a tomar medidas extremas para contener, como lo expresa una Real Provisión de la Audiencia de Caracas: "los continuos robos, y los insultos de los salteadores y facinerosos que también roban los pueblos y se llevan a los montes mujeres de todas clases y edades, niñas y niños tiernos, quedando los que nacen en aquellos cumbres sin bautizarse, formándose por estos medios abominables una especie de Poblaciones Volantes, que viven sin educación cristiana, sin temor de Dios, al Rey y sus Ministros, con otros excesos de igual gravedad...", juzgaba la Audiencia ante "el clamor continuo de los hacendados y dueños de hatos, renovado desde tiempo antiguo" ser de toda necesidad poner remedio inmediato en todo el distrito de este tribunal, y señaladamente en el dilatado espacio que se denomina de los Llanos, donde se hace cada día más difícil el tránsito de los caminos y la guarda y cría de ganados, de modo que ha llegado el caso de impedirse o tardarse el comercio y la conducción de los haberes e intereses Reales"... En más de veinticuatro mil calculaba don Josef de Castro y Araoz, en la visita que hizo a los llanos en 1786 de orden de la Intendencia, "el número de indios sustraídos de sus pueblos y reducciones y retirados a los despoblados incultos, donde se les reúnen los que tienen justo miedo de ser castigados por sus delitos, vagos y malhechores de todas clases; y unidos meditan, fomentan y emprenden atrocidades de cualesquiera naturaleza, sino que persuaden a la vez y excitan con el mal exemplo a los demás indios y castas de su circunferencia para que sigan su licenciosa, perversa vida y costumbres... apenas habrá hacendado que no haya repetido muchas veces sus clamores, sobre los daños insinuados; por lo cual se han tomado varias providencias desde el siglo pasado en que llegó este mal a tan alto grado, que se vieron estas Provincias, precisadas a surtirse de ganados de la Isla de Santo Domingo por haberse descastado casi enteramente en ellas, y fue forzoso imponerse la pena de muerte al que sin licencia de la justicia, matase alguna res".

La Audiencia resolvió autorizar a los mismos dueños de hatos para que, por su propia cuenta, constituyesen cuadrillas de campos volantes para castigar a los abigeos sin fórmula de juicio. Pero con el fin de llenar las formalidades a usanza española, ordenaba "poner diligencia en forma, haciendo de Juez el Cabo de cada cuadrilla y de fiel de fechos un individuo de esta, que será el que tenga mejor letra, arreglándose a las instrucciones que se les darán".[227]

Como el gobierno otomano en presencia de las tribus de beduinos que vagan por las llanuras de Mesopotamia, "compuestas de persas, armenios, curdos, griegos, nestorianos y hasta judíos", el gobierno colonial, así en Venezuela como en las regiones del Plata, carecía por completo de la fuerza y de la capacidad necesarias para llevar la civilización española a aquellas poblaciones. Como a los Chamara, los Montefic, los BeniLam, etc., que dominan el Irak Arabi, a nuestras tribus llaneras les faltaba entonces el Jefe, con aptitudes suficientes para reunirlas y lanzarlas sobre las poblaciones sedentarias y urbanas, llevando por todas partes, como había de suceder, la devastación y la muerte. Pero faltaba además la chispa que debía producir la explosión en aquel hacinamiento de materias inflamables; faltaba el sacudimiento capaz de romper los diques que hasta entonces contenían el torrente.

Para los que han penetrado en la vida de nuestras llanuras durante la época colonial y estudiado la psicología del llanero, su aparición repentina e inesperada en la historia de la Independencia, lejos de ser un milagro, es una lógica de nuestra constitución geográfica.

Los viajeros que atravesaron nuestras llanuras en los últimos años que precedieron a la Guerra —y lo mismo podemos decir de aquellos que conocieron las Pampas argentinas en la misma época— vieron claramente que los nómades de América estaban preparados para convertirse en soldados al alterarse la paz secular de las Colonias; y como los tártaros y beduinos reunirse alrededor de un Jefe para realizar en más grande escala aquellas tremendas incursiones contra las poblaciones agrícolas y sedentarias, a que estaban habituados "robando y asesinando a los blancos". La expedición militar no era para ellos sino una extensión de la caravana, como dice Demolins hablando de los tártaros,[228] formada con los mismos elementos, impulsada por los mismos instintos, sometida a las mismas leyes y a la misma disciplina. Sin analizar al llanero, sin estudiar en general la vida de los pueblos pastores, pues ningún escritor que se haya ocupado de los llaneros y los gauchos ha dejado de establecer inmediatamente su analogía con los tártaros, los beduinos y con todos los nómades del mundo entero, se corre el riesgo de considerar como un hecho inesperado la aparición en nuestra historia de aquellas hordas depredadoras, que en nombre del Monarca español "destruyeron —como dijo el Libertador— tres siglos de cultura, de ilustración y de industria".

Cuando Humboldt y Bonpland —y ya hemos hecho esta cita en otra parte—[229] regresaban en el año de 1800 de su exploración a las regiones del Orinoco, dice el primero: "Aumentó de tal modo el calor al llegar al centro de los llanos, que hubiéramos preferido no viajar durante el día; pero carecíamos de armas y los llanos estaban a la sazón infestados por un número prodigioso de ladrones que con una crueldad atroz asesinaban a cuantos blancos caían en sus manos. Nada hay más deplorable en aquellas colonias que la administración de justicia. Por todas partes encontramos las prisiones llenas de malhechores, cuyas sentencias no se pronunciaban sino en un lapso de siete u ocho años, durante el cual más de la tercera parte de los reos lograba fugarse a las llanuras desiertas, pero cubiertas de ganados, que les ofrecen asilo y alimento, y donde ejercen sus atrocidades y robos a caballo, al modo de los famosos beduinos". Y más adelante: "Si en los pacíficos tiempos en que M. Bonpland y yo recorrimos las dos Américas, ya los llanos serán de asilo y refugio a los malhechores que habían cometido algún crimen en las misiones del Orinoco o a los que se habían fugado de las prisiones del litoral ¿cuánto no se habrá empeorado este estado de cosas como consecuencia de las discordias civiles, en medio de esa sangrienta lucha que ha terminado dando la libertad y la independencia a aquellas vastas regiones? Las praderas y las landas de Europa apenas ofrecen una débil imagen de aquellas sabanas del Nuevo Continente, cuya área de más de ocho mil leguas cuadradas[230] es tan plana como el mar. La inmensidad del espacio asegura la impunidad a los bandoleros que se refugian en aquellas vastas llanuras, donde están mejor escondidos que en las montañas y selvas de Europa; y todos los ardides y artificios de nuestra policía no podrían jamás ponerse en ejecución, donde hay viajeros y no caminos, ganados y no pastores, y los hatos se hallan a tanta distancia unos de otros, que pueden hacerse muchas jornadas sin encontrar uno solo".[231]

La guerra vino a darle cierta cohesión a aquellas partidas de bandoleros, quienes al encontrar un jefe poseído de sus mismos instintos y sus mismos rencores, corrieron a vengarse de la sociedad que los perseguía en nombre de una justicia que ellos eran incapaces de comprender; y en medio del desorden de la revolución llegaron no sólo a alcanzar el olvido de sus delitos, sino que al formidable empuje de sus lanzas victoriosas entraron brillantemente a la Historia e inmortalizaron sus nombres.[232]

Adelantándonos un poco, diremos que a tiempo que Humboldt encontró en los habitantes de los llanos las aptitudes todas del conquistador y del guerrero, observó en las regiones agrícolas de los Valles de Aragua, los instintos puramente pacíficos de los pueblos sedentarios. Allí un simulacro de batalla el año de 1800, entre dos batallones de milicias, llenó de espanto a sus comandantes. "Me vi —decía uno de ellos al sabio viajero— rodeado de fusiles que a cada momento podían reventar; y durante cuatro horas permanecí a pleno sol, sin permitir siquiera que mis esclavos abrieran un quitasol sobre mi cabeza".[233]

Fue de aquellos pueblos sedentarios y pacíficos de donde salieron los ejércitos con que los revolucionarios pretendieron contener el ímpetu invasor de las hordas llaneras. Con ellos invadió el Marqués del Toro las regiones corianas para huir despavorido al primer encuentro; y cuentan que entonces, en medio de un combate verdadero, en que sí reventaban los fusiles, estaba el señor Marqués rodeado de esclavos que le sostenían el quitasol. Con ellos formó Miranda el ejército que capituló en La Victoria ante los golpes audaces de Monteverde. Con ellos, en fin, quiso en vano Bolívar poner un dique al torrente que, brotando impetuoso de las riberas del Guárico y del Apure, escaló la cordillera y arrasó con cuanto se le opuso, hasta encontrar la fuerza que lo detuvo en las otras llanuras que bañan el Orinoco y el Guarapiche. "Los nómadas no pueden ser combatidos sino con nómadas".

Ante aquella impotencia manifiesta de las poblaciones agrícolas para enfrentar a los llaneros; hecho este tan frecuente como ya hemos visto, en todos los países de igual constitución geográfica que el nuestro, no se le ocurrió entonces al Libertador atribuir la segunda pérdida de la República a la adopción del sistema Federal, ni a las máximas exageradas de Los Derechos del Hombre, como lo había dicho de la primera en su Manifiesto de Cartagena.

Entonces el poder supremo, consagrado por la victoria estaba concentrado en sus manos; Mariño, el libertador de Oriente, vencedor siempre hasta sobre los mismos llaneros de Boves en Bocachica, había reconocido su autoridad; y sin embargo, los pavorosos desastres de los años 13, 14 y 1 5 demostraron claramente la fuerza incontrastable de aquellas hordas, que al convertirse de pastores en guerreros, apenas habían hecho otra cosa que cambiar de escenario.

¿Dónde se concentró entonces la causa de la Patria? ¿Quiénes fueron los que a despecho de todas las desgracias y despreciando indultos y halagos del gobierno español mantuvieron vivo el espíritu de la Revolución? Cuando el país entero se sometía a los realistas, sólo quedaron en pie las guerrillas llaneras que al mando de Monagas, Zaraza, Cedeño, Barreto, Nonato Pérez, y algunos otros, vagaban esparcidas por las inmensas soledades. Y ¿quién sino Páez pudo deslumbrar con su valor y someter a su autoridad a los grandes criminales, a los "feroces asesinos" que habían tremolado el estandarte de la muerte bajo las órdenes de Don José Tomás Boves?

Observemos por el momento que ni antes ni después de la guerra, aquella de población estuvo en capacidad de constituirse sino en la forma de comunidades aisladas y rivales, reducidas a cieno número de habitantes para quienes la idea de patria estaba vinculada de manera exclusiva al pedazo de tierra que pisaban sus caballos.

Ese antagonismo, esa rivalidad entre las poblaciones llaneras, los utilizó Boves para la formación de su ejército, azuzando sus odios de vecindario como azuzaba sus instintos de pillaje: "La mayor fuerza de Boves —dice José Domingo Díaz— era la caballería, y la organización de sus cuerpos era diferente de toda regla militar. La había dictado su política peculiar y el conocimiento del país. Cada escuadrón se componía de los vecinos de un pueblo y su jurisdicción; y así, sus escuadrones llevaban los nombres de los pueblos a que pertenecían: escuadrón de Guayabal, escuadrón de Tiznados, etc., etc unos tenían 300, otros 500, otros 600 hombres, resultando de esta clasificación una emulación entre los cuerpos que le dio siempre la victoria".[234]

Más adelante veremos con qué poder influyeron en el desarrollo histórico de Venezuela esas potencias instintivas; basta por ahora observar que en aquellos hombres no podían existir entonces ninguna de las ideas ni de los sentimientos que unen a los pueblos en la amplia concepción de la patria, como la soñaba Bolívar y los intelectuales, sino que muy al contrario, sus móviles inconscientes los impulsaban a apartarse de todo centro permanente y a constituirse en clanes o grupos feudales, para quienes era "cosa extraña y peregrina toda autoridad que no emanara de la fuerza".

Pero es necesario decir también que en aquellas hordas semibárbaras existían los gérmenes poderosos que iban a determinar los rasgos inconfundibles del Carácter Nacional. La conciencia del valor personal, la altivez, el espíritu igualitario, la hospitalidad caballeresca, la lealtad como base de la moral política, la tendencia a las aventuras descabelladas, al mismo tiempo que la incapacidad orgánica de constituir gobiernos estables, que es una de las características de los pueblos pastores, y de sustentar aristocracias, oligarquías o clases privilegiadas; la indiferencia religiosa y la aptitud a la abstracción y a la poesía que se encuentra en muy alto grado entre los nómades; todo un conjunto de cualidades y defectos, que desarrollados en el curso de la revolución y puestos de relieve por la preponderancia que llegaron a alcanzar, a causa de sus proezas y de sus grandes servicios a la Independencia de América, los caudillos llaneros, hasta elevarse a los primeros puestos de la nación, apoyados en el prestigio que da la gloria militar en los pueblos guerreros, contribuyeron a torcer el rumbo que sobre la pura tradición colonial iban a seguir otros países hispanoamericanos, dando así una fisonomía especial a nuestra evolución orgánica, dentro de los mismos principios generales de la democracia republicana, que ha sido el credo institucional de la América libre.

NOTAS

195   Demolins, Les grandes routes des peuples. Essai de géographie sociale. Comment la route crée le type social. Prefacio "La causa primordial y decisiva de la diversidad de pueblos y de razas, es la ruta que los pueblos han seguido. Esta palabra ruta no designa solamente las regiones recorridas por los pueblos migratorios, sino también el lugar donde ellos se han establecido".

196   La synthèse en histoire, pp. 82-83, "Erreurs sur la race".

197   La psychologie des individus et des sociétés chez Taine historien des littératures, p. 126.

198   Henri Berr, ob. cit. "La palabra pueblo, empleada algunas veces para designar familias étnicas, parece que debiera reservarse para calificar las agrupaciones políticamente organizadas: el pueblo romano. La palabra nación designa las agrupaciones que han llegado a tener conciencia de su individualidad en las crisis históricas: la formación de las naciones modernas", p. 81 en nota.

199   A los jóvenes aficionados a este género de estudios nos permitimos recomendarles además de los trabajos de los alemanes Ritter y Ratzel, sobre Geografía humana y geografía de la vida, las obras más recientes de Colajanni, de Matteuzzi, y de la moderna Escuela Geográfica francesa en la que sobresalen Edmond Demolins: Les grandes routes des peuples. Vidal de la Blanche, Les genres de vie dans la géographie humaine y La répartition des hommes sur le globe, Jean Brunhes, quien acaba de morir prematuramente, La géographie humaine y La géographie de l'histoire, Lucien Febvre, Profesor de la Universidad de Estrasburgo, cuyo libro La tierra y la evolución humana, traducido al castellano por Luis Pericot García, Profesor de la facultad de Filosofía y Letras de la Universidad de Barcelona, figura en la Biblioteca de Síntesis Histórica dirigida por Henry Berr; y el famoso libro de este último que ya hemos citado, La synthèse en histoire, donde más largamente se contiene la bibliografía de la materia. Debemos advertir a nuestros jóvenes lectores que todas estas investigaciones modernísinas no hacen sino confirmar respecto a nuestra América, y en especial a Venezuela,

las geniales observaciones del Barón de Humboldt, como vamos a tratar de demostrarlo.

200   Ya hemos preconizado en otros estudios la obra grandiosa de los misioneros en Venezuela. Donde fracasaron las armas, triunfó la Cruz.

201   Voyage aux régions équinoxiales du nouveau continent, T. IV, pp. 147-150.

202   Humboldt calculó el área de los Llanos de Venezuela en 17.000 leguas cuadradas de 20 al grado; más o menos la misma extensión que las Pampas argentinas al norte y al noroeste de Buenos Aires, entre esta ciudad y Córdoba, Jujui y Tucumán.

203   Después que los españoles reconquistaron su territorio de la dominación de los árabes, todas las circunstancias concurrieron a que se prefiriese la industria pastoril a la agricultura, y todo el mundo se hizo entonces pastor. Una guerra de ocho siglos les había hecho perder los hábitos sedentarios; el derecho de propiedad se había casi extinguido con la conquista, y la ganadería era la industria que daba mayores rendimientos con menores esfuerzos. Los rebaños o sus dueños fueron clasificados según sus hábitos: se llamaban estantes o sedentarios los que no salían de su territorio; riberiegos, los que salían sin alejarse mucho, y trashumantes los que pasaban de uno a otro extremo del reino. Estos nómadas protegidos por el soberano constituyeron la Mesta, que era una asociación democrática con su gobierno propio, sus tribunales especiales, etc., es decir: una administración independiente dentro de la administración nacional. La repercusión que la Mesta tuvo en la psicología y en las costumbres del pueblo español se observa principalmente en el altivo individualismo y el profundo sentimiento igualitario, que no reconoce superioridades; en la hospitalidad y en "la cortesía castellana, cuyo origen deriva de los hábitos conservados en España por el desenvolvimiento del arte pastoril sobre las inmensas planicies cubiertas de yerba... en los fuertes impulsos comunistas que tienden a borrarlos límites de lo tuyo y de lo mío, en lo cual se inspira la fórmula de cortesía española que consiste en decir citándose admira un objeto cual quiera: 'Es de Ud.— Está a sus órdenes'". (V. Demolins, ob. cit., II, p, 302). Respecto a la Mesta, puede consultarse a Campomanes, Memorial ajustado del expediente que trata del honrado concejo de la mesta etc., y a Jovellanos, La ley agraria, p. 35, No, 73. Como se ve, ya los españoles eran Llaneros cuando introdujeron el ganado vacuno y caballar en Venezuela y Argentina.

204   "El Zaque era el jefe secular de Cundinamarca, quien dividía el

poder con el Gran Sacerdote (Lama) de Iraca. Ver mis Recherches sur les monuments américans." (Nota de Humboldt).

205   Humboldt, ob. cit., VI, pp. 7072.

206   Huc, Le christianisme en Chine, I, pp. 156163. Cit. por Demolins, Les routes de l'antiquité, L. I, cap. I y II.

207   La bibliografía a este respecto es numerosa, y conocida; por esa causa y en obsequio de la brevedad excusamos las citas. Recordemos sin embargo que Bernal Díaz del Castillo dice que los indios mexicanos creían que el caballo y el jinete formaban un solo cuerpo, pues hasta entonces no habían visto caballos. Díaz del Castillo, Historia de la conquista de la Nueva España. Lo mismo sucedió en el Perú donde los indios "desde que vieron galopar los caballos casi todos huyeron con tanta precipitación que rompieron el cerco de la ciudad y en gran número caían unos sobre los otros". Zarate, Hist. del descubrimiento del Perú, T. I, p. 109.

208   Depons, Voyage etc., T. I, p. 232.

209   Así es la verdad. Nuestras regiones montañesas no pueden de ninguna manera compararse con las de los otros países de América. El aislamiento no existe. Sus habitantes estuvieron siempre en fácil comunicación con el exterior por el Lago de Maracaibo y con los llanos limítrofes, haciendo un intenso comercio de ganados con Apure, Barinas y Guanare. Durante la Guerra de Independencia y la Guerra Federal, nuestras regiones andinas fueron el refugio de multitud de familias que huían de las hordas llaneras y esto puede comprobarse fácilmente con el gran número de apellidos que existen en los tres Estados de la Cordillera, originarios de las ciudades de los llanos occidentales. El Táchira, con sus extensas y fértiles planicies cubiertas de pastos, ha sido desde tiempos remotos un gran centro ganadero y sus habitantes poseen a la vez los caracteres psicológicos del montañés y del llanero, del sedentario y del nómada. Hoy, con las extensas vías de comunicación, con que un gran Gobernante ha realizado la consolidación definitiva de la nacionalidad, el proceso de integración orgánica que comenzó con la Guerra de Independencia, y continuó realizándose con las guerras civiles posteriores, como único medio de acercamiento entre los hombres de las diversas regiones del país, ha terminado al cabo de más de un siglo al amparo de la Paz y por las actividades civilizadoras de la industria y del comercio.

210   Huc. Voyage en Tartarie. T. I, cap. II.

211   Moynet, Le tour du monde, T. XV, p. 95. Ver Demolins, ob. cit., Les routes de l'antiqu2i1t2é, pp.1920.

212   Historia antigua de Venezuela.

213   Domingo F. Sarmiento, Civilización y barbarie.

214   La civilización de los árabes.

215   Henri Berr, ob. cit., p. 89.

216   Historia eclesiástica y civil de la Nueva Granada.

217   Lo mismo se ha observado en las Pampas rioplatenses. Entre los gauchos se encuentran tipos de todas las razas y con mayor razón en la época de la Independencia y de los años anteriores a la inmigración europea, que naturalmente se ha mezclado también con las poblaciones pamperas dándole mayor uniformidad. En un libro argentino muy reciente leemos lo que sigue: "El gaucho lo mismo puede ser criollo, que aindiado o hijo de emigrantes. Los hay mulatos y rubios, pero el gaucho de origen español es el más genuino". El mismo autor cita estos conceptos de otro escritor moderno:"El origen del gaucho es un conglomerado etnológico de tres razas, pues poseía algo de árabe, del español y del indio. Las ideas caballerescas del gaucho tienen cierto parecido con la caballerosidad del árabe, transmitidas por éste al pueblo español, especialmente al de las provincias de Andalucía, donde dominó aquel en la Edad Media por muchos años" (Por muchos siglos, debió decir y afirmar, desde luego, que más sangre árabe, que ibera, llevan los andaluces en las venas). "No es la raza —agrega el autor— lo que distingue al gaucho, sino su género de vida". Pero como este género de vida está impuesto por la Pampa, es raro que luego diga en una nota que "el origen del gaucho es un enigma". Es lamentable que los modernos sociólogos argentinos se hayan desviado del camino que trazó Sarmiento en las páginas inmortales de Facundo y de Conflicto y armonía de las razas en América; allí encontramos, sin necesidad de esperar hallazgos en los archivos, el origen preciso uel gaucho argentino, que es el mismo que el de todos los pastores del mundo entero. Enrique de Gandía, Del origen de los nombres y apellidos y de la ciencia genealógica, p. 24. Adbe. Del origen del gaucho, en la Revista Azul, marzo de 1930.

218   Le Bon, La civilización de los árabes, lib. 1, passim.

219   Demolins dice refiriéndose a los nómades de Asia: "La salud se mantiene sobre todo por el aire libre y la vida activa, la precoz desaparición

de los individuos menos fuertemente constituidos, opera una selección natural que tiende a mantener y aún a aumentar el vigor de la raza", ob. cit, cap. I, p. 31.

220   Obsérvese cómo no eran muy exactas las noticias que sobre los beduinos tenía entonces nuestro gran historiador: "Quizás, dice Desvergers, el rasgo más notable del carácter árabe es esa misma mezcla íntima del ardor por el saqueo y de hospitalidad; de espíritu de rapiña y de liberalidad; de crueldad y de generosidad caballeresca, que pone alternativamente de relieve las más opuestas cualidades, atrayendo veinte veces sobre la misma persona, en el curso de una relación, la admiración y la censura". Cita de Le Bon, p. 22.

221   Hablando de los habitantes de las praderas norteamericanas, dice Frederick Hellward: "Se comprende fácilmente el enorme influjo que esta conformación del terreno, adecuada a la fisonomía general del país, ha debido tener en su colonización... Para indicar de paso una sola circunstancia, diremos, que donde hay desiertos hay también bandoleros. Con este motivo observa Peschel que los peores depredadores entre ios Pieles Rojas, como son los Comanches y los Apaches, hacen sus correrías por los sitios más áridos del Nuevo Mundo, o sea por Nuevo México, el Llano Estancado, los estados mexicanos de Chihuahua y Sonora, el Arizona y el valle del Río Gila. En el sur, son temibles las rapaces cuadrillas de patagones a caballo; y por último, bastaría un poco de salvajismo para hacer que el instinto de rapiña de todos los habitantes de las praderas convirtiese en turcomanos a los llaneros de Venezuela y a los gauchos de las Pampas". La tierra y el hombre.

223   Bouglé, Les idees égalitaires, p. 242.

224   Páez decía al Libertador en febrero de 1817: "Todos los caballos del llano los tengo reunidos. El enemigo carece de estos recursos y mientras los tengamos nosotros seremos invencibles. Si Boves destruyó en años pasados la República, fue porque era dueño de todas las caballerías" En la misma comunicación asegura el General Páez tener diez mil caballos empotrerados además de los en que se hallaba montado el ejército, y otros diez mil o más que mantenía en las sabanas vecinas defendidos por sus tropas. O'Leary, Memorias, T. XV, pp. 178179. Morillo calculaba para la misma época que el General Páez contaba con veinte mil caballos domésticos. Rodríguez Villa, El Teniente don Pablo Morillo, T. III.

225   La hubo. Y en este tópico tan importante de la evolución humana, se adelantó también el eminente argentino a las más recientes conclusiones

de la Sociología. Presintió, adivinó, la Geografía humana y la geografía social.

226   Domingo F. Sanniento, Conflicto y armonía de las razas en América, pp. 372373. Edición de "La Cultura Argentina", Buenos Aires, 1915. Como se observa, Sarmiento no se sustraía a las ideas de su época y que todavía persisten desgraciadamente en el mundo, creyendo en la eficacia de las formas importadas, para regenerar nuestra América.

227   Archivo Nacional, Reales provisiones, ano de 1789. Existen muchas otras anteriores, que demuestran la impotencia en que siempre se halló el Gobierno para reprimir el bandolerismo de los Llanos. Para el año indicado habían llegado a tal extremo los robos de ganado y las depredaciones de todo género, que hasta los misioneros se veían precisados a pactar con los abigeos.

228   Ob. cit, I, p. 81.

229   Cesarismo Democrático, 2da. edición, p. 148 en nota.

230   Encontramos que Humboldt no es del todo exacto en sus cálculos respecto a la extensión de los llanos de Venezuela. Unas veces les da 12.000, otras 17.000 y otras 8.000 leguas cuadradas. Codazzi calcula 24.000. A menos que Humboldt en la última cifra se refiera únicamente a la superficie de los llanos habitados. El doctor Vicente Lecuna hace el siguiente cálculo: "Apure y Barinas, 2,400; Caracas, 2.400; Oriente, 1.600. Es decir, 6.400 leguas cuadradas, partiendo del Arauca y el Orinoco. Estos números son aproximados, pues no existen datos exactos". Comunicación del doctor Vicente Lecuna al autor.

231   Ob. cit., T. IV, pp, 122123 de la edición española.

232   Recuérdese el episodio con que el General José Antonio Páez comienza la prodigiosa historia de su vida. Obligado a matar a un salteador, huye de la justicia para ir a refugiarse en el hato de la Calzada, de donde puede decirse que lo sacó la revolución. Es curioso observar que los dos grandes caudillos que mayor ascendiente tuvieron sobre los llaneros, hubiesen tenido que ver con la justicia colonial. Boves fue un licenciado de presidio, adonde lo llevaron sus delitos de piratería y de contrabando y después, por esta misma causa, vivió siempre en jaque con las autoridades coloniales. Véase Autobiografía del General2 José Antonio Páez, vol. I. pp. 45.

233   "Nos encontramos en Turmero con los restos de una reunión de

milicianos del país, cuyo solo aspecto denunciaba que aquellos valles, durante siglos, habían gozado de una paz sin interrupción. El Capitán General, con el propósito de dar impulso al servicio militar, había ordenado que se ejecutaran grandes maniobras y en un simulacro de combate el Batallón de Turmero había hecho fuego sobre el Batallón de La Victoria. El teniente de milicia de quien éramos huéspedes nos pintaba el peligro de esta maniobra: "Me vi rodeado de fusiles que a cada instante podían reventar y durante cuatro horas permanecí a pleno sol sin permitir siquiera que mis esclavos abrieran un quitasol sobre mi cabeza" ¡Parece imposible que los pueblos más pacíficos al parecer adquieran tan rápidamente los hábitos guerreros! Entonces me sonreía de aquella timidez que se exhibía con un candor tan simple y doce años más tarde esos mismos valles de Aragua, aquellas mismas apacibles praderas de La Victoria y de Turmero, el desfiladero de La Cabrera y las fértiles riberas de la laguna de Valencia, han venido a ser el teatro de los más sangrientos y encarnizados combates...", ob. cit., T.2 V, pp. 138139.

234   Hist. de la rebelión de Caracas. Era exactamente la misma organización de los ejércitos de Atila, de Tamerlan, de GengisKan, para no hablar sino de los más célebres conductores de pueblos salidos de las estepas del Asia Central. "Ejércitos formados por pequeños grupos con un cacique del propio vecindario, sometiéndose luego a un jefe más importante y así sucesivamente. Estos mil arroyuelos iban a reunirse al gran río, que se precipitaba, según el capricho o el azar de las circunstancias, sea hacia el Occidente, ya hacia el Oriente o al Mediodía, por donde quiera que había tierras en que expandirse y pueblos ricos que saquear y someter. Pero estos ejércitos rudimentarios se hallaban siempre en peligro de dislocarse, de disolverse al desaparecer el Jefe, como sucedió con Atila. Amédée Thierry en su Historia de Atila, consagra el primer capítulo que sigue a la muerte del gran Conquistador a mostrar la rápida dispersión de aquellas montoneras reunidas por un momento alrededor de un Caudillo poderoso. Así se terminan igualmente las historias de GengisKan y Tamerlan". Así terminó también la historia del General José Tomás Boves al morir en los llanos de Urica. La mayor parte de aquellas partidas se volvieron a sus pueblos, hasta que surgió otro gran caudillo, capaz de realizar la misma concentración. Véase Demolins, ob. cit., pp. 7980.